王建刚　周萍华　主编

会计学基础

Accounting Fundamentals

第三版

经济管理出版社
ECONOMY & MANAGEMENT PUBLISHING HOUSE

图书在版编目(CIP)数据

会计学基础/王建刚,周萍华主编.—3版.—北京:经济管理出版社,2011.4

ISBN 978-7-5096-1396-2

Ⅰ.会… Ⅱ.①王…②周… Ⅲ.①会计学 Ⅳ.①F230

中国版本图书馆CIP数据核字(2011)第067641号

出版发行:经济管理出版社

北京市海淀区北蜂窝8号中雅大厦11层

电话:(010)51915602 邮编:100038

印刷:北京晨旭印刷厂 经销:新华书店

组稿编辑:胡翠平 责任编辑:刘 宏

责任印制:杨国强 责任校对:陈 颖

787mm×960mm/16 17.5印张 333千字

2011年5月第3版 2011年5月第6次印刷

定价:29.80元

书号:ISBN 978-7-5096-1396-2

第三版前言

本书自2006年1月出版以来，承蒙广大读者的喜爱，已印刷了多次。财政部于2006年颁发《企业会计准则第1号——存货》等准则以来，陆续颁发了《企业会计准则解释》第1、第2、第3、第4号，并于2010年重新组织编写了《企业会计准则讲解2010》，从而引起会计核算新的变更。为了使本书内容跟上会计改革的步伐，作者对本书进行了修订。

本书是王建刚主持的安徽省省级精品课程“会计学”的建设成果之一。本书主要介绍了会计的基本知识、基本理论和基本方法。考虑到学生学习时从未接触过会计，因而全书按照教学的基本规律，由易而难，力求做到深入浅出、通俗易懂。凡涉及的基本概念，都尽量阐述清楚；凡涉及的会计方法，都尽量做到有实例，以使学生在学习时能尽快地理解并掌握。

本书除作为高等院校经济管理类各专业的教学用书外，也可作为广大经济管理工作者的自学参考书。

为了便于教学工作，与本书配套的《会计学基础学习指导》一书也同时进行了修订，并由经济管理出版社出版。

本书由王建刚、周萍华任主编，王德礼、张一平、裘丽娅任副主编。各章节编写的分工是：王建刚第一章；丁和平第二章；张丽英第三章；裘丽娅第四章；田园第五章；刘锦妹第六章；李宏第七章；周萍华第八章；孙明第九章；王德礼第十章；张一平第十一章；程昔武第十二章。本书的主编负责人员的分工和体例的安排。

本书的编写得到了安徽省教育厅、安徽财经大学的大力支持与资助，在此表示感谢。限于水平，书中难免有疏漏和不当之处，恳请读者批评指正。

王建刚　周萍华

2011年3月

第二版前言

随着新企业会计准则的颁布和企业会计准则指南的出台，我们组织了一批长期从事会计教学与研究的专家、学者认真修订了本书。

本书是王建刚主持的安徽省省级精品课程“会计学”的建设成果之一，主要介绍了会计的基本知识、基本理论和基本方法。考虑到学生学习时从未接触过会计，因而全书按照教学的基本规律，由易而难，力求做到深入浅出、通俗易懂。凡涉及的基本概念，都尽量阐述清楚；凡涉及的会计方法，都尽量做到有实例，以使学生在学习时能尽快地理解并掌握。

本书除作为高等院校经济管理类各专业的教学用书外，也可作为广大经济管理工作者的自学参考书。

本书由王建刚、周萍华任主编，王德礼、张一平、裘丽娅任副主编。王建刚、周萍华提出编写大纲，并对全书初稿进行修改与总纂。各章编写的分工如下：王建刚第一章；丁和平第二章；张丽英第三章；裘丽娅第四章；田园第五章；刘锦姝第六章；李宏第七章；周萍华第八章；孙明第九章；王德礼第十章；张一平第十一章；程昔武第十二章。陈玲、方盈、唐玮协助主编进行了初稿的核校。

本书的编写得到了安徽省教育厅、安徽财经大学的大力支持与资助，在此表示感谢。限于水平，书中不当或错误之处在所难免，恳请读者批评指正。

王建刚　周萍华

2008年元旦

前 言

我们根据《企业会计准则》与《企业会计制度》，并广泛吸收最新会计理论研究成果，组织了一批长期从事会计教学的专家、学者编写了这本书。

本书在编写中，主要介绍了会计的基本知识、基本理论和基本方法。考虑到学生学习时从未接触过会计，因而全书按照教学的基本规律，由易而难，力求做到深入浅出、通俗易懂。凡涉及的基本概念，都尽量阐述清楚；凡涉及的会计方法，都尽量做到有实例，以使学生在学习时能尽快地理解并掌握。

本书除作为高等院校经济管理类各专业的教学用书外，也可作为广大经济管理工作者的自学参考书。

本书由王建刚、周萍华任主编，王德礼、张一平、裘丽娅任副主编。王建刚、周萍华提出编写大纲，并对全书初稿进行修改与总纂。各章编写的分工如下：王建刚第一章；丁和平第二章；张丽英第三章；裘丽娅第四章；田园第五章；刘锦妹第六章；李宏第七章；周萍华第八章；孙明第九章；王德礼第十章；张一平第十一章；程昔武第十二章。

限于水平，书中不当或错误之处在所难免，恳请读者批评指正。

王建刚　周萍华

2006 年元旦

目　录

第一章　总论 …… 1
第一节　会计基本概念 …… 1
第二节　会计核算的基本前提与会计信息质量要求 …… 5
第三节　会计核算方法 …… 10
第二章　会计确认与计量 …… 14
第一节　会计确认 …… 14
第二节　会计计量 …… 27
第三章　会计记录 …… 37
第一节　复式记账原理 …… 37
第二节　会计循环 …… 43
第四章　资产的核算（上） …… 65
第一节　流动资产的核算 …… 65
第二节　金融资产 …… 94
第三节　长期股权投资 …… 98
第五章　资产的核算（下） …… 101
第一节　固定资产的核算 …… 101
第二节　无形资产的核算 …… 117
第六章　负债的核算 …… 127
第一节　流动负债的核算 …… 127
第二节　非流动负债的核算 …… 144

第七章 所有者权益的核算 …… 152

第一节 投入资本的核算 …… 152
第二节 留存收益的核算 …… 158

第八章 收入的核算 …… 163

第一节 收入概述 …… 163
第二节 销售商品收入 …… 165
第三节 劳务收入 …… 175
第四节 让渡资产使用权收入 …… 178

第九章 成本、费用的核算 …… 180

第一节 成本、费用概述 …… 180
第二节 成本的核算 …… 183
第三节 费用的核算 …… 204

第十章 收益计量与利润分配 …… 207

第一节 收益计量 …… 207
第二节 利润分配 …… 212

第十一章 财务会计报告 …… 218

第一节 财务会计报告概述 …… 218
第二节 资产负债表 …… 221
第三节 利润表 …… 228
第四节 现金流量表 …… 232
第五节 所有者权益变动表 …… 241
第六节 附注 …… 244

第十二章 会计控制 …… 245

第一节 内部会计控制 …… 245
第二节 预算控制 …… 256

参考文献 …… 269

第一章 总论

第一节 会计基本概念

一、会计的概念

会计是经济管理的重要组成部分，它是以货币计量为基本形式，运用专门的方法，对经济活动进行核算和监督的一种管理活动。以上会计的基本概念包括三方面的含义：会计是一种管理活动，说明了会计的本质；对经济活动进行核算和监督，是会计的基本职能；以货币计量为基本形式，则是会计的主要特点。

会计的本质是一种管理活动。在微观经济中，会计管理是企业管理的重要组成部分；在宏观经济中，会计管理是国民经济管理的重要组成部分。对此，可从以下三个方面来理解：

(1) 会计作为经济管理的一种活动，是随着社会生产的发展和由此产生的对经济管理的需要而产生和发展起来的。

(2) 会计既为管理提供信息，又直接履行管理的职能。会计不仅为管理提供各种数据资料，成为经济管理的主要信息来源，而且由于会计掌握了大量的日常经济活动的第一手资料，最了解经济活动的动态，特别是在市场经济条件下，管理的重心从以实物管理为主，转向以价值管理为主。会计是一种重要的价值管理工作，它对经济活动中所有以价值表现数量的方面都要进行指导和控制。

(3) 会计方法的变革、发展本身都是基于管理的要求。

在我国，会计是一种管理活动的观点，已被越来越多的专家、学者和会计工作者所接受。

会计管理活动的基本特征，主要包括以下三个方面：

(1) 在相当长的历史时期中，会计都表现为一种价值管理活动。企业中凡可以用货币计量的各种经济资料的增减变化，都属于会计管理的范围。

(2) 会计管理活动是一种综合性极强的管理活动。企业的各种管理活动，尽管职能各不相同，工作范围和工作方法各异，但都要按照会计管理要求来进行，都要通过会计活动，使用价值尺度对其成效进行评价，从而以会计管理为核心，协调各种职能管理活动，使企业经济效益的形成过程保持统一性。

(3) 会计管理不仅是一种全面管理，从某种意义上讲，也是一种全员管理。从广义上讲，所有控制企业生产关系再生产过程，从而与企业的价值增值过程直接关联的管理活动都有会计管理的成分。职能的不同决定了会计管理活动与其他管理活动的不同，但履行会计管理职能并非仅限于专职的会计人员。

会计管理的以上特征，奠定了会计在企业管理系统中处于极其重要的地位。

在我国，会计学界对会计本质的认识除“管理活动论”之外，还有以下两种观点：

(1) 认为会计是管理经济的一个工具，即管理工具论。这种观点认为会计是一种管理手段，其本身不能管理，只能为管理服务。

(2) 认为会计是一个信息系统，即信息系统论。这种观点认为会计是一种处理数据或提供信息的方法或技术，它突出了会计的性质和会计反映的职能。

二、会计的职能

会计管理是通过会计的职能来实现的。会计的职能就是会计在经济管理中所具有的功能。会计的基本职能可以概括为以下两个方面：一是会计核算；二是会计监督。也就是说，无论在什么样的社会形态下，对生产过程中发生的各种经济活动进行管理，都是通过核算和监督来完成的。

(一) 会计的核算职能

会计的核算职能，亦称会计的反映职能。会计核算贯穿于经济活动的全过程。从核算的时间过程看，它既包括事后的核算，又包括事前、事中的核算；从核算的内容看，它既包括记账、算账、报账，又包括预测、分析和考核。

从会计工作的现状看，会计核算的职能主要是从数量方面综合反映企业单位已经发生或已经完成的各项经济活动，即事后核算。它是会计最基础的工作。记账、算账、报账是会计执行事后核算职能的主要形式。它把个别的、大量的经济业务，通过记录、分类、计算、汇总，转化为一系列经济信息，使其正确、综合地反映企业单位的经济活动过程和结果，为经营管理提供数据资料。

随着社会生产的发展，经济活动日趋复杂，在经济管理上就需要加强计划性和预见性。因此，会计核算职能不仅仅是对经济活动进行事后反映，而且还要进行事前和事中核算。事前核算的主要形式是进行预测，参与计划与决策；而事中核算主要是对经济活动进行控制。唯其如此，才能为经济管理提供更多的数据资料，更好地发挥会计在经济管理工作中的职能作用。

（二）会计的监督职能

会计的监督职能是对经济活动的合理性、合法性和有效性进行事前、事中和事后的有效控制。任何企业的经济活动都是按照一定的目的和要求进行的，为了使经济活动按照规定的要求达到预期的目的，就必须进行会计监督。

会计的监督职能，一方面通过对凭证等有关会计资料的审核进行事前监督，审查所反映出的经济活动的内容是否合法合理、真实可靠，是否符合经济法规、财务制度的规定，可以及时发现问题。另一方面，还要对会计所反映的经济活动情况及有关数据资料加以检查和分析，进行事中监督和事后监督。通过事中监督和事后监督，可以确保财产物资的安全完整，防止贪污、浪费现象的发生，对已经出现的问题，便于及时采取相关措施进行处理。

会计的核算和监督职能是密切相关、不可分割的。如果会计管理没有可靠、充分、完整的会计核算资料，监督就失去了客观依据，监督就不可能顺利进行，甚至就不能进行，因此核算是监督的基础；反之，如果没有科学、严格的会计监督，核算的真正作用就难以发挥，核算过程和结果的准确性、真实性以及合法性、合理性就得不到保证。因此，监督又是核算的继续。

核算和监督是会计最基本的职能，它可以体现会计的本质特征。20 世纪 80 年代以后，我国会计界对会计职能有多种提法，可以认为它们都是从基本职能中派生出来的。会计的职能并不是一成不变的，随着经济的发展和管理的需要，传统的职能会得到不断的充实，新的职能将会不断出现。但就会计总体而言，基本职能是不会变化的。因为严格说来，基本职能变化之后，性质也会随之变化，原有的职能活动事实上已经不存在了。

三、会计的特点

（一）会计以货币计量为基本形式

会计从一开始就是用来计量经济事项的，其计量单位有货币尺度、实物尺度和劳动尺度，这些不同的计量单位是不能相加和汇总的。但由于货币尺度具有综合的特性，因此，会计只能利用具有一般等价物属性的货币尺度来计量。当然货币计量尺度是以实物尺度和劳动尺度为基础的，因而会计除运用货币计量尺度外，必要时还须辅以实物尺度和劳动尺度。

（二）会计核算具有完整性、连续性和系统性

完整性是指对所有的会计事项进行计量、记录、报告，不能有遗漏；连续性是指计量、记录、报告要连续进行，不能中断；系统性是指运用科学的方法对经济业务进行分类、记录、汇总，即对会计资料进行加工处理，使会计资料成为一个有序的整体。

四、会计的对象

会计的对象是指会计核算和监督的内容，是通过价值形式表现的有关社会再生产过程中的生产、交换、分配、消费等方面的经济活动，即社会再生产过程中的资金运动。不同的经济组织，会计的具体对象也有所区别。

就工业企业而言，它们的主要活动是从事产品的生产，同时进行与生产有关的购销活动，如购进生产所需的原材料、辅助材料、燃料、低值易耗品等劳动对象，通过生产制成产品，然后通过销售活动出售其产品。此外，还要进行产品的分配活动，即将通过出售产品所实现的产品销售收入价值，依照国家规定进行初次分配。首先是用来补偿在生产和销售活动中的物化劳动和活劳动的耗费，以确保再生产过程的顺利进行。对剩余部分，即以收抵支的盈余，要按照国家规定在国家和企业之间进行分配。

就商品流通企业而言，它们的主要活动是组织商品流通，把工业、农业等生产企业生产出来的产品，通过买卖的方式，由生产领域转移到消费领域，最终实现产品的价值。商品流通企业与工业企业一样也要将盈余按照国家规定进行分配。

各企业单位在社会再生产过程中的活动，有许多共同之处，并且需要通过各种价值形式来进行核算。为了便于计量、记录和报告，以及适应不同会计主体要求，还要利用会计要素的形式，使会计对象更加具体化。只有通过会计要素，才能使会计对象和会计凭证、账簿、报表具体联系起来，使会计信息更好地反映会计主体经营活动的特点。

五、会计的目标

会计的目标，有时也称为会计的目的，通常是指会计资料的使用者对会计的总体要求。会计的目标决定着会计工作的导向，决定着会计的程序、方法、体系和会计工作的组织，因此是会计理论工作者和实际工作者十分关注的一个重大问题，也

是当今世界各国会计理论界讨论研究的热点问题之一。

会计的目标决定于会计资料使用者的要求，但也要受到会计对象、会计职能的制约，人们不可能离开会计的对象和职能来提要求；同时在不同国家之间，会计的目标还要受经济环境的制约，受到经济管理体制的影响。我国《企业会计准则——基本准则》明确规定：企业应当编制财务会计报告。财务会计报告的目标是向财务会计报告使用者提供与企业财务状况、经营成果和现金流量等有关的会计信息，反映企业管理层受托责任履行情况，有助于财务报告使用者作出经济决策。我国会计准则所规定的会计目标与其他国家相比是大同小异的。这是因为，会计资料的使用者、会计的对象、会计的职能，在世界各国基本上是一致的。但是，我国会计准则规定的会计目标与其他国家也有一定的差异，其中主要的差异是国家宏观经济管理对会计的要求大于其他国家。这是由我国社会主义市场经济体制所决定的。

第二节 会计核算的基本前提与会计信息质量要求

一、会计核算的基本前提

会计核算的基本前提，亦称会计假设，是对会计核算工作赖以存在的条件所作的基本设定，是会计指导规范体系中的最高层次。会计假设是对某些未被确定认识的事物，根据客观的、正常的情况或趋势所作的合乎逻辑的判断，是对会计活动基本经验的高度总结和理论概括。就会计核算而言，具有相当普遍的适用性。会计假设来源于会计实践，但又高于实践，从会计核算的意义上说，是会计实践的最一般规律，会计的确认、计量和报告都不能不考虑并运用这些基本的会计假设。

会计核算的基本前提，应包括对会计核算的空间范围、时间特征、计量手段等方面的设定。我国《企业会计准则》中阐明的会计核算的基本前提已包括这些内容，具体为会计主体、持续经营、会计分期和货币计量。

（一）会计主体

会计主体或称会计个体，是指会计工作为其服务的特定单位或组织。企业的生产经营活动是由各项具体的经济活动所构成的，而每项经济活动都与其他有关经济活动相联系，企业本身的经济活动也总是与其他企业或单位的经济活动相联系。企业的会计核算工作，依据企业准则规定，只能以自身发生的生产经营活动为对象，核算反映本身的生产经营活动。

会计主体设定会计核算的空间范围。它要求会计核算应当区分自身的经济活动和其他企业单位的经济活动，区分企业的经济活动和企业投资者的经济活动，从而使会计所提供的信息具有相关性，正确地反映企业的资产、权益和经营情况。也正是因为确定了会计核算的范围，企业的投资者、债权人才可能从会计记录和会计报表中得到有价值的会计信息。

会计主体的存在形式是多种多样的，企业是典型的会计主体，企业内部的独立核算单位也是会计主体，若干个企业进行联合经营的企业集团也是会计主体。但无论属于哪一种情况，凡是会计主体，都应当能够独立编制会计报表和独立提供该主体的会计信息。

（二）持续经营

持续经营是指会计主体的生产经营活动将会无限期地延续下去，也就是说，在可预见的将来，该主体不会进行停业清算。

只有在持续经营的前提下，企业的会计处理方法才能保持稳定，企业的会计记录和会计报表才能真实、可靠。也就是说，企业只有在持续经营的基础上，才便于按照资产的经济使用寿命来确定其价值转移形式，也才有可能依照各种约定的条件来偿还企业的债务。如果没有规定持续经营的前提条件，一些公认的会计处理方法，如折旧、摊销及某些损益项目的递延等都将缺乏存在的基础，从而使这些公认的会计处理方法无法采用。而在清算的情况下，资产的价值必须按照进行清算时实际变现的价值来计算，负债必须按照资产变现后的实际负担能力来清偿。因此，在企业进行清算的情况下，其会计核算不能采用建立在持续经营前提基础上的会计处理方法；反之，每一会计主体在正常情况下进行生产经营，必须以能持续经营下去为前提。

（三）会计分期

持续经营是没有时间限制的，为了核算和监督企业的生产经营活动、正确计算企业的成本费用和实现的财务成果，必须有明确的时间和期限，否则，这一切就不可能实现，会计的职能作用也就得不到发挥。因此，在持续经营的前提下，又需要把企业川流不息的经营活动过程人为地划分为若干相等的周期，以便定期地反映企业的财务状况和经营成果，这种人为设定的分期，就是会计期间。

企业通常是以一年作为划分会计期间的标准，在某些国家或某些行业中，也可以考虑经营周期，以长于或短于一年的时间作为会计期间。以一年为会计期间的称为会计年度。会计年度可以等同于日历年度，也可以从某一日起至次年同一日止为一个会计年度。我国会计准则规定：我国企业的会计期间按日历年度划分为一个会计年度，即从每年1月1日起至12月31日止为一个会计年度，每一会计年度还具体划分为季度、月份等更短的会计期间。

会计期间的划分对于确定会计核算程序和方法具有极其重要的作用。由于有了会计期间，才产生了本期与非本期的区别；由于有了本期与非本期的区别，才产生了权责发生制和收付实现制，才使不同类型的会计主体有了统一的会计处理标准。

会计期间的划分，使企业连续不断的经营活动划分为若干个较短的会计期间，有利于企业及时结算账目，编制会计报表，能够及时满足企业内部加强经营管理及对其他有关方面进行决策的需要。

（四）货币计量

货币计量是指企业在会计核算过程中以货币为统一计量单位，来记录、核算企业的生产经营情况。

社会经济发展的情况不同，所采用的会计计量尺度也会相应不同。在商品经济条件下，货币是商品的一般等价物，因此，会计核算就必然选择货币作为其计量尺度，以货币形式来反映企业生产经营活动的全过程。但是，应用货币单位作为会计的统一计量手段，又必然要引申出一个实质性的假说，即假定货币本身的价值是稳定不变的。在正常条件下，这个假定是必要的，而且基本上也能成立。所谓在正常情况下，是指不存在通货膨胀或通货紧缩的条件，处于这种条件下的货币，其币值虽然也可能发生变动，但从长远来看，其变化就有可能相互抵消，因而可以不予考虑，而假定其固定不变或变化不大。

我国企业会计准则规定，会计核算以人民币为记账本位币。业务收支以人民币以外的货币为主的单位，也可以选定某种人民币以外的货币作为记账本位币，但是编制的会计报表应当折算为人民币反映。

二、会计基础——权责发生制

企业会计确认、计量和报告应当以权责发生制为基础。权责发生制要求，凡是当期已经实现的收入和已经发生或应当负担的费用，无论款项是否收付，都应当作为当期的收入和费用，计入利润表；凡是不属于当期的收入和费用，即使款项已在当期收付，也不应当作为当期的收入和费用。

在实务中，企业交易或者事项的发生时间与相关货币收支时间有时并不完全一致，例如，款项已经收到，但销售并未实现；或者款项已经支付，但并不是为本期生产经营活动而发生的。为了更真实、公允地反映特定会计期间的财务状况和经营成果，我国《企业会计准则——基本准则》明确规定，企业在会计确认、计量和报告中应当以权责发生制为基础。

收付实现制是与权责发生制相对应的一种会计基础。它是以收到或支付的现金作为确认收入和费用等的依据。目前，我国的行政单位会计采用收付实现制，事业单位会计除经营业务可以采用权责发生制外，其他大部分业务采用收付实现制。

三、会计信息质量要求

1. 可靠性

可靠性是指会计核算必须以实际发生的经济业务为依据，进行确认、计量和报告，如实反映财务状况和经营成果，做到真实可靠、内容完整。

可靠性是对会计核算工作和会计信息的基本质量要求。如果会计数据不能真实、客观地反映企业经济活动的实际情况，势必无法满足各有关方面的要求。如果会计提供虚假和歪曲的会计信息，不仅不能发挥会计应有的作用，而且还将导致经济决策失误。但应当强调的是，会计作为一种“观念的总结”工作，在理论上是不可能真正完全客观的，可以说任何经过会计处理的信息，都已是带有主观痕迹的信息。因此，可靠性往往被理解成会计核算的真实性、完整性及可验证性。

2. 相关性

相关性是指会计核算信息必须满足宏观经济管理的需要，满足各有关方面了解企业财务状况和经营成果的需要，满足企业加强内部经营管理的需要。

相关性可以从以下两个方面加以理解：一是企业所提供的会计信息均为相关利益人所需要；二是会计信息应形成一个完整的系统，从而能提供相关利益人所需要的各种重要的会计信息。

3. 可理解性

可理解性是指会计记录和会计报表应当清晰明了，便于理解和使用。

在会计核算中坚持可理解性原则，有利于会计信息的使用者准确、完整地把握会计信息所要说明的内容，从而充分发挥会计信息的作用。随着我国社会主义市场经济的不断发展，会计信息的使用者也越来越广泛，不仅包括国家有关行政管理部门，而且还包括社会上广大的信息使用者。特别是随着股份制经济的日益发展，社会上会计信息的使用者越来越多。若会计信息不能达到清晰明了的要求，必然影响相关利益人对企业情况的准确、完整把握。

4. 可比性

可比性是指会计核算必须符合国家的统一规定，提供相互可比的会计核算资料。

可比性体现了社会主义市场经济的必然要求。我国经济是社会主义市场经济，除按照市场经济的客观规律运行之外，国家仍然有必要利用会计核算等方面所提供的信息，对整个国民经济进行宏观管理和调控。这就要求会计核算必须按照国家的统一规定进行，所有企业单位的会计核算都必须建立在相互可比的基础上，使其提供的会计核算资料和数据便于比较、分析和汇总，以满足国民经济宏观调控的需要。可比性原则包括两方面的内容：一是一个企业在不同会计期间的会计处理方法应是连贯一致的；二是不同企业所遵循的会计核算原则和方法应当一致，使得提供的会计信息相互可比。

5. 实质重于形式

实质重于形式要求企业应当按照交易或事项的经济实质进行会计核算，而不应当仅仅按照它们发生的法律形式作为会计核算的依据。

企业发生的交易和事项在多数情况下其经济实质和法律形式是一致的，但有时也会出现不一致。当这两者相背离时，会计的业务处理是偏重其经济实质而非法律形式。实质重于形式原则，体现了会计核算对经济实质的尊重，能够保证会计核算信息与客观事实相符，有利于会计信息使用者进行正确的决策。

6. 重要性

重要性是指在会计核算过程中对经济业务或会计事项应区分其重要程度，采用不同的会计处理方法和程序。具体地说，对于那些对企业的经济活动或会计信息的使用者相对重要的会计事项，应分别核算、分项反映，力求准确，并在会计报表中作重点说明；而对于那些次要的会计事项，在不影响会计信息真实性的情况下，则可适当简化会计核算手续，采用简便的会计处理方法进行处理，合并反映。

对某项会计事项判断其重要性，在很大程度上取决于会计人员的职业判断。但一般来说，重要性可以从质和量两个方面进行判断。从性质方面讲，只要该会计事项发生就可能对决策有重大影响的，则属于具有重要性的事项；从数量方面讲，当某一会计事项的发生达到一定数量时则可能对决策产生影响，如某项资产价值达到总资产的10%时，一般认为其具有重要性，应当将其作为具有重要性的会计事项处理。

7. 谨慎性

谨慎性是对西方会计中稳健性原则的有保留运用。其基本含义是指在会计核算中以一种谨慎的态度去处理会计事项，即对资产和收益不要高估，对负债、费用、损失不要低估，以减少企业的经营风险。

在市场经济条件下，企业不可避免地会遇到各种各样的风险。例如，企业应收账款由于债务人破产等原因无法收回，机器设备等资产由于技术进步而提前报废等。为了避免企业在损失发生时对其正常生产经营造成严重影响，必须对其所面临的各种风险以及可能发生的损失和费用支出在事先作出合理预计。我国企业会计准则规定，企业提取坏账准备、商品跌价准备，实行加速折旧法等，都体现了谨慎性原则的要求。

8. 及时性

及时性是指会计核算工作要讲究时效，要求会计业务的处理必须及时进行，以便于会计信息的及时利用。

任何信息的使用价值不仅要求其真实可靠，而且还在于必须保证时效，在信息的使用者需要使用时，能及时提供给使用者使用。为达到及时性的要求，发挥会计信息的重大作用，需要强调以下三点：一是要通过有关方法和渠道及时收集和取得会计信息；二是要对所获得的会计信息迅速进行加工整理；三是要把加工整理后的信息及时传递给有关方面的使用者。

第三节 会计核算方法

一、会计方法

会计方法是用来核算和监督会计对象，实现会计目标的手段。

会计方法是从会计实践中总结出来的，并随着社会实践的发展、科学技术的进步以及管理的要求而不断地发展和完善。会计方法是用来核算和监督会计对象的，由于会计对象的多样性，从而决定了会计方法的多样性。会计方法发展到现代已形成了一个完整的方法体系，包括会计核算方法、会计分析方法和会计检查方法。

（一）会计核算方法

会计核算方法是指各会计主体对已发生的交易和事项进行连续、系统、完整的核算和监督所采用的方法。具体表现为对获取的经济数据进行加工，最终形成会计信息所特有的步骤。

（二）会计分析方法

会计分析方法是利用会计核算的资料，考核并说明各会计主体的经济活动的效果，在分析过去的基础上，提出指导未来经济活动的计划、预算和备选方案，并对它们的报告结果进行分析和评价。

（三）会计检查方法

会计检查方法亦称审计方法，主要是根据会计核算资料，检查各单位的经济活动是否合理合法，会计核算资料是否真实、完整，根据会计核算资料编制的未来时期的计划、预算是否可行、有效等。

上述三种会计方法紧密联系，互相依存，其中会计核算方法是会计的基本环节，会计分析方法是会计核算的继续和发展，会计检查方法则是对会计核算和会计分析的保证。

二、会计核算方法

会计核算方法的基本程序分为会计确认、会计计量和会计报告三个环节，每个环节均有相应的方法。

（一）会计确认

会计确认是指会计人员运用职业判断，依据一定的标准，辨认和确定特定会计主体中发生的交易和事项是否可以转化为特定期间的会计信息，以及确定其所属的会计要素类别的过程。会计确认包括四个基本原则：可定义性，可计量性，计量的相关性，计量的可靠性。除上述确认原则外，会计确认还包括时间上的确认，即发生的交易和事项归属于会计期间的判断。

会计确认依据的具体标准是会计核算规范。我国的会计核算规范是指有关的会计法规、会计准则、会计制度及相关会计主体的内部控制规范等。企业的交易和事项，只有在符合会计规范时，会计才予以确认。

在具体的会计实务中，会计确认包括两个步骤：第一个步骤体现为将交易和事项传递的数据利用文字和金额归集于账户之中，即确认在何时，以何种金额、何种要素进行记录，这可以认为是初始确认；第二个步骤是确认将账户体系中的信息最终在财务报表中进行表述的过程，即确认在何时，以何种金额、何种会计要素列入财务报表，会计上称为再确认。

（二）会计计量

会计计量是指运用一定的计量尺度，选择被计量对象的合理属性（计量属性、计量基础），以确定被计量对象价值的过程。以货币为主要计量尺度是现代会计的主要特征。当然，以货币为主要计量尺度并不排除会计计量中同时应用实物计量和时间计量（劳动计量）等计量尺度，只是会计计量应以货币计量为主，其他计量尺度只是货币计量的补充。

会计计量因计量的角度（投入或产出）、计量的基准点（历史、现在、未来）、计量的市场状况（持续经营或清算状态）不同，分为历史成本、重置成本、可变现净值、现值和公允价值五种不同的计量属性。例如，对一台机器既可以按取得时的实际价格（历史成本）计量，或按现在取得该设备的重置成本计量，又可按出售净值或未来现金流量的现值计量。由于采用了不同的计量属性，同一项资产或相同的资产，会被确定为不同的金额。会计核算一般是根据交易或事项发生时的实际交易价格，即取得资产的历史成本进行计量的。

（三）会计报告

会计报告是将经过综合性再加工后总括反映会计主体财务状况、经营成果和现金流量的会计信息，以特定的内容与形式，提供给相关使用者的书面文件。

会计报告按报送的对象不同可分为对外会计报告和对内会计报告。对外会计报告包括财务报表和报表附注等，其中财务报表主要包括资产负债表、利润表和现金流量表及其相关附表；对内会计报告主要指成本报表及各种管理会计报表，其内容形式因具体用途不同而有所不同。

会计核算的基本程序在具体的会计实务中表现为填制和审核会计凭证、登记账簿、编制会计报表。这三个环节在每一会计期间周而复始不断地进行，称为会计循环。

一个会计循环主要包括以下一系列的方法：设置账户、复式记账、填制和审核凭证、登记账簿、成本计算、财产清查、编制会计报表七种方法。这些方法相互联系，密切配合，组成一个完整的体系。在会计核算工作中，必须正确地运用这些方法。对于日常发生的每笔经济业务，都要填制审核凭证，并以此为依据，按照规定的账户，对经济业务进行分类，应用复式记账法，在有关账簿中进行登记；对经营过程中发生的各项费用，应定期进行成本计算；通过财产清查，在保证账实相符的基础上，根据账簿记录，定期编制会计报表。

会计核算的基本程序及方法如图 1—1 所示。

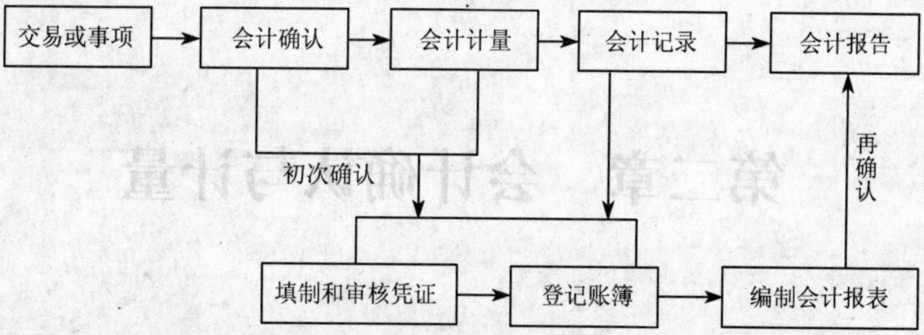

图 1—1　会计核算的基本程序及方法

第二章 会计确认与计量

第一节 会计确认

一、会计确认的含义及标准

会计作为一个信息系统，信息的生成要经过输入、转换和输出三个环节。首先，在会计信息输入阶段，会计面对经济活动产生的大量数据，有一个识别和选择的过程，这个识别与选择既有对经济活动内容是否符合会计标准、能否进入会计系统、进入会计系统属于哪个会计要素的问题，又有何时进入会计系统的时间选择问题。其次，在会计数据的加工转换阶段，被输入的各种经济数据还要依据会计的特定方法继续加工，这时既要根据会计对象的具体要素对有关经济数据进行分门别类的处理，逐步使之条理化、系统化，又要对伴随企业生产经营活动而不断变化的经济业务引起各会计要素的变动加以识别与确定。最后，在会计信息的输出阶段，如何把已生成的会计信息传递给信息使用者，仍有一个选择、分类的问题。因为会计报表是根据财务报告目标，对会计信息进行选择后以指标体系的形式输出。上述会计的识别、选择、分类就是会计确认。会计确认指会计人员运用职业判断，按一定规范辨认和确定特定会计主体中发生的经济业务是否可以转化为特定会计期间的会计信息，以及确定其所属的会计类别的过程。会计确认解决的是会计的定性问题，即为会计计量确定空间范围、时间的界限。会计确认是会计计量、会计记录、会计报告的共同基础。

会计确认主要包括对经济业务的初始确认和编制会计报表时的再确认。初始确认和再确认在时间标准上基本一致，而在性质上和分类上均有一定的差异。会计初始确认主要指对经济业务所属会计科目的确认；会计再确认主要指对会计报告中的报表项目、注释项目、分析说明项目的确认，是会计信息加工过程的最终确认。

会计确认必须以会计确认的标准为依据。会计确认的标准是指会计核算的特定规范要求。通常根据会计原则进行会计确认。根据会计确认标准对会计确认产生的影响，会计确认标准可以分为基本确认标准与补充确认标准。

（一）基本确认标准

1. 可用货币计量

货币计量的基本会计假设实际上把会计对象限定在经济活动中能以货币表现的方面，这就为会计确认规定了一个基本条件，即只有能用货币表现的经济业务，才属于会计对象要素予以确认，否则不予确认。

2. 符合会计要素的定义和特征

对于应予确认的经济业务，还必须根据各个会计要素的定义和特性，确认其所属的会计要素的类别，选择相应的会计账簿予以记录和储存，并继而确认应予列示的会计报表项目。在会计确认时，一项数据是当做资产还是当做费用来记录，是当做收入还是当做负债来记录，对于正确反映企业财务状况和经营成果，都有重要的影响。

3. 以权责发生制为确认的时间基础

会计确认的时间界限具体可分为两个方面：一是什么时点确认；二是什么期间确认。有些要素需要按时点确认，有些要素需要按期间确认。以营利为目的的会计主体，一般以权责发生制作为确认的时间基础，以此确定跨期项目是否作为当期的收入和费用。权责发生制可以反映经济业务的实际效益。以权责发生制作为会计确认的时间界限，并不排除收付实现制作为会计确认的标准，会计上仍承认在局部范围对会计的确认可以收付实现制作为标准。

（二）补充确认标准

会计信息系统要想通过会计确认达到会计的最终目标，除了遵循基本确认标准外，还应考虑以下三项补充确认标准：

1. 真实性

真实性是对会计信息的质量要求，也是会计确认的一条标准。会计确认的真实性标准有两层含义：一是会计确认时要审核经济数据的真实性，不可靠、不真实的经济数据，不能予以确认，输入会计核算系统的经济数据必须有客观可信的证据；二是对会计数据变换或经济业务变动影响的再确认，也应当具有科学合理的依据，其计算与记录要经得起验证。真实性标准是要通过会计确认，制止和杜绝歪曲会计信息的行为。

2. 合法性

合法性用于会计确认，是指企业的经营活动必须符合国家的法律、法规。无论是对经济数据的初始确认还是对簿记信息的再确认，都要依据法律法规进行审核。

3. 相关性

相关性是衡量会计信息的一个质量标准，它强调的是会计信息要满足不同信息使用者的需要，增强会计信息的有用性。它也是会计确认的一个标准，在会计确认时要针对使用者的具体情况，确认相关的经济数据，排除不相关数据，压缩信息多余度，增进会计信息对经济决策的有用性。

二、会计报表项目的确认

（一）资产负债表的确认

1. 资产的确认

资产是指过去的交易、事项形成的，由企业拥有或者控制的预期会给企业带来经济利益的资源。资产具有以下几个基本特征：资产的内涵是经济资源；作为资产的经济资源应该为特定企业现在所拥有或控制；作为资产的经济资源，必须具有能为特定企业带来未来经济利益的服务潜力，即具有有用性的特点；作为资产的经济资源必须能够用货币进行可靠地计量。对于符合资产定义的项目，应当在同时满足以下条件时，确认为资产：与该资源有关的经济利益很可能流入企业；该资源的成本或者价值能够可靠地计量。

2. 负债的确认

负债是指过去的交易或事项形成的预期会导致经济利益流出企业的现时义务。其具有以下几个方面的特点：负债是现时存在的、由过去的经济业务所产生的经济责任；负债是能够用货币确切计量或合理估计的经济责任；负债有确切的受款人和偿付日期，或者受款人和偿付日期可以合理地估计确定。

对于符合负债定义的项目，应当在同时满足以下条件时，确认为负债：与该义务有关的经济利益很可能流出企业；未来流出的经济利益的金额能够可靠地计量。

3. 所有者权益的确认

所有者权益是企业资产扣除负债后，由所有者享有的剩余权益。一个企业的资产和负债是可以单独计量的，而业主产权则不可能单独地计量，它一般通过相应资产和负债的计量间接进行。对于业主产权的确认和计量，有业主论、会计个体论、剩余产权论及企业论等多种理论。

（1）业主论：认为业主产权代表业主所拥有的企业净值，收入视为业主权益的增加，费用视为业主权益的减少，收入超过费用所形成的净收益，直接归属于业主权益的增长，反映业主财富的增加。所以，上述业主产权概念实际上是一种财产观念，是传统会计所使用的一种产权理论，它主要适用于独资企业和合伙企业。

(2) 会计个体论：认为企业独立于业主个人事务而存在，它所依据的会计等式是：资产＝负债＋股东权益，或者是资产＝权益。可见，会计个体论下权益是站在企业的立场总括加以确认的，负债与股东权益均可视为权益的负债，前者是对债权人的负债，后者是对股东的负债。依据会计个体论，权益收益并不视为股东个人的收益，只有股本价值的增值或股利的发放才是股东个人的收益。它还认为债务利息从性质上看并不是费用，而是收益的分配，即对各种产权所有人进行的分配，均属于企业收益的分配。例如，美国会计学会会计概念标准委员会曾经指出，利息费用和所得税均属于收益的分配。但是，有些会计学家认为所得税并不是收益分配，而是一项费用，利息则属于收益的分配。这种观点主要适用于公司形式的企业组织。

(3) 剩余产权论：主要目的在于更好地向普通股股东提供用以投资决策的会计信息。由于普通股股东不同于业主或合伙人，他们在公司中通常仅拥有部分产权，他们在公司中拥有的剩余产权主要体现在收益方面，所以，在利润表中应该反映在支付债权人和优先股股东的利息和股利以后，还剩余多少收益可用于发放普通股股利，在资产负债表中则应单独地反映普通股股东的产权。

(4) 企业论：把企业看成一个社会性机构，认为企业中除债权人和股东外，还包括企业职工、顾客、税收和立法等政府机构，甚至还包括社会公众。因而广义的企业论可以理解为会计主体的社会化。与企业论相适应产生了企业社会责任概念。根据企业社会责任概念，企业的收益观念发生了相应的变化，认为“增加值”（企业所生产的商品和提供劳务的价值，减去耗用其他企业所提供的商品和劳务的价值，即企业为社会所增加的价值）能够较好地反映企业对社会的贡献。

(二) 利润表的确认

1. 收入的确认

按照《企业会计准则》的规定，收入是指在日常活动中形成的、会导致所有者权益增加的、与所有者投入资本无关的经济利益的总流入。它具有以下特点：收入从企业的日常活动中产生，而不是从偶发的交易或事项中产生，即不属于企业的日常活动而产生的利得和收益，不作为收入核算；收入可能表现为企业资产的增加，也可能表现为企业负债的减少，或者二者兼而有之；收入本身能导致企业所有者权益的增加；收入只包括本企业经济利益的流入，不包括为第三方或客户代收的款项。

（1）企业销售商品时，如同时符合以下五个条件，即可确认收入：①企业已将商品所有权上的主要风险和报酬转移给购货方。这里的风险，主要是指商品由于贬值、损坏、报废等造成的损失；报酬是指商品中包含的未来经济利益，包括商品因升值等给企业带来的经济利益。如果一项商品发生的任何损失均不需要本企业承担，带来的经济利益也不归本企业，则意味着该商品所有权上的风险和报酬已移出该企业。②企业既没有保留通常与所有权相联系的继续管理权，也没有对已售出的商品实施控制。企业将商品所有权上的主要风险和报酬转移给买方后，如仍然保留通常与所有权相联系的继续管理权，或仍然对售出的商品实施控制，则此项销售不能成立，不能确认相应的销售收入。但企业对售出的商品保留了与所有权无关的管理权，则不受本条件的限制。③与交易相关的经济利益能够流入企业。经济利益是指直接或间接流入企业的现金或现金等价物。在销售商品的交易中，与交易相关的经济利益即为销售的价款。销售商品的价款能否有把握地收回，是收入确认的一个重要条件。企业在销售商品时，如估计价款收回的可能性不大，即使收入确认的其他条件均已满足，也不应当确认收入。相关的经济利益能否流入企业，主要根据企业以前和买方交往的直接经验，或从其他方面取得的信息，或政府的有关政策等进行判断。企业在判断价款收回的可能性时，应进行定性分析，当确定价款收回的可能性大于不能收回的可能性时，即认为价款能够收回。一般情况下，企业售出的商品符合合同或协议规定的要求，并已将发票账单交付买方，买方也承诺付款，即表明销售商品的价款能够收回。④相关的收入能够可靠地计量。收入能否可靠地计量，是收入确认的基本前提。收入不能可靠计量，则无法确认收入。企业在销售商品时，售价通常已经确定。但销售过程中由于某种不确定因素，也有可能出现售价变动的情况，则新的售价未确定前不应确认收入。⑤相关的成本能够可靠计量。

（2）提供劳务收入的确认。由于提供劳务的种类很多，如旅游、运输、饮食、广告、理发、照相、洗染、咨询、代理、培训、产品安装等，而提供劳务的内容不同，完成劳务的时间也不等，因此企业提供劳务的收入，应分别下列情况确认：在同一会计年度内开始并完成的劳务，企业应在劳务完成时确认收入；如劳务的开始和完成分属不同的会计年度，且在资产负债表日能对该项交易的结果作出可靠的估计，企业应按完工百分比法确认收入。

（3）让渡资产使用权收入的确认。当符合以下两个条件时，可确认让渡资产使用权的收入：①与交易相关的经济利益能够流入企业。②收入的金额能够可靠地计量。

2. 费用的确认

费用是指企业在日常活动中发生的、会导致所有者权益减少的、与向所有者分配利润无关的经济利益的总流出。一般地，如果资产的减少或负债的增加关系到未来经济利益的减少，并且能够可靠地用货币加以计量，就应当确认费用。这就意味着，在确认费用的同时，要确认资产的减少或负债的增加，如计提固定资产折旧或预提应付职工的福利费就是如此。确认费用的标准有以下三种：

（1）按与收入的直接联系确认费用。按照这一标准，凡是与本期的收入有直接联系的耗费，都是该期的费用。这一标准注重收入与费用的因果关系，尽管这种联系比较难以证明。商品销售成本的确认就是采用这一标准，企业售出的商品是直接与其所产生的收入相联系的，所以，该项商品的成本就可以而且应当随同本期销售收入而作为该期的费用。此外，某些与销售收入关系密切的项目，如为销售某商品的送货费用，也可以采用这一标准。

（2）按一定的分配方式确认费用。在会计实务中，无法做到以因果联系确认企业的全部费用，因而有些只能采用其他确认方法。当一项资产能够为若干个会计期间带来效益的前提下，需要采用一定的分配方法，将该项资产的成本合理而系统地分摊计入各个会计期间。例如，对于固定资产的成本，要采用一定的折旧计算方法，分配确定各期的折旧费用。

（3）在支出发生时立即确认费用。当不可能采用上述第（1）项、第（2）项费用确认规则时，可以考虑采用在支出发生时立即确认的规则。例如，管理人员的工资，虽与收入没有直接联系，但与会计期间联系紧密，这种支出的效益仅及于本会计期间，因而应当确认当期的费用。又如，广告支出虽然可能在较长时期内为企业带来效益，但很难合理地估计其受益期间，因而可直接列作当期的费用。此外，某些支出直接列作当期的费用，主要是为了简化会计核算，例如某些单位价值很小，但使用期限较长的用品、工具等，按照会计的重要性原则，可以直接确认为当期的费用，这样既可以减少核算的工作量，又不至于对盈亏产生较大的影响。

3. 利润的确认

利润是企业在一定会计期间的经营成果，是衡量企业经营业绩的重要指标。利润应当包括营业利润、投资损益、利得和损失等。企业以获取利润为基本目的，这已是人所共知，但人们对利润却有着不同的认识。从理论上说，利润可以定义为企业经营活动所引起的净资产的增加。所以，严格说来，要正确计算企业经营所获得的利润，需要等到企业停止经营时，清算其全部资产与负债，确定企业从开业到停业的全部经营期间内，由于经营活动所增加的净资产数额。只是这种方法并不适用。由于企业的存续期间难以预计，无论从企业内部管理还是从企业外部的需求来看，都不能等到企业停业时才计算盈亏。总之，在企业持续经营的前提下，要适当划分会计期间，分期确定盈亏。

基于上述原因，会计上将利润定义为收入与费用之间的差额。由于这一定义是以已经完成的、已取得收入和发生费用的经济业务为基础的，因而比较实用，便于实际操作，能够提供定期报告所需要的详细数据，能够说明利润形成的原因，其计量的结果比较客观。

由于会计上将利润定义为收入与费用的差额，为了确定利润，必须将企业在一定期间内所获得的收入与所发生的费用加以配比抵消。这种确定利润的程序，在会计上称为“收入与费用的配比”。这样，利润的确认与计量，其实也就转化成收入与费用的确认与计量了。

三、会计科目

会计科目是对会计要素进一步分类的项目。为了全面、系统地反映和监督各项会计要素的增减变动情况，分门别类地为经济管理提供会计核算资料，就需要设置会计科目。

（一）会计科目的内容

会计科目的内容是指在制定会计制度时要规定会计科目反映的经济内容和登记方法，要根据会计要素各组成部分的客观性质划分，并要适应宏观和微观经济管理的需要（参见表2—1）。

（二）会计科目的级次

会计科目的级次要体现会计信息的不同详细程度，即要兼顾各会计信息使用者的需要。一般情况下，会计科目的级次可分为以下两类：

（1）总分类科目。这是对会计对象不同经济内容所作的总括分类，它是反映总括性核算指标的科目。

（2）明细分类科目。这是对总分类科目所含内容所作的进一步分类，它是反映核算指标详细、具体情况的科目。

按照我国会计制度的规定，总分类科目一般由财政部或企业主管部门统一制定，明细分类科目除少数由会计制度统一规定设置外，各单位可根据实际需要自行设置。

表 2—1 **会计科目表**

序号	编号	名称	序号	编号	名称
		一、资产类	30	1602	累计折旧
1	1001	库存现金	31	1603	固定资产减值准备
2	1002	银行存款	32	1604	在建工程
3	1012	其他货币资金	33	1605	工程物资
4	1101	交易性金融资产	34	1606	固定资产清理
5	1121	应收票据	35	1611	未担保余值
6	1122	应收账款	36	1701	无形资产
7	1123	预付账款	37	1702	累计摊销
8	1131	应收股利	38	1703	无形资产减值准备
9	1132	应收利息	39	1801	长期待摊费用
10	1221	其他应收款	40	1811	递延所得税资产
11	1231	坏账准备	41	1901	待处理财产损溢
12	1401	材料采购			
13	1402	在途物资			二、负债类
14	1403	原材料	42	2001	短期借款
15	1404	材料成本差异	43	2201	应付票据
16	1405	库存商品	44	2202	应付账款
17	1407	商品进销差价	45	2203	预收账款
18	1408	委托加工物资	46	2211	应付职工薪酬
19	1411	周转材料	47	2221	应交税费
20	1461	融资租赁资产	48	2231	应付利息
21	1471	存货跌价准备	49	2232	应付股利
22	1501	持有至到期投资	50	2241	其他应付款
23	1503	可供出售金融资产	51	2401	递延收益
24	1511	长期股权投资	52	2501	长期借款
25	1512	长期股权投资减值准备	53	2502	应付债券
26	1521	投资性房地产	54	2701	长期应付款
27	1531	长期应收款	55	2702	未确认融资费用
28	1532	未实现融资收益	56	2711	专项应付款
29	1601	固定资产	57	2801	预计负债

续表

序号	编号	名称	序号	编号	名称
58	2901	递延所得税负债	68	6001	主营业务收入
			69	6051	其他业务收入
		三、所有者权益类	70	6101	公允价值变动损益
59	4001	实收资本	71	6111	投资收益
60	4002	资本公积	72	6301	营业外收入
61	4101	盈余公积	73	6401	主营业务成本
62	4103	本年利润	74	6402	其他业务成本
63	4104	利润分配	75	6403	营业税金及附加
64	4201	库存股	76	6601	销售费用
			77	6602	管理费用
		四、成本类	78	6603	财务费用
65	5001	生产成本	79	6701	资产减值损失
66	5101	制造费用	80	6711	营业外支出
67	5301	研发支出	81	6801	所得税费用
		五、损益类	82	6901	以前年度损益调整

四、主要会计要素的确认

（一）流动资产的确认

流动资产是指企业能够在一个会计年度或者在一个营业周期内可变换为现金或费用的各项资产。流动资产可再分为货币资金类、应收款项类、存货类和其他类。

1. 货币资金类

(1)“库存现金”科目，核算企业出纳员所保管的库存现金。企业内部周转使用的备用金，在“其他应收款”科目核算，或单独设置“备用金”科目核算，不在本科目核算。

(2)“银行存款”科目，核算企业存入银行的各种存款。企业如有存入其他金融机构的存款，也在本科目核算。有外币存款的企业，应分别以人民币和各种外币设置“银行存款日记账”进行明细核算。

(3)“其他货币资金”科目，核算企业的外埠存款、银行汇票存款、银行本票存款、信用卡存款、信用证保证金存款、存出投资款等各种其他货币资金。

2. 应收款项类

（1）“应收票据”科目，核算企业因销售商品、提供劳务等而收到的商业汇票，包括银行承兑汇票和商业承兑汇票。

（2）“应收账款”科目，核算企业因销售商品、提供劳务等应向购货单位或接受劳务单位收取的款项。不单独设置“预收账款”科目的企业，预收的账款也可在此科目进行核算。

（3）“其他应收款”科目，核算企业除应收票据、应收账款、预付账款等以外的其他各种应收、暂付款项，包括不设置“备用金”科目的企业拨出的备用金，应收的各种赔款、罚款，应向职工收取的各种垫付的款项，以及已不符合预付款项性质而按规定转入的预付账款等。

（4）“坏账准备”科目，核算企业提取的坏账准备。企业应当或者至少于每年年度终了，对应收款项进行全面检查，预计各项应收款项可能发生的坏账，对于没有把握能够收回的应收款项，应当计提坏账准备。

（5）“预付账款”科目，核算企业按照购货合同规定预付给供应单位的款项。企业因购货而预付的款项，增加其价值，以后收到供货单位的货物时减少其价值。

3. 存货类

（1）“在途物资”科目，核算企业购入材料、商品等的采购成本。

（2）“原材料”科目，核算企业库存的各种材料，包括原料及主要材料、辅助材料、外购半成品、修理用备件、包装材料、燃料等的计划或实际成本。

（3）“材料成本差异”科目，核算企业各种材料的实际成本与计划成本的差异。

（4）“库存商品”科目，核算企业库存各种商品的实际成本或计划成本，包括库存的外购商品、自制商品、存放在门市部准备出售的商品、发出展览的商品以及寄存在外库或存放在仓库的商品等。

4. 其他类

“交易性金融资产”科目，核算企业为交易目的所持有的债券投资、股票投资、基金投资等交易性金融资产的公允价值。

（二）非流动资产的确认

非流动资产包括长期投资类、固定资产类和其他类。

1. 长期投资类

（1）“长期股权投资”科目，核算企业持有的采用成本法和权益法核算的长期股权投资。

（2）“持有至到期投资”科目，核算企业持有至到期投资的摊余成本。

2. 固定资产类

（1）“固定资产”科目，核算企业固定资产的原价。固定资产是指使用期限超过一年的房屋、建筑物、机器、机械、运输工具以及其他与生产、经营有关的设备、器具、工具等。不属于生产、经营主要设备的物品，单位价值在2000元以上，并且使用期限超过2年的也应当作为固定资产。未作为固定资产管理的工具、器具等作为低值易耗品核算。

（2）“累计折旧”科目，核算企业固定资产的累计折旧。本科目只进行总分类核算，不进行明细分类核算。

（3）“在建工程”科目，核算企业进行基建工程、安装工程、技术改造工程、大修理工程等发生的实际支出，包括需要安装设备的价值。待工程完工后或工程达到预定可使用状态时，将其实际发生的支出转入固定资产。

（4）“固定资产清理”科目，核算企业因出售、报废和毁损等原因转入清理的固定资产价值及其在清理过程中所发生的清理费用和清理收入等。

3. 其他类

（1）“无形资产”科目，核算企业持有的无形资产成本，包括专利权、非专利技术、商标权、著作权、土地使用权等。

（2）“长期待摊费用”科目，核算企业已经发生但应由本期和以后各期负担的分摊期限在一年以上的各项费用，如以经营租赁方式租入的固定资产发生的改良支出等。

（三）流动负债的确认

按照偿付期限的长短，可将负债分为流动负债和长期负债。流动负债的还债期限一般短于一年或一个经营周期。

（1）“短期借款”科目，核算企业向银行或其他金融机构等借入的期限在一年以下（含一年）的各种借款。

（2）“应付票据”科目，核算企业购买材料、商品和接受劳务供应等开出的承兑的商业汇票，包括银行承兑汇票和商业承兑汇票。

（3）“应付账款”科目，核算企业购买材料、商品和接受劳务供应等应付给供应单位的款项。

（4）“预收账款”科目，核算企业按照合同规定向购货单位预收的款项。

（5）“应付职工薪酬”科目，核算企业根据有关规定应付给职工的各种薪酬，包括在工资总额内的各种工资、奖金、津贴等，不论是否当月支付，都应当通过本科目核算。

(6)“应付股利”科目，核算企业经董事会、股东大会或类似机构决议确定分配的现金股利或利润。

(7)“应交税费”科目，核算企业应缴纳的各种税费，如增值税、消费税、营业税、所得税、土地增值税、城市维护建设税、房产税、土地使用税、应缴的教育费附加、矿产资源补偿费等。

(8)“其他应付款”科目，核算企业应付、暂收其他单位或个人的款项，如应付租入固定资产和包装物的租金、存入保证金等。

(9)“应付利息”科目，核算企业按照合同约定应支付的利息。

(四) 长期负债的确认

长期负债是指偿付期限长于一年或一个经营周期的债务。

(1)“长期借款”科目，核算企业向银行或其他金融机构借入的期限在一年以上（不含一年）的各项借款。

(2)“应付债券”科目，核算企业为筹集长期资金而实际发行的债券及应付的利息。

(3)“长期应付款”科目，核算企业除长期借款和应付债券以外的其他各种长期应付款。

(五) 所有者权益的确认

所有者权益主要包括实收资本、资本公积、盈余公积和未分配利润四个基本类别。

(1)“实收资本”科目，核算投资者按照企业章程的规定投入企业的资本。股份有限公司的投资者投入的资本，应当将本科目的名称改为“股本”科目。

企业收到投资者投入的资金，超过其在注册资本中所占份额的部分，作为资本溢价或股本溢价，在“资本公积”科目核算，不计入本科目。

(2)“资本公积”科目，核算企业收到投资者出资额超出其注册资本或股本中所占份额的部分。准则规定直接计入所有者权益的利得和损失，也计入该科目。

(3)“盈余公积”科目，核算企业从净利润中提取的盈余公积。本科目应当设置法定盈余公积、任意盈余公积等明细科目。

(4)“本年利润”科目，核算企业实现的净利润（或发生的净亏损），即当期全部收入与全部费用的差额。

(5)“利润分配”科目，核算企业利润的分配（或亏损的弥补）和历年分配

（或弥补）后的积存余额。本科目应当设置提取法定盈余公积、应付优先股股利、提取任意盈余公积、应付普通股股利、转作资本（或股本）的普通股股利、未分配利润等明细科目。

（六）收入与利得的确认

在会计核算中主要应设置以下科目核算收入：

(1)“主营业务收入”科目，核算企业在销售商品、提供劳务及让渡资产使用权等日常活动中所产生的收入。

(2)“其他业务收入”科目，核算企业除主营业务收入以外的其他销售或其他业务的收入，如材料销售、代购代销、包装物出租等收入。

(3)“投资收益”科目，核算企业对外投资所取得的收益或发生的损失。

(4)“营业外收入”科目，核算企业发生的与其生产经营无直接关系的各项收入，包括处置固定资产净收益、非货币性交易收益、出售无形资产净收益、罚款净收入等。

（七）费用与损失的确认

费用核算的主要会计科目：

(1)“主营业务成本”科目，核算企业因销售商品、提供劳务或让渡资产使用权等日常活动而发生的实际成本。

(2)“营业税金及附加”科目，核算企业日常活动应负担的税金及附加，包括营业税、消费税、城市维护建设税和教育费附加等。

(3)“其他业务成本”科目，核算企业除主营业务成本以外的其他销售或其他业务所发生的支出，包括销售材料、提供劳务等而发生的相关成本、费用。

(4)“销售费用”科目，核算企业销售商品过程中发生的费用，包括运输费、装卸费、包装费、保险费、展览费和广告费，以及为销售本企业商品而专设的销售机构的职工工资及福利费等。

(5)“管理费用”科目，核算企业为组织和管理企业生产经营所发生的管理费用，包括企业的董事会和行政管理部门在企业的经营管理中发生的，或者应由企业统一负担的公司经费（行政管理部门职工工资、修理费、物料消耗、办公费等)、工会经费、董事会会费、聘请中介机构费、咨询费、诉讼费、业务招待费、房产税、车船使用税、土地使用税、印花税、技术转让费、无形资产摊销、职工教育经费、研究与开发费、排污费等。

(6)“财务费用”科目，核算企业为筹集生产经营所需资金等而发生的费用，包括利息支出（减利息收入）、汇兑损失（减汇兑收益）及相关手续费等。

（7）“营业外支出”科目，核算企业发生的与其生产经营无直接关系的各项支出，如固定资产盘亏、处置固定资产净损失、出售无形资产净损失、债务重组损失、罚款支出、捐赠支出、非常损失等。

（8）“所得税费用”科目，核算企业按规定从本期损益中减去的所得税费用。

第二节 会计计量

一、会计计量模式

（一）会计计量模式和属性

会计计量模式指会计计量尺度与会计计量属性的结合方式。

会计计量属性是指在会计核算中必须计量的会计要素的某一方面特性或外在表现形式，即可以用货币计量的方面。由于经济交易或事项同样可以从多方面予以货币定量，从而有不同的计量属性。

1. 历史成本计量

历史成本也称原始成本，是指购建某项资产时所付出的代价。历史成本计价具有如下特点：以生产商品的社会平均劳动生产率基本保持不变为前提，假定商品的内在价值始终恒定；以实际交易作为会计记录的依据，对物价变动等因素引起的持有损益不作会计处理；遵循权责发生制、配比等会计原则。

历史成本计量属性的优点在于，具有最强的可靠性和可验证性，从履行资产的保管责任来说，具有不可替代的有用性，且处理程序简单明了。缺点是，在出现严重通货膨胀的情况下，期末对资产按照历史成本列报并按照历史成本结转成本、费用，而收入用现行成本计量，必然会带来利润的虚增，造成企业经营成果的扭曲。

2. 重置成本计量

重置成本是指本期要取得某项相同或类似资产而需要支付的代价。按资产获得的方式不同，重置成本又可进一步分为现时重置成本和现时再生产成本。现时重置成本是指在当前市场条件下按现时价格重新购置与企业现有资产相同或类似的资产所需付出的现金或现金等价物。现时再生产成本是指在当前市场条件下重新生产与企业现有资产相同或类似的资产所需付出的人力、物力等的成本。

重置成本计量属性的主要特点是：完全否定了财务会计的历史成本原则和实现

原则；反映因个别物价变动而引起的持有损益。

重置成本计量属性的优点在于，能够区分持有损益和经营损益，增进了收益决定的可比性和可靠性，能避免个别物价上涨的虚计收益、确切反映生产耗费的补偿、有利于资本的保全；缺点是难以确定各项资产在任何时点的现值，报表项目之间缺乏可比性，增加了审计难度。

3. 可实现净值计量

可实现净值（预计脱手价值），是指在正常经营情况下，资产的售价减去追加的成本或费用，或者是现有资产估计售价减去任何处置资产的成本，即资产的现行净销售价格。可实现净值与现行市价这两种计量属性都反映资产的变现价值，但现行市价是基于当期的脱手价值，而可实现净值是基于预期的未来销售或其他未来事项。

可实现净值计量属性的优点在于，资产负债表能够反映当前的现金等值，与决策的相关性较强，能够评价独立实体的财务应变能力，并且能够克服费用分摊的主观随意性。缺点是，可实现净值的确定操作上有较大难度，由于否认配比原则，忽视对收入、费用等的专门计量，不利于经营责任的履行。

4. 未来现金流量现值和未来现金流量净现值计量

未来现金流量现值是指在正常业务进行过程中可望变成未来现金流入的现值；未来现金流量净现值则是未来现金流入量减去处置成本的贴现值。它们又称为资本化价值。这种计量属性认为资产之所以有价值，主要是因为它具有一定的获利能力。资产的获利能力越大，其价值就越多。同时，资产未来经济利益的大小，还同预期现金流入的时间分布有关，也就是要考虑货币的时间价值因素。如果全部现金流入的期限越短，获利能力就越大。因此，根据这种计量属性，资产的价值应当按其预期的未来现金净流入的贴现值计量，即资产的未来净收入用适当贴现率换算后的现在价值。

这种计量属性的优点在于，一般认为，未来现金流入现值是最能反映资产经济价值的计价属性。企业之所以购置资产，是因为预期这些资产的未来经济效益的折现数额会大于这些资产的现时购进价格。另外，所提供的会计信息相关性最强，最能反映资产的经济价值，最有利于财务决策。缺点是，由于未来现金流量、贴现率和收益期都具有极大的不确定性，会计信息的可靠性最差，用资本化价值作为日常核算的基础显然是行不通的。

5. 公允价值计量

公允价值，是指在公平交易中，熟悉情况的交易双方自愿进行资产交换或者债务清偿的金额。在公允价值计量下，资产和负债按照在公平交易中熟悉情况的交易双方自愿进行资产交换或者债务清偿的金额计量。公允价值主要应用于交易性金融资产、可供出售金融资产的计量等。

（二）会计计量尺度

会计核算的过程是一个计量的过程。这个过程必须运用一定的计量尺度。

1. 货币计量基准尺度的确定

古代会计和近代会计经历了从单一的实物计量尺度向货币计量尺度、实物计量尺度、时间计量尺度并列的发展变化过程。现代会计不仅要同时运用多种计量尺度，还要求将实物计量尺度、时间计量尺度换算为货币计量尺度，从而确定了货币计量作为基准尺度的地位。

2. 记账本位币的确定

在确定货币作为基准计量尺度的前提下，会计上还面临着选择何种货币作为度量单位的问题。现实生活中，不同的国家或地区有着不同的流通货币即“功能货币”（如欧元、美元、人民币等），会计上要求将各种不同的货币折算为单一的货币以增强可比性，从而产生了记账本位币确定的问题。

3. 货币计量单位的确定

因为货币本身也是商品，即使同一种货币在不同的时期还可能有着不同的度量，而货币的实际购买力又是经常变动的。任何一种特定货币尺度都具有两种不同的计量单位：名义货币单位和一般购买力单位。

名义货币单位，又称面值货币单位，它是以现实的货币单位作为会计的计量单位。它是各国主要流通货币的法定单位，也就是未经调整不同时期货币购买力的货币单位。名义货币单位的购买力是会发生变动的。但是，根据“币值不变”假设，一方面，财务会计忽略货币单位的变动；另一方面，当货币的购买力变动的幅度较小或在一定时期内可以相互抵消时，以名义货币单位计量和编制的会计报表，不仅操作简便，也相对可靠。因此，名义货币单位成为会计实务工作的基本计量单位也是理所当然的，它在传统的会计计量中长期普遍地被人们所应用。

一般购买力单位，是对实际货币单位的一种调整或变化形式，它是按照一定时点的货币实际购买力换算后的计量单位进行计量的。这种计量单位对不同时期的货币购买力变动加以必要调整，并以一定时日的货币购买力调整或折算不同时期的名义货币单位，使不同时期的货币保持在不变的计量基础上，因此也可称为“不变货币单位”。

货币购买力变动往往采用一般物价指数来衡量。一般物价指数是指某一时日的一组商品和劳务的平均价格水平，相对于另一特定时日的同类商品和劳务的平均价格水平的比率或对比关系。若以基年的物价指数为100，其他年份的物价指数变动就可以代表各该年份的货币一般购买力的变动。

目前，财务报告实务基本上还是采用名义货币单位，一般购买力单位只有在持续恶性通货膨胀的条件下才可能成为会计实务工作的基本计量单位。

（三）会计计量模式

特定的计量属性和计量尺度的组合构成了特定的会计计量模式。选择不同的计量属性和计量尺度将获得不同的会计信息，必须根据具体经济环境条件和信息使用者的实际需要，正确地确定会计计量模式。

二、会计基本计量方法

会计基本计量方法至少应包括平均法和比率法等方法。它们在会计的资产计价、配比摊销、折旧计提、成本计算和趋势分析等环节均有大量的运用。

（一）平均法

1. 简单平均法

简单平均法也称算术平均法，是以个体金额之和除以个体数得出平均额的一种计算方法。

2. 月末一次加权平均法

月末一次加权平均法是个体金额之和除以各个体数量（权重）之和得出平均额的一种计算方法。以存货计价为例，它是以本期收货成本加上期初存货成本之和，除以本期收货数量加上期初存货数量之和，来确定加权平均单位成本，从而计算确定期末存货成本的方法。计算公式如下：

加权平均单位成本＝(期初存货成本＋本期收货成本）÷（期初存货数量＋本期收货数量）

3. 移动加权平均法

移动加权平均法，是指本次收货的成本加原有库存存货的成本，除以本次收货数量加库存数量计算的加权平均单价，并以此对发出存货计价的一种做法。移动平均单位成本的计算公式如下：

移动平均单位成本＝(原有库存存货成本＋本次收入存货成本）÷（原有库存存货数量＋本次收入存货数量）

由于移动加权平均法能随时提供存货收入、发出和结存的数量和金额，因而有利于存货的管理。不过，采用移动加权平均法，每购进一次存货就需要计算一次平均单位成本，因而计算工作量大。

4. 平均法的扩展应用

现行会计实务中，一定金额的费用或其他待分配项目在不同对象、不同期间的分配是一个应用非常广泛的会计计量问题。此类分配问题常用的计量方法，实质上是按特定分配标准进行的平均分配。其通用的计算公式为：

$$分配率=\frac{待分配金额}{分配标准合计}$$

该比率在采购费用、制造费用分摊、工资福利费分配、固定资产折旧、无形资产摊销及其他成本计算等方面有着大量的应用。

（二）比率法

比率法是把客观上存在相关关系的项目加以比较，通过计算其比率来评价企业的财务状况、经营成果及财务状况变动情况的一种会计计量分析方法。比率是一个相对数，通常是以百分率、比或分数形式将不同会计项目、不同会计期间、不同会计主体、不同会计标准之间的关系恰当地表现出来。会计计量中用到的比率指标主要有三大类：

1. 相关比率

相关比率是用于计算部分与总体关系、投入与产出关系之外具有相关关系的指标的比率，反映有关经济活动间的相互联系。例如，负债比率即负债与资产之间的比率，流动比率即流动资产与流动负债之间的比率等。利用相关比率指标，可以计量、考核有联系的相关业务安排是否合理，从而保障生产经营活动的顺利进行。

2. 效率比率

效率比率用于计量某项经济活动中所费与所得的比例，反映投入与产出的关系。例如，成本费用与销售收入之间的比率，净利润与资产平均总额的比率等。利用效率指标，可以进行得失比较，计量考核经营成果，评价经济效益水平。

3. 结构比率

结构比率用于计量某项经济指标的各个组成部分占总体的比重，反映部分与总体的关系，故又称为共同比。通用计算公式为：

构成比率＝分部数额/总体数额

$\sum$各构成比率＝100％

在使用比率指标进行会计计量时应注意以下几点：一是比率中对比指标要有相关性，即要使对比有一定的意义，对比指标有内在联系，对经济活动的计量评价才有实际意义；二是比率指标中对比指标的计算口径，相互对比指标的计算时间、方法、范围和标准等要一致，贯彻会计计量的可比性原则；三是采用的比率指标要有对比的标准，通常的对比标准有企业预定的目标、企业历史上达到的标准、同行业先进水平标准、社会公认的标准等，有了这些标准，才能对企业的经济活动进行合理、恰当的计量评价。

三、会计要素计量

（一）资产的计量

资产计量不仅是反映企业增值的量度，也是收益计量的必经步骤，故其既是反映企业财务状况的基础，也是反映企业经营状况的基础。在我国现行关于资产计量的规定中，既有按未来经济利益计量的情况，又有按交换价格计量的情况；在按未来经济利益计量时，既有按现值计量的情况，又有按终值计量的情况；在按交换价格计量时，既有按交换投入价值计量的情况，又有按交换产出价值计量的情况。前述的四种计量属性，在我国会计工作中均有不同程度的运用。资产计量可分为入账价值计量、持有价值计量、耗用价值计量等不同的方面。以下分别说明主要资产类别的计量问题。

1. 资产入账价值的计量

（1）货币性资产入账价值的计量。货币性资产包括货币资金和应收款项，其入账价值的计量主要有以下三种情况：货币资金和须计息的应收款项按现值入账；不计息的应收款项，由于其期限较短，一般不考虑折现的问题，按终值入账；外币货币性资产按折算为记账本位币的金额入账。

（2）存货入账价值的计量。存货在取得时，应当按照实际成本入账。实际成本按以下方法确定：工业企业购入的存货，按买价加运输费、装卸费、保险费、包装费、仓储费等费用和运输途中的合理损耗、入库前的挑选整理费用和按规定应计入成本的税金以及其他费用，作为实际成本；商品流通企业购入的商品，按照进价和按规定应计入商品成本的税金，作为实际成本，采购过程中发生的运输费、装卸费、保险费、包装费、仓储费等费用和运输途中的合理损耗、入库前的挑选整理费用等，直接计入当期损益。自制的存货，按制造过程中的各项实际支出，作为实际成本；投资者投入的存货，按照投资各方确认的价值，作为实际成本。接受捐赠的存货，按以下规定确定其实际成本：捐赠方提供了有关凭据的，按凭据上标明的金额加上应支付的相关税费，作为实际成本；捐赠方没有提供有关凭据的，按如下顺序确定其实际成本：①同类或类似存货存在活跃市场的，按同类或类似存货的市场价格估计的金额，加上应支付的相关税费作为实际成本。②同类或类似存货不存在活跃市场的，按所接受捐赠的存货的预计未来现金流量现值，作为实际成本。盘盈的存货，按照同类或类似存货的市场价格，作为实际成本。

（3）投资类资产入账价值的计量。投资类资产在取得时应当按照投资成本计量。以现金购入的投资，按取得时的公允价值作为初始确认金额，相关的交易费用在发生时计入投资收益。实际支付的价款中包含的已宣告但尚未领取的现金股利或已到付息期但尚未领取的债券利息，应当单独核算，不构成投资成本。持有至到期投资所支付的税金、手续费等相关费用，可以直接计入初始投资成本。

（4）固定资产入账价值的计量。固定资产在取得时，应按取得时的成本入账。固定资产取得时的成本应当根据具体情况分别确定。购置的不需要经过建造过程即可使用的固定资产，按实际支付的买价、包装费、运输费、安装成本、缴纳的有关税金等，作为入账价值；自行建造的固定资产，按建造该项资产达到预定可使用状态前所发生的全部支出，作为入账价值；投资者投入的固定资产，按投资各方确认的价值，作为入账价值；盘盈的固定资产，按同类或类似固定资产的市场价格，减去按该项资产的新旧程度估计的价值损耗后的余额，作为入账价值。

2. 资产持有价值的计量

资产持有价值的计量，是指因持有损益的确认造成的资产账面价值的变动。资产持有价值的计量主要包括以下几种情况：

带息的应收款项、持有至到期投资应于期末按照本金（或票面价值）与确定利率计算的金额增加其账面余额，并确认为利息收入，计入当期损益。

采用权益法核算长期股权投资，按应享有或应分担的被投资单位当年实现的净利润或发生的净亏损的份额，调整投资的账面价值，并作为当期投资损益，对被投资单位除净损益以外的所有者权益的其他变动，也应当根据具体情况调整投资的账面价值。一般计算公式为：

长期股权投资变动额＝被投资企业净资产变动×投资企业持股比例

外币货币性资产应于期末按照期末汇率与账面汇率的差额计算汇兑损益，并相应调整外币货币性资产的账面价值。

企业应当定期或者至少于每年年度终了，对各项资产进行全面检查，并根据谨慎性原则的要求，合理地预计各项资产可能发生的损失，对可能发生的各项资产损失计提资产减值准备。实际工作中，减值准备主要针对应收款项、存货、长期股权投资、固定资产、无形资产、在建工程、委托贷款等资产项目计提。

3. 资产耗用价值的计量

资产的耗用价值，是指资产在相应的会计期间转化为费用的价值。资产耗用计量的方法主要有按照资产账面价值计量和按照跨期摊配计量两种方法。

(1) 按资产账面价值计量资产耗用价值。账面价值是指用资产的账面成本减去已确认耗用价值和减值准备后的金额。流动资产的耗用、各种资产的处置，均按照资产的账面价值作为其耗用价值。

按资产账面价值计量资产耗用价值，要考虑因多批取得同一资产而造成的账面价值不一的情况，一般可选用先进先出法、加权平均法、移动平均法、个别计价法等确定其实际耗用价值。

(2) 按跨期摊配方法计量资产耗用价值。跨期摊配法主要适用于某些递耗资产，如固定资产、无形资产等的摊销，一般可采用平均法计量资产耗用价值。个别资产项目如固定资产还可能采用平均法以外的其他方法进行跨期摊配。

(二) 负债的计量

负债的计量主要有两个目的：一是正确记录费用与损失，以便确定当期损益；二是在会计报表上合理地揭示企业所承担的债务，提供有助于利益相关者预测企业未来现金流量和财务风险的相关信息。

1. 负债入账价值的计量

如果单从理论的科学性的角度考虑，企业所有负债的计量均应以未来应付金额的现值为基础，即未来应付金额的折现价值。但这种方法在现行会计实务中，并未得到全面应用。现行会计实务的做法是：不计息流动负债及因融资租赁产生的长期应付款按终值入账；其他各种长短期计息负债均按现值入账。

2. 负债账面价值的计量

不计息流动负债及短期借款保持入账价值不变。短期借款利息不计入账面价值；应付票据、应付债券、长期借款应将各期预计利息计入账面价值；因融资租赁产生的长期应付款已经按终值入账，故不存在预计利息问题，但应考虑按平均法、年数总和法或实际利息法分配租金中的已付利息，相应调整长期应付款的账面价值。

(三) 所有者权益的计量

所有者权益是某个主体的资产减去负债后的剩余权益。与资产、负债等会计要素不同，所有者权益总额不能单独计量，它的计量从属于资产和负债的计量。而资产的计量又与资本保全的概念相联系。常见的资本保全概念有货币资本保全观、一般购买力资本保全观和实物资本保全观。各种资本保全观都规定了各自的资本保全要求，从而使其对所有者权益的度量也各不相同。

1. 货币资本保全观

这一观念坚持以投入资本的货币额保全为条件，因其使用名义货币为计量单位，故又称名义货币资本保全观。在这一观念下，所有者权益是所有者过去投入企业和其他属于净权益持有人的资产份额的货币量之和。所有者权益因利润的实现而增加，因亏损的发生而减少，并且利润分配和减资都会引起所有者权益的减少。货币资本保全观是现行会计实务的基础，也使得所有者权益的分类及其量度具有客观性。

2. 一般购买力资本保全观

这一观念将所有者权益视为企业所有者在过去投入企业和留在企业的其他属于他们的资产份额之和，以货币一般购买力计算的总和作为资本保全的基础，在保全了期初所有者权益的一般购买力之后，净资产的增量才被认为是企业已实现的利润。

3. 实物资本保全观

这一观念认为所保全的所有者权益是按一定的实物量加以衡量的资本。即所有者权益既不是按发生业务时的名义货币单位度量，也不是按一定的货币购买力来计量，而是以一定的实物数量或特定物价指数折算后的货币来计量的。该观点又可分为保全期初同等结构、同等数量之资产和保全期初同等生产能力两种看法。

所有者权益一般由实收资本、资本公积、盈余公积和未分配利润构成。一般而言，实收资本和资本公积是由所有者直接投入的，如所有者的投入资本、资本溢价等，其计价遵循相关契约的约定，较为简单；而盈余公积和未分配利润则是由企业在生产经营过程中所实现的利润留存在企业所形成的，因此，盈余公积和未分配利润又被称为留存收益。盈余公积主要包括法定盈余公积、任意盈余公积。

根据我国规定，企业应按照净利润的10%提取法定盈余公积，提取的法定盈余公积累计达到注册资本的50%时，可以不再提取；任意盈余公积的提取需经股东大会或类似机构的批准，从净利润中提取的比例由企业自行决定。企业提取的盈余公积可用于弥补亏损、发放现金股利或转增资本（股本），但转增资本（股本）后，留存的盈余公积不得少于转增前注册资本的25%。

（四）收益的计量

对于收益的计量，在会计思想的发展过程中，曾出现了两大代表性流派：一是通过期初、期末净资产的比较来确定收益，称为“资产负债观”；二是通过收入与费用相抵减的配比方式确定收益，称为“收入费用观”。

按照资产负债观，收益是企业期末净资产比期初净资产的净增长额，收益等于

“(期末资产－期末负债) －（期初资产－期初负债)”。任何因所有者的投资或向所有者分配利润而造成净资产的减少，不包括在收益之中，因此，上式进一步扩展为“(期末资产－期末负债) －（期初资产－期初负债) ＋向所有者分配利润－所有者投入资本”。

资产负债观的特点表现在：收益的确定，是通过计量资产和负债，并比较其净增长而得。为了较准确、合理地确定期末净资产，可能要求将所有资产和负债项目按同一时间基础予以对比，现行成本或现行市价是更恰当的计量属性；收益的确定，不需要考虑实现。只要企业的净资产确实增加了，就应该作为收益的内容之一予以确认。

收入费用观要求先确认收入和费用，然后，按照配比原则，将收入和费用按其经济性质上的一致性联系起来，确定收益。其收益确定公式就是“收入－费用”。

收入费用观的特点表现在：通过确认收入和费用来确定收益，而收入和费用又都可以追溯到原始的交易和交换活动所确定的数据，因此，历史成本计量属性成为收入和费用确认的较现实的属性；由于收入和费用的确认建立在历史成本基础之上，同时，强调数据的客观性和可验证性，使得大量缺乏客观证据的事项，不能确认到收益中来，如自创商誉等；配比成为收益确定的核心，任何进入收益表的项目，都必须符合配比原则的要求。

目前，我国所采用的收益计量主要是与收入费用观思想相一致的。

第三章　会计记录

第一节　复式记账原理

一、会计基本等式

（一）会计基本等式

由于社会分工不同，各企业、事业单位的具体工作任务也各不相同，但无论其工作性质、任务有何区别，它们都需要拥有一定数量与结构的、能够给企业带来经济利益的经济资源，作为其从事各种经济业务活动、完成工作任务的物质基础和保证。这些由过去的交易、事项所形成并由企业所拥有或能够控制的、预期会给企业带来经济利益的资源在会计上叫做“资产”。资产必然有其来源渠道，从这些资产最初进入企业的来源渠道来看，只有债权人提供和所有者提供两种来源渠道。债权人和所有者对提供给企业的资产拥有要求权（也称为“求索权”），这种要求权在会计上叫做“权益”，其中属于债权人的部分，叫做“债权人权益”，在会计上被简称为“负债”；属于所有者的部分，叫做“所有者权益”，具体到不同企业，又可细分为“业主权益”和“股东权益”等。从资产和权益的数量关系来看，有一定数额的资产，必然有一定相应数额的权益；反之，有一定数额的权益，也必然应有相应数额的资产存在，资产和权益在数量上是彼此相等的，而且在任何一个时点上（即静态状况下），两者数额也必然相等。资产与权益这种在数量上的相等关系，在会计上被称为资产与权益的平衡关系，用公式表示为：

资产＝权益

由于权益又分为债权人权益和所有者权益，债权人权益又被简称为负债，而且两者相比较，债权人权益偿还顺序在前，所有者权益偿还顺序在后，所以上述等式又演变为：

资产＝债权人权益＋所有者权益

资产＝负债＋所有者权益

上述这几个等式在会计上被称为“会计基本等式”，习惯上称为“会计恒等式”。它明确反映了资产、负债、所有者权益这三个基本会计要素之间的数量关系，是会计上的一个重要基础理论，同时它也是设置账户、复式记账和编制资产负债表的理论依据。

如果考虑到企业的经营成果，还可以对会计基本等式进行扩展，即将收入和费用这两个会计要素考虑进去，这样会计基本等式就可以扩展为：

资产＝负债＋所有者权益＋（收入－费用）

这个等式就是会计基本等式的扩展形式，它说明了企业一定时期生产经营活动所产生的经营成果应归企业的所有者所有，无论盈亏均由企业的所有者来承担。这一扩展等式还说明了企业一定时期的经营成果对企业资产和净资产（所有者权益）的影响，如最终经营成果是净收益，则对企业资产和净资产（所有者权益）产生附加影响；如最终经营成果是净亏损，则对企业资产和净资产（所有者权益）产生抵减影响。这一扩充等式还把企业的财务状况和经营成果有机地联系起来了，沟通了资产负债表和利润表。

（二）经济业务类型及对会计恒等式的影响

企业在生产经营过程中发生的各种经济活动，在会计上叫做“经济业务”或“会计事项”。经济业务的发生一定会使企业的资产、负债、所有者权益等基本会计要素发生变化（总额变化或内部结构变化）。虽然经济业务的种类繁多，性质各异，会使企业的资产和权益发生变化，但是无论发生何种经济业务，无论它们怎样变化，都不会破坏“资产＝负债＋所有者权益”这一等式，也即在任何时候，企业的资产总额与权益总额总是保持平衡关系。企业经济业务的类型虽多种多样，但还是有着一定的规律的，如它们要么影响资产、要么影响权益、要么既影响资产又影响权益，而影响结果只有使数额增加或减少两种，所以企业的全部经济业务可以归纳为以下四大类别：资产增加，资产减少；资产增加，权益增加；资产减少，权益减少；权益增加，权益减少。由于权益又可分为负债和所有者权益，因此从经济业务对企业资产、负债、所有者权益这三个基本会计要素在数量上的影响关系来看，上述四大类别的经济业务又可以细分为以下九种类型：

（1）一项资产增加，另一项资产减少。

（2）一项资产增加，一项所有者权益增加。

（3）一项资产增加，一项负债增加。

（4）一项资产减少，一项负债减少。

（5）一项资产减少，一项所有者权益减少。

（6）一项负债减少，另一项负债增加。

（7）一项负债减少，一项所有者权益增加。

（8）一项所有者权益减少，一项负债增加。

（9）一项所有者权益减少，另一项所有者权益增加。

需要指出，上述经济业务类型中“一项”或“另一项”，并非仅指一种资产、负债或所有者权益，有许多复杂经济业务会涉及和影响几种资产、负债或所有者权益，此处是为了便于表述。

二、账户

账户是根据会计科目设置的、具有一定格式和结构，用于分类反映会计要素增减变动情况及其结果的载体。

账户与会计科目是两个既有区别又相互联系的概念。账户以会计科目作为它的名称，并具有一定的格式。会计科目是设置账户的基本依据，并以账户作为它的载体。在核算内容上，两者一致，账户是科目的具体运用。

账户的基本结构是由会计要素的数量变化情况决定的。由于经济业务的发生所引起的各会计要素的变动，从数量上看不外乎增加和减少两种情况，因此，账户结构也相应地分为两个基本部分，划分为左右两部分，以一方登记增加额，另一方登记减少额。账户要依附于账簿开设，每一个账户只表现为账簿中的某张或某些账页。其具体格式如表 3－1 所示。

表 3－1　　**账户名称**

年		凭证字号	摘　要	借　方	贷　方	借或贷	余　额
月	日						

在会计教学中为了简化格式，往往以“T”字形作为账户的最基本形式，如图 3－1 所示。

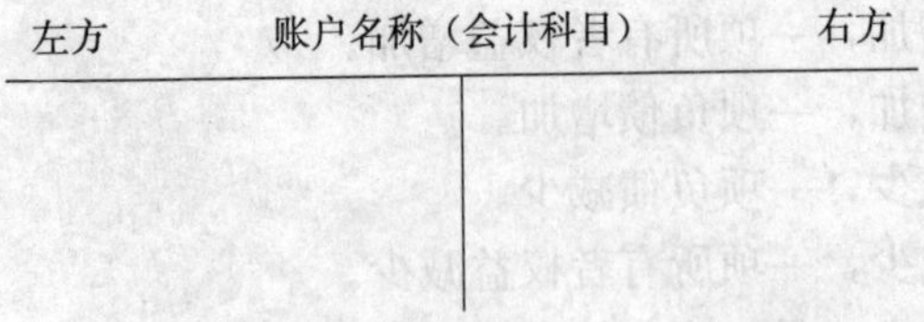

图3—1

在账户中究竟哪一方记录增加数，哪一方记录减少数，则取决于所采用的记账方法和各账户所要记录的经济内容（即账户的性质）。有一点可以肯定：账户的左右两方是按相反方向来记录增加额和减少额，账户的余额一般与记录的增加额在同一方向。在一定时期账户登记的增加数合计、减少数合计分别称为“本期发生额”（即本期增加额、本期减少额）。本期增加额减去本期减少额的差额为“余额”。余额按其表示的时间不同，分为期初余额和期末余额，上一期的期末余额即为下一期的期初余额。在账户中记录的金额的关系可以用下列等式表示：

期末余额＝期初余额＋本期增加额－本期减少额

三、复式记账原理

（一）记账方法

记账方法是指在账簿中登记各项经济业务的方法。会计上的记账方法经历了一个由单式记账法发展到复式记账法的过程。

单式记账法是指对每一项经济业务活动所引起的资金增减变化情况及其结果，只在一个账户中进行单方面的记录和反映的一种方法。单式记账法主要记录现金、银行存款和债权债务的增减，是一种比较简单、不完整的记账方法，目前已很少采用。

复式记账法是在每一项经济业务发生后，用相等的金额在相互关联的两个或两个以上的账户中进行登记，以反映会计要素增减变动情况的记账方法。其主要特点是：对于每一项经济业务，都在两个或两个以上相互关联的账户中进行等额双重记录；根据账户之间的对应关系和会计等式的平衡关系，可以对一定时期所发生的全部经济业务的会计记录进行试算平衡，以检查账户记录是否正确。

复式记账法包括几种具体的记账方法，有借贷记账法、增减记账法、收付记账法等。其中借贷记账法已经成为一种国际惯例，我国现行有关制度规定企业和行政事业等单位一律采用借贷记账法。

（二）借贷记账法

借贷记账法是以“借”、“贷”为记账符号，运用复式记账原理来记录经济活动情况的一种复式记账方法。

1. 借贷记账法的记账符号

借贷记账法的记账符号就是“借”、“贷”。借贷记账法大约起源于13世纪的意大利，是日本在明治维新时从欧洲引进的，“借”、“贷”就是日本引进时的译名。我国清朝末年从日本引进时，直接采用了日本的译名。

在借贷记账法中，“借”、“贷”曾分别用来表示债权、债务，而现在已转化为纯粹的记账符号。就符号意义上而言，“借”、“贷”本身不表示任何确切的意义。在“借”、“贷”符号与特定的会计账户结合时，才用于表示账户的方向，“借”表示记入账户的借方；“贷”表示记入账户的贷方。

2. 借贷记账法的账户结构

在借贷记账法中，任何账户都分为借方和贷方两个基本部分。通常左边是借方，右边是贷方。增加数和减少数应分别记入哪一方，要根据各个账户所反映的经济内容，即由它的性质决定。

账户按其反映的经济内容可分为资产类、负债类、所有者权益类、成本类及损益类五大类账户，而损益类又可分为反映收入和费用的两类账户。各类账户的性质分析如下：

（1）资产、成本、费用类账户。借方登记增加数，贷方登记减少数，资产、成本类账户期末余额一般在借方，费用类账户无期末余额。对于资产类账户：

期末借方余额＝期初借方余额＋本期借方发生额－本期贷方发生额

（2）负债、所有者权益、收入类账户。贷方登记增加数，借方登记减少数，对于负债类、所有者权益类账户，期末余额一般在贷方，收入类账户无期末余额。对于负债和所有者权益账户：

期末贷方余额＝期初贷方余额＋本期贷方发生额－本期借方发生额

借贷记账法下账户结构如下：

借方　　账户名称（会计科目）　　贷方

1. 资产、成本、费用增加数 2. 负债、所有者权益、收入减少数	1. 资产、成本、费用减少数 2. 负债、所有者权益、收入增加数
1. 资产类、成本类期末余额	2. 负债、所有者权益期末余额

3. 借贷记账法的记账规则

会计恒等式是借贷记账法的理论基础，是反映经济业务活动引起会计要素数量增减变化的表达式。随着经济业务活动的不断开展，会计恒等式两边项目的数额会发生变化，但是，无论怎样变化都不会破坏会计恒等式的平衡关系。对于借贷记账法的记账规则，我们可以从经济业务的四种类型中推导出来。

(1) 资产（借）和权益（贷）同增，增加金额相等。

(2) 资产（贷）和权益（借）同减，减少金额相等。

(3) 资产内部此增（借）彼减（贷），增减金额相等。

(4) 权益内部此增（贷）彼减（借），增减金额相等。

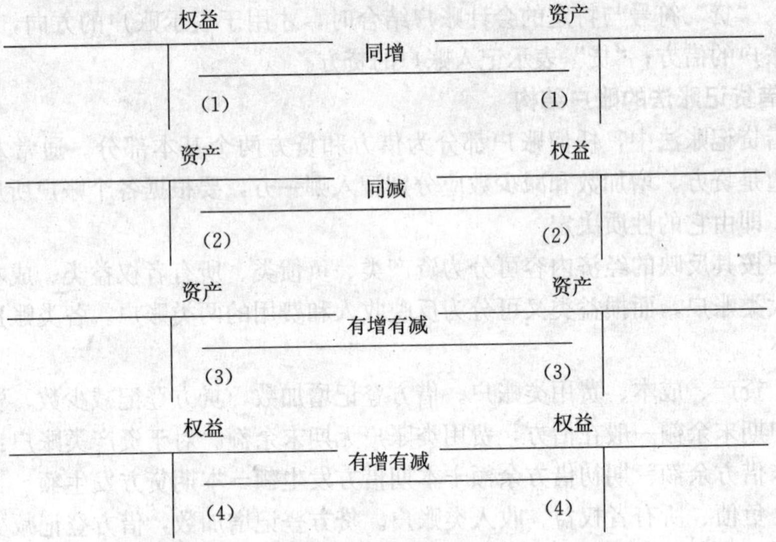

图 3-2　借贷记账法

从图 3-2 中可以看出，每种类型经济业务的发生，记账时都是有借方也有贷方，双方的金额都是相等的。因此，我们归纳出借贷记账法的记账规则是：有借必有贷，借贷必相等。

4. 账户对应关系和会计分录

对各项经济业务运用复式记账法在有关账户中进行登记时，会在有关账户之间形成某种相互的对应关系，账户间的这种对应关系叫账户对应关系。存在着对应关系的账户叫对应账户。

为了保证账户对应关系的正确性，登账前应先编制会计分录，然后据以登账。

会计分录就是标明每项经济业务应记账户的名称、方向和金额的记录。编制会计分录的步骤为：

（1）经济业务发生后，首先分析业务发生引起哪些会计要素增减变动。

（2）根据会计科目表和账户反映的经济内容，确定记入哪个账户。

（3）根据经济业务分析的结果确定应记账户的方向，应借还是应贷。

（4）检查会计分录中应借、应贷科目是否正确，借贷方金额是否相等，有无错误。

【例 3－1】2011 年 3 月 13 日，兴达有限责任公司收到 A 公司以银行存款 50000 元向本企业进行投资。

这项经济业务的发生，一方面表现为企业资产——银行存款增加，应记入“银行存款”账户借方；另一方面表现为企业所有者权益——实收资本增加，应记入“实收资本”账户贷方。这项经济业务应作如下会计分录：

借：银行存款　　50000

　　贷：实收资本　　50000

会计分录按每笔经济业务所涉及的账户的多少分为简单会计分录和复合会计分录。简单会计分录是指经济业务活动发生引起资金运动变化只涉及两个账户的一种会计分录；复合会计分录是指经济业务活动发生引起资金运动变化涉及两个以上账户的一种会计分录。

在实际工作中，会计分录是通过编制记账凭证来完成的。

第二节　会计循环

一、会计循环的基本步骤

会计循环是指企业在一个会计期间内，从业务发生编制凭证开始到编制会计报表为止，财务会计人员运用一定的方法所完成的一系列会计处理程序。会计循环是一个完整的会计处理程序，而企业的经济业务是持续不断地发生的，因此，会计循环将在企业的每一个会计期间依次继起、周而复始地不断进行。

在一个完整的会计循环中通常包括以下几个基本步骤：根据原始凭证分析经济业务，并按复式记账法编制记账凭证与会计分录；根据记账凭证登记有关的总分类账、明细分类账和日记账；进行调整前的试算平衡；期末对应予调整事项，按权责发生制进行必要的调整，编制调整分录，并过入相应的总分类账或明细分类账；编制调整后试算表；结账；编制财务报告。

二、编制会计凭证与会计分录

会计凭证是用来证明经济业务发生、明确经济责任的书面证明。按用途不同，会计凭证可分为原始凭证和记账凭证两类。会计循环始于编制用于证实经济业务已经发生的原始凭证。记账凭证是会计分录的载体。

（一）原始凭证

原始凭证是记录经济业务已经发生、执行或完成，作为记账原始依据的最初书面证明。

1. 原始凭证的分类

（1）原始凭证按其来源不同，可分为外来原始凭证和自制原始凭证。

外来原始凭证是指在同外单位发生经济往来关系时，从外单位取得的凭证。如购买商品时从供货单位取得的发货票、付款时取得的收据等。

自制原始凭证是由本单位内部经办业务的部门或个人，在完成某项经济业务时自行填制的凭证。如购买材料入库时填制的收料单、差旅费报销单等。

（2）原始凭证按其填制手续不同可以分为一次凭证、累计凭证和汇总原始凭证。

一次凭证是指只反映一项经济业务，或者同时反映若干项同类性质的经济业务，其填制手续是一次完成的会计凭证，如发票、收料单等。外来原始凭证一般都是一次凭证。

累计凭证是指在一定时期内连续记载若干项同类性质的经济业务的凭证。这类凭证的填制手续是随着经济业务发生而分次进行的，如限额领料单等。

汇总原始凭证是指在会计核算工作中，为简化记账凭证的编制工作，将一定时期内若干份记录同类经济业务的原始凭证汇总编制一张汇总凭证，用以集中反映某项经济业务总括发生情况的会计凭证，如发料凭证汇总表等。

2. 原始凭证的基本要求

（1）原始凭证的内容必须具备：凭证的名称；填制凭证的日期；填制凭证单位名称或者填制人姓名；经办人员的签名或者盖章；接受凭证单位名称；经济业务内容、数量、单价和金额。

（2）从外单位取得的原始凭证，必须盖有填制单位的公章；从个人取得的原始凭证，必须有填制人员的签名或者盖章。自制原始凭证必须有经办单位领导或者其指定的人员签名或者盖章。对外开出的原始凭证，必须加盖本单位公章。

（3）凡填有大写和小写金额的原始凭证，大写与小写金额必须相符。购买实物的原始凭证，必须有验收证明。支付款项的原始凭证，必须有收款单位和收款人的收款证明。

（4）一式几联的原始凭证，应当注明各联的用途，只能以一联作为报销凭证。一式几联的发票和收据，必须用双面复写纸（发票和收据本身具备复写纸功能的除外）套写，并连续编号。作废时应当加盖“作废”戳记，连同存根联一起保存，不得撕毁。

（5）发生销货退回的，除填制退货发票外，还必须有退货验收证明；退款时，必须取得对方的收款收据或者汇款银行的凭证，不得以退货发票代替收据。

（6）职工公出借款凭据，必须附在记账凭证之后。收回借款时，应当另开收据或者退还借据副本，不得退还原借款收据。

（7）经上级有关部门批准的经济业务，应当将批准文件作为原始凭证附件。如果批准文件需要单独归档的，应当在凭证上注明批准机关名称、日期和文件字号。

（8）原始凭证不得涂改、挖补。发现原始凭证有错误的，应当由开出单位重开或者更正，更正处应当加盖开出单位的公章。

（9）从外单位取得的原始凭证如有遗失，应当取得原开出单位盖有公章的证明，并注明原来凭证的号码、金额和内容等，由经办单位会计机构负责人、会计主管人员和单位领导人批准后，才能代作原始凭证。如果确实无法取得证明的，如火车、轮船、飞机票等凭证，由当事人写出详细情况，由经办单位会计机构负责人、会计主管人员和单位领导人批准后，代作原始凭证。

（10）从外单位取得的发票应有税务监制章，行政事业性收据应有财政监制章，并均须加盖财务印章或发票专用章。

3. 原始凭证的填制规范

填制原始凭证，字迹必须清晰、工整，并符合下列要求：

（1）阿拉伯数字应当一个一个地写，不得连笔写。阿拉伯金额数字前面应当书写货币币种符号或者货币名称简写和币种符号。币种符号与阿拉伯金额数字之间不得留有空白。凡阿拉伯数字前写有币种符号的，数字后面不再写货币单位。

（2）所有以元为单位（其他货币种类为货币基本单位，下同）的阿拉伯数字，除表示单价等情况外，一律填写到角、分；无角、分的，角位和分位可写“00”，或者符号“—”；有角无分的，分位应当写“0”，不得用符号“—”代替。

（3）汉字大写数字金额如零、壹、贰、叁、肆、伍、陆、柒、捌、玖、拾、佰、仟、万、亿等，一律用正楷或者行书体书写，不得用〇、一、二、三、四、五、六、七、八、九、十等简化字代替，不得任意自造简化字。大写金额数字到元或者角为止的，在“元”或者“角”字后应当写“整”字或者“正”字；大写金额数字有分的，分字后面不写“整”或者“正”。

（4）大写金额数字前未印有货币名称的，应当加填货币名称，货币名称与金额数字之间不得留有空白。

（5）阿拉伯金额数字中间有“0”时，汉字大写金额要写“零”字；阿拉伯数字金额中间连续有几个“0”时，汉字大写金额中可以只写一个“零”字；阿拉伯金额数字元位是“0”，或者数字中间连续有几个“0”、元位也是“0”但角位不是“0”时，汉字大写金额可只写一个“零”，也可不写“零”字。

（6）银行结算票据的出票日期必须大写。月为壹、贰、壹拾的，日为壹至玖和壹拾、贰拾、叁拾的，应在其前加“零”；日为拾壹至拾玖的，应在其前加壹。

4. 原始凭证的审核

原始凭证的审核内容主要有原始凭证的完整性、正确性、合理性、合法性、真实性。

在审核过程中，对符合要求的原始凭证，要及时编制记账凭证登记入账；对不真实、不合法的原始凭证，不予受理；对弄虚作假、严重违法的原始凭证，在不予受理的同时，应当予以扣留，并及时向单位领导人报告，请求查明原因，追究当事人的责任；对记载不准确、不完整的原始凭证，予以退回，要求经办人员更正、补充。

（二）记账凭证

记账凭证是由会计人员根据审核无误的原始凭证编制用以作为记账直接依据的会计凭证。

1. 记账凭证的分类

（1）记账凭证按适用业务不同分类，可分为专用记账凭证和通用记账凭证。

专用记账凭证是指专门记录某一类经济业务的记账凭证。按其所记录的经济业务是否与现金和银行存款的收付有关，又可分为：

①收款凭证：是用于现金和银行存款的收款业务的凭证。它是根据库存现金和银行存款收入业务的原始凭证编制的。其格式如表3－2所示。

表3－2　　收款凭证

借方科目：银行存款	2006年11月10日			银收字第18号	
摘　要	贷方科目		账　页	金　额	附件1张
	总账科目	明细科目			
收回货款	应收账款	B公司		100000	
合　计				100000	
财务主管　　记账	出纳	审核	制单		

②付款凭证：是用于现金和银行存款的付款业务的凭证。它是根据库存现金和银行存款付出业务的原始凭证编制的。其格式如表 3－3 所示。

表 3－3　　付款凭证

贷方科目：银行存款		2006 年 11 月 15 日		银付字第20号	
摘　要	借方科目		账　页	金　额	附件1张
	总账科目	明细科目			
归还货款	应付账款	A 公司		11700	
合　计				11700	
财务主管	记账	出纳	审核	制单	

为避免重复记账，对于现金和银行存款之间的相互划转，只编制付款凭证，不编制收款凭证。

③转账凭证：是用于不涉及现金和银行存款收付的转账业务的凭证。它是根据有关转账业务的原始凭证编制的。其格式如表 3－4 所示。

表 3－4　　转账凭证

		2006 年 11 月 30 日			转字第63号	
摘　要	会计科目		账　页	借方金额	贷方金额	附件1张
	总账科目	明细科目				
结转完工	库存商品	甲产品		23000		
入库产品成本	生产成本	甲产品			23000	
合　计				23000	23000	
财务主管	记账	出纳	审核	制单		

通用记账凭证是指以一种统一的格式记录全部经济业务的记账凭证，其格式与转账凭证格式基本相同。

（2）记账凭证按其编制的方法不同分为复式记账凭证和单式记账凭证。

①复式记账凭证：又叫多科目记账凭证，要求将某项经济业务所涉及的全部会

计科目集中填列在一张记账凭证上。如前述的收款凭证、付款凭证和转账凭证均为复式记账凭证。

②单式记账凭证：又叫单科目记账凭证，要求将某项经济业务所涉及的每一个会计科目，分别填制记账凭证，每张记账凭证只填列一个会计科目，其对方科目只供参考，不凭以记账。

(3) 记账凭证按是否经过汇总可分为非汇总记账凭证和汇总记账凭证。

①非汇总记账凭证：前面所述均为非汇总记账凭证。

②汇总记账凭证：包括汇总收款凭证、汇总付款凭证、汇总转账凭证、科目汇总表等。

2. 记账凭证的内容

尽管各种记账凭证的格式、内容不尽相同，但编制记账凭证的目的在于反映经济业务，便于登记账簿和日后查阅。所以记账凭证的内容必须具备：填制记账凭证的日期；记账凭证的编号；经济业务内容的摘要；经济业务涉及的会计科目和记账方向；经济业务的金额；所附原始凭证张数；有关人员的签章和入账标记等。

3. 记账凭证填制要求

《会计基础工作规范》规定：会计记录的文字应当使用中文，少数民族自治地区可以同时使用少数民族文字。中国境内的外商投资企业、外国企业和其他外国经济组织也可以同时使用某种外国文字。

会计机构、会计人员要根据审核无误的原始凭证填制记账凭证。填制的具体要求如下：

(1) 填制记账凭证时，应当对记账凭证进行连续编号。一笔经济业务需要填制两张以上记账凭证的，可以采用分数编号法编号。

(2) 记账凭证可以根据每一张原始凭证填制，或者根据若干张同类原始凭证汇总填制，也可以根据原始凭证汇总表填制。但不得将不同内容和类别的原始凭证汇总填制在一张记账凭证上。

(3) 除结账和更正错误的记账凭证可以不附原始凭证外，其他记账凭证必须附有原始凭证。如果一张原始凭证涉及几张记账凭证，可以把原始凭证附在一张主要的记账凭证后面，并在其他记账凭证上注明附有该原始凭证的记账凭证的编号或者附原始凭证复印件。一张原始凭证所列支出需要几个单位共同负担的，应当将其他单位负担的部分开给对方原始凭证分割单进行结算。原始凭证分割单必须具备原始凭证的基本内容和费用分摊情况等。

(4) 记账凭证填制完经济业务事项后，如有空行，应当自金额栏最后一笔金额数字下的空行处至合计数上的空行处划线注销。

（5）如果在填制记账凭证时发生错误，应当重新填制。

已经登记入账的记账凭证，在当年内发现填写错误时，可以用红字填写一张与原内容相同的记账凭证，在摘要栏注明“注销某月某日某号凭证”字样，同时再用蓝字重新填制一张正确的记账凭证，注明“订正某月某日某号凭证”字样。如果会计科目没有错误，只是金额错误，也可以将正确数字与错误数字之间的差额，另编一张调整的记账凭证，调增金额用蓝字，调减金额用红字。发现以前年度记账凭证有错误的，应当用蓝字填制一张更正的记账凭证。

（6）在采用收款凭证、付款凭证和转账凭证的情况下，涉及现金和银行存款之间的划转业务，按规定只填付款凭证。

4. 记账凭证的审核

记账凭证是根据审核无误后的合法原始凭证填制的。因此，对记账凭证的审核，实际上包括对原始凭证的复核。记账凭证的审核应由专人负责，审核的主要内容如下：

（1）记账凭证是否附有原始凭证；所附原始凭证的实际张数与记账凭证上所填列的附件张数是否一致；记账凭证所反映的经济业务内容与所附原始凭证是否相符。

（2）记账凭证所确定的会计分录是否正确；所记金额有无错误；借方金额与贷方金额是否平衡、相等；一级科目金额与所属明细科目金额合计是否相等。

（3）记账凭证格式中所列的各项内容是否填列齐全，有无遗漏和错误；有关人员是否都已签名或盖章。

经过以上审核，对发现的问题和错误应及时进行更正，然后才能据以登记会计账簿。

（三）会计凭证的传递和保管

会计凭证的传递是指会计凭证从填制到归档保管整个过程中，在单位内部各有关部门和人员之间的传送环节和传递手续。会计凭证应当及时传递，不得积压。各单位会计凭证的传递程序应当科学、合理，具体办法由各单位根据会计业务需要自行规定。

会计凭证的保管，指会计凭证记账后的整理、装订、归档存查等工作。其主要要求有：会计凭证登记完毕后，应当按照分类和编号顺序保管，不得散乱丢失；记账凭证应当连同所附的原始凭证或者原始凭证汇总表，按照编号顺序折叠整齐，按期装订成册，并加具封面，注明单位名称、年度、月份和起讫日期、凭证种类、起讫号码，由装订人在装订线封签外签名或者盖章；对于数量过多的原始凭证，可以单独装订保管，在封面上注明记账凭证日期、编号、种类，同时在记账凭证上注明“附件另订”和原始凭证名称及编号；各种经济合同、存出保证金收据以及涉外文件等重要原始凭证，应当另编目录，单独登记保管，并在有关的记账凭证和原始凭证上相互注明日期和编号；原始凭证不得外借，其他单位如因特殊原因需要使用原始凭证时，经本单位会计机构负责人、会计主管人员批准，可以复制。向外单位提供的原始凭证复制件，应当在专设的登记簿上登记，并由提供人员和收取人员共同签名或者盖章。

三、过账与记账程序

过账是指根据记账凭证（会计分录）中所确定的账户名称、借贷方向和入账金额，分别记入有关总分类账、明细分类账及日记账的过程。在实际工作中，过账之前，账户中在上月末如果有余额，即为本月的月初余额，应先予以反映，然后再根据会计分录在账簿中按账户进行登记。

（一）会计账簿

账簿是根据会计凭证，用来序时地、分类地记录和反映各项经济业务的会计簿籍。它是由具有专门格式，又以一定形式联系在一起的账页所组成的。

设置账户并在账簿中进行登记，有利于全面、系统地记录和反映企业生产经营活动的情况，把大量而分散的核算资料进行归类整理，以满足提供有效信息的需要，因此，这是会计工作的一个重要环节。设置和登记账簿是会计核算的一种专门方法。各单位应当按照国家统一会计制度的规定和会计业务的需要设置会计账簿。

1. 账簿的种类

账簿按其用途不同，可分为序时账簿、分类账簿和备查账簿三种。

序时账簿是指按照经济业务发生的时间先后顺序，逐日、逐笔进行登记的账簿。在实际工作中，这种账簿通常是按照记账凭证编号的先后顺序逐日进行登记的，因此又称日记账。

序时账簿有两种：一种是用来登记全部经济业务的发生情况的账簿，称为普通日记账；另一种是用来登记某一类经济业务发生情况的账簿，称为特种日记账。

目前，我国的会计账簿中，为了加强对货币资金的监督和管理，要求专门设置现金和银行存款两种特种日记账，即现金日记账和银行存款日记账。

分类账簿是指对经济业务进行分类登记的账簿，又分为总分类账簿和明细分类账簿。

总分类账簿是根据一级会计科目设置的，总括反映全部经济业务的账簿；明细分类账簿是根据二级或明细会计科目设置的，详细反映某一类经济业务的账簿。

备查账簿是指对那些不符合现行会计确认标准或不能可靠计量，从而不能进入序时账簿和分类账簿中记载的事项进行补充登记的账簿，如租入固定资产登记簿、应收票据备查簿等。备查账簿可以为某项经济业务的内容提供必要的参考资料，加强企业单位对使用和保管他人财产物资的监督。

账簿按其外表形式不同，可分为订本式账簿、活页式账簿和卡片式账簿。

订本式账簿是在启用前就把许多账页固定地装订在一起的账簿。重要的和统御性的账簿，如现金和银行存款日记账、总分类账等，在手工簿记时应采用订本式账簿。

活页式账簿和卡片式账簿是指账页不固定装订成册，以活页和卡片形式存在的账簿。

2. 账簿的设置和登记

（1）日记账的设置和登记。现金日记账是用来登记库存现金的收、支和结存情况的账簿。银行存款日记账是用来登记银行存款的收、支和结余情况的账簿。

日记账是由出纳人员根据审核无误的收款凭证和付款凭证逐日逐笔登记的。登记时，应填明业务日期、凭证号数、摘要、对方科目、收入和支出金额。每日终了，应分别计算现金、银行存款的收入和支出的合计数并结出余额，现金日记账余额要与库存现金的实有数额相核对，做到日清；月末应计算出现金、银行存款全月收入、支出的合计数并结出余额，做到月结。日记账的格式一般采用“借”、“贷”、“余”三栏式，见表3－5。

表3－5　　**现金日记账**

20××年		凭证号数	摘　要	借　方	贷　方	借或贷	余　额
月	日						
12	1		期初余额			借	200
	1	付字1号	提现	1000		借	1200
	1	付字2号	购办公用品		300	借	900
	1		本日合计	1000	300	借	900
	略	略	略				
	31		本月合计	12000	11900		300

（2）总分类账的设置与登记。总分类账只提供金额指标，大多采用“借”、

“贷”、“余”三栏式的格式，见表3－6。

表3－6 **总分类账**

会计科目：应收账款							第　页
20××年		凭证号数	摘　要	借　方	贷　方	借或贷	余　额
月	日						
12	1		期初余额			借	200000
	20	汇9	11～20日发生额		120000	借	80000
	31	汇9	21～31日发生额	33000	24000	借	89000
12	31		本期发生额及期末余额	33000	144000	借	89000

总分类账的登记方法按采用的记账程序（或称账务处理程序、会计核算形式）不同而有所不同。它可以根据记账凭证登记，也可以根据汇总记账凭证，或科目汇总表，或多栏式日记账登记。

(3) 明细账的设置和登记。由于不同明细账要求反映的事项内容差异很大，明细账的账页格式也就多种多样。一般采用三栏式、数量金额式、多栏式等格式。

三栏式明细账的格式同三栏式总账的格式相同。三栏式明细账主要适用于只要求进行金额核算的经济业务，如“应收账款”、“应付账款”等明细账。其格式见表3－7。

表3－7 **应收账款明细账**

户名：A公司								第　页
20××年		凭证		摘　要	借　方	贷　方	借或贷	余　额
月	日	字	号					
12	1			期初余额			借	52000
	12	银收	3	收回货款		32000	借	20000
	15	转	5	赊销	15000		借	35000
12	31			本月合计	15000	32000	借	35000

数量金额式明细分类账的格式是在收入、发出和结存三大栏下又分别设置数量、金额、单价三个小栏。它适用于既要进行金额核算，又要进行实物数量核算的经济业务，如“原材料”、“库存商品”等明细账。格式见表3－8。

表 3—8　**原材料明细账**

材料名称：甲材料

计量单位：件　　第　页

××年		凭证		摘　要	收　入			发　出			结　存		
月	日	字	号		数量	单价	金额	数量	单价	金额	数量	单价	金额
6	1			期初余额							20	80	1600
	3	转	2	材料入库	100	80	8000				120	80	9600
	30	转	7	发料				50	80	4000	70	80	5600
6	30			本期发生额及期末余额	100	80	8000	50	80	4000	70	80	5600

多栏式明细分类账在一张账页上的“借方”或“贷方”按明细项目分设若干专栏，以提供各类经济业务的详细资料。这种格式主要适用于有关费用成本和收入成果的明细核算，如“生产成本”、“管理费用”、“本年利润”等明细账。格式见表3—9。

表 3—9　**生产成本明细账**　产品名称：甲产品

××年		凭证		摘　要	借方发生额				转出
月	日	字	号		原材料	工资	制造费用	合计	
1	1			期初余额	8000	1400	720	10120	
	31	转	6	分配工资费用		25080		25080	
	31	转	7	材料费用	40950			40950	
	31	转	9	分配制造费用			10200	10200	
1	31			本月合计	48950	26480	10920	86350	

各种明细账视实际情况，可以根据记账凭证、原始凭证或原始凭证汇总表进行登记。

需要指出的是：由于总账与明细账存在着密切的联系，总账对所属明细账起着统御控制作用，明细账对总账起着补充说明作用，在会计核算中要对其采用平行登记的方法。所谓平行登记，是指对每一笔经济业务，在一个会计期间内既要在总账中进行登记，又要在其所属的明细账中进行登记，其登记的原始依据相同、方向一致、金额相等。其结果必然是总账的金额与其所属的明细账金额之和相等。

3. 账簿登记和使用规则

启用会计账簿时，应当在账簿封面上写明单位名称和账簿名称。在账簿扉页上应当附启用表，内容包括：启用日期、账簿页数、记账人员和会计机构负责人、会计主管人员姓名，并加盖名章和单位公章。记账人员或者会计机构负责人、会计主管人员调动工作时，应当注明交接日期、接办人员或者监交人员姓名，并由交接双方人员签名或者盖章。启用订本式账簿，应当从第一页到最后一页顺序编定页数，不得跳页、缺号。使用活页式账页，应当按账户顺序编号，并须定期装订成册。装订后再按实际使用的账页顺序编定页码，另加目录，记明每个账户的名称和页次。

会计人员应当根据审核无误的会计凭证登记会计账簿。登记账簿的基本要求是：

(1) 登记会计账簿时，应当将会计凭证日期、编号、业务内容摘要、金额和其他有关资料逐项记入账内；做到数字准确、摘要清楚、登记及时、字迹工整。

(2) 登记完毕后，要在记账凭证上签名或者盖章，并注明已经登账的符号，表示已经记账，以免重记或漏记。

(3) 账簿中书写的文字和数字上面要留有适当空格，不要写满格；一般应占格距的 1/3 或 2/3，以便改错。

(4) 登记账簿要用蓝黑墨水笔或者碳素墨水笔书写，不得使用圆珠笔（银行的复写账簿除外）或者铅笔书写。

(5) 下列情况，可以用红色墨水笔记账：按照红字冲账的记账凭证，冲销错误记录；在不设借贷等栏的多栏式账页中，登记减少数；在三栏式账户的余额栏前，如未印明余额方向的，在余额栏内登记负数余额；根据国家统一会计制度的规定可以用红字登记的其他会计记录。

(6) 各种账簿按页次顺序连续登记，不得跳行、隔页。如果发生跳行、隔页，应当将空行、空页划线注销，或者注明“此行空白”、“此页空白”字样，并由记账人员签名或者盖章。

(7) 凡需要结出余额的账户，结出余额后，应当在“借或贷”等栏内写明“借”或者“贷”等字样。没有余额的账户，应当在“借或贷”等栏内写“平”字，并在余额栏内用“0”表示。现金日记账和银行存款日记账必须逐日结出余额。

(8) 每一账页登记完毕结转下页时，应当结出本页合计数及余额，写在本页最后一行和下页第一行有关栏内，并在摘要栏内注明“过次页”和“承前页”字样；也可以将本页合计数及金额只写在下页第一行有关栏内，并在摘要栏内注明“承前页”字样。

对需要结计本月发生额的账户，结计“过次页”的本页合计数应当为自本月初起至本页末止的发生额合计数；对需要结计本年累计发生额的账户，结计“过次页”的本页合计数应当为自年初起至本页末止的累计数；对既不需要结计本月发生额也不需要结计本年累计发生额的账户，可以只将每页末的余额结转次页。

4. 错账的更正方法

在手工记账的情况下，账簿记录如果发生错误，不准任意涂改、挖补、刮擦或者用药水消除字迹，不准重新抄写，必须根据错误的具体情况，相应采用正确的方法予以更正。更正错账的方法主要有：

（1）划线更正法。在结账之前，如果发现账簿记录有错误，但记账凭证正确，即纯属于登账时文字或数字上的错误，应采用划线更正法。具体做法是：先将错误的文字或数字用红线划去，予以注销，然后在上面用蓝色或黑色墨水笔填上正确的文字或数字，并由记账员在更正处盖章。采用划线更正法时，对于错误的数字应全部划去，不得只划线更正其中个别数字；对已划销的数字，应当保持原有字迹仍可辨认，以备查核。

如果在登记账簿时，发现记账凭证有错误，但还没有登记账簿，对记账凭证的错误也可以采用划线更正法进行更正或重新填制记账凭证。

（2）红字更正法。是指用红字表示负数，冲减原来的错误记录，然后填制一张正确的凭证，据以登记入账的一种错账更正方法，一般适用于下列两种情况：

一是记账后发现记账凭证中应借、应贷会计科目或借贷方向有错误，可用红字更正法。

【例 3－2】某职工出差预借差旅费 800 元，以现金支付。在编制记账凭证时，误作成下列会计分录，并已登记入账。

借：管理费用　　800

　　贷：现金　　800

发现这种错误并进行更正时，首先应用红字编制一张与原编记账凭证内容完全相同的记账凭证，并据以用红字登记入账。

借：管理费用　　[800]

　　贷：现金　　[800]

然后再用蓝字填制一张正确的记账凭证，并据以用蓝字登记入账。

借：其他应收款　　800

　　贷：现金　　800

此例关于账簿的更正记录如下：

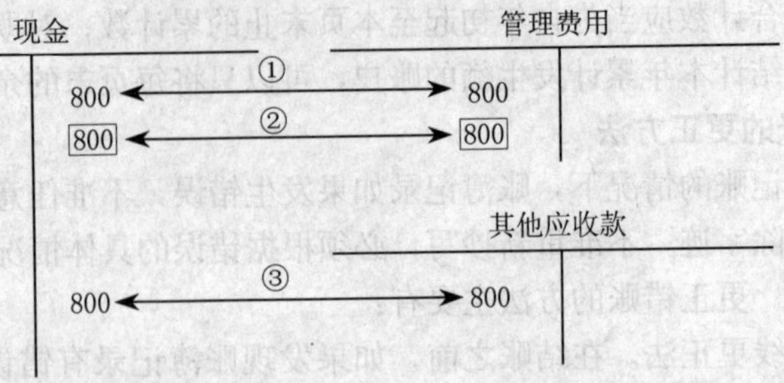

二是如果原编记账凭证所运用的会计科目以及记账方向无误，但所记金额大于应记金额，应采用红字更正法更正，可将多记的金额用红字填制一张记账凭证，并据以用红字登记入账，以冲销多记的金额。

【例 3－3】企业生产产品领用 2000 元材料。在编制记账凭证时，误将金额 2000 元记为 20000 元，多记 18000 元，并已登记入账。

借：生产成本　　　　　　　　　　20000

　贷：原材料　　　　　　　　　　　20000

更正时，按多记的金额用红字填制一张记账凭证，并据以用红字登记入账，以冲销多计的金额。

借：生产成本　　　　　　　　　　18000

　贷：原材料　　　　　　　　　　　18000

此例有关账簿的更正记录如下：

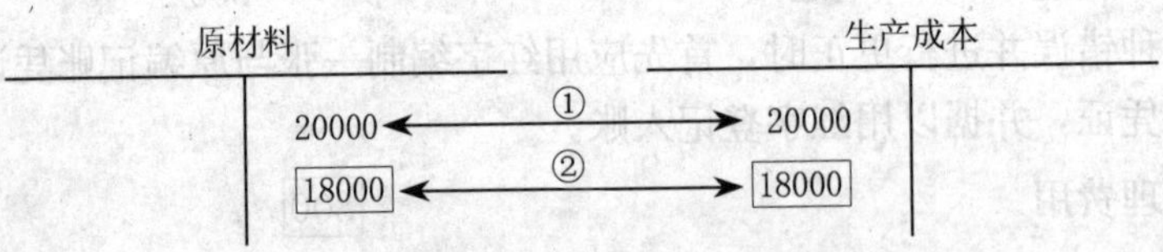

（3）补充登记法。在记账以后，如果发现账簿中所记金额小于应记金额时，可以采用补充登记法进行更正。更正时，应将少记金额用蓝字填制一张与原编记账凭证科目、方向相同的记账凭证，并据以登记入账。

【例 3－4】如**【例 3－3】**资料，误将记账凭证中的金额 2000 元记为 200 元，并已登记入账。

借：生产成本　　　　　　　　　　200

　　贷：原材料　　　　　　　　　　　　　　　　　　200

更正时，按少记的金额用蓝字填制一张记账凭证，并据以用蓝字登记入账，以补记少计的金额。

借：生产成本　　　　　　　　　　　　　　　　1800

　　贷：原材料　　　　　　　　　　　　　　　　1800

此例有关账簿的更正记录如下：

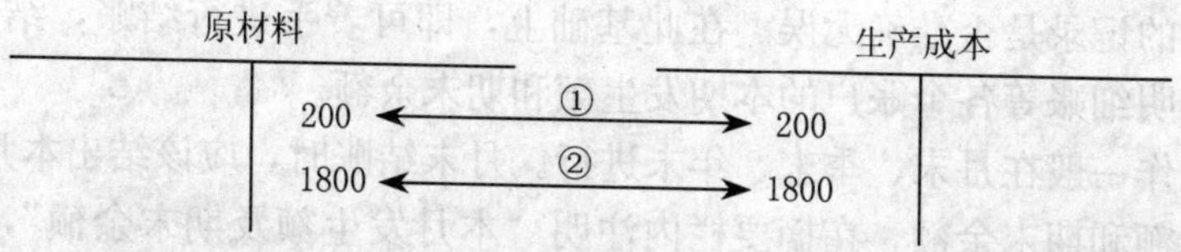

若发现以前年度记账凭证有错误的，应当用蓝字填制一张更正的记账凭证，并据以登记账簿。

5. 对账和结账

对账简单说就是核对账目，是指为保证账簿记录的正确性而进行的核对工作。对账工作每年至少进行一次。其内容一般包括以下三个方面：

（1）账证核对。账证核对是指将各种账簿的记录同有关会计凭证进行核对。这种核对主要是在日常编制凭证和记账过程中进行，主要核对会计账簿记录与原始凭证、记账凭证的时间和凭证字号、内容、金额是否一致，记账方向是否相符。

（2）账账核对。账账核对是指将各种账簿之间的有关数字进行核对。具体内容有：

总分类账各账户的借方期末余额合计数与贷方期末余额合计数核对相符；现金、银行存款日记账期末余额和各种明细分类账的期末余额合计数应分别同有关总分类账户的期末余额核对相符；会计部门各种财产物资明细分类账的期末余额应与财产物资保管或使用部门有关明细账的期末余额核对相符。

（3）账实核对。账实核对是指账簿记录与各项财产物资的实有数额的核对。具体内容有：

现金日记账的账面余额应与现金实际库存数逐日核对相符；银行存款日记账账面余额定期与银行对账单核对相符；各种财物明细账账面余额与财物实存数额核对相符；各种应收、应付款明细账账面余额与有关债务、债权单位或者个人核对相符。

结账就是结算各种账簿记录，是指在把一定时期所发生的经济业务都登记入账的基础上，将各种账簿的本期发生额及期末余额结算清楚，并将其余额转入按规定应转入的账户或结转下期。在结账时，应做好以下几项准备工作：结账前，必须将本期内所发生的各项经济业务全部登记入账。结账的时间应该在会计期末进行，不得为编制报表而提前结束经济业务的账务处理，更不能先编制报表后结账。然后，将本期所有的转账业务编制记账凭证，登记有关账簿，调整账面记录。其中，对于采用权责发生制的企业单位，应按照权责发生制的要求，对有关应计的收入和费用作账项调整。将各种账簿的记录核对清楚，做到账证相符、账账相符和账实相符，检查各账簿的记录是否准确无误。在此基础上，即可着手进行结账，结出日记账、总分类账、明细账等各个账户的本期发生额和期末余额。

结账工作一般在月末、季末、年末进行。月末结账时，应该结出本月借、贷方的月内发生额和期末余额，在摘要栏内注明“本月发生额及期末余额”，同时，在“本月发生额及期末余额”行的上、下端各划一条红线，表示账簿记录已经结束。紧接下一行，在摘要栏内注明“期初余额”，并在金额栏内将上期期末余额转为本期的期初余额，即可接着登记下月的经济业务了。季末结账时，应在本季度最后一个月的结账数字的红线下边一行，把本季度三个月的借、贷双方月结数汇总，并在摘要栏内注明“本季发生额及期末余额”，同样在数字下端划一条红线。年终结账时，应将四个季度的借、贷双方季结数加以汇总，摘要栏内注明“本年发生额及期末余额”，并在数字下端划双红线，表示本年度账簿记录已经结束。年度结账后，各账户的年末余额，应转入下年度的新账簿。

（二）记账程序

记账程序又称会计核算形式、会计核算组织程序或账务处理程序，是指在会计核算中，以账簿体系为核心，把会计凭证、会计账簿和会计报表，按照一定的记账程序和方法相互结合的方式。不同的凭证、账簿组织和记账方法及程序结合在一起，就构成了不同的会计核算形式。科学、合理的会计核算形式可以提高会计核算工作的效率和质量；可以减少不必要的核算环节和手续，节约人力、物力。

目前我国企业采用的记账程序主要有：记账凭证记账程序、科目汇总表（记账凭证汇总表）记账程序、汇总记账凭证记账程序和多栏式日记账记账程序等。各种记账程序的主要区别在于登记总账的依据和方法不同。

1. 记账凭证记账程序

记账凭证记账程序的特点是直接根据记账凭证逐笔登记总分类账。它是最基本的记账程序，其他的记账程序都是在其基础上发展而来的。

在记账凭证记账程序下，记账凭证一般采用收款凭证、付款凭证和转账凭证。

但也可以采用通用格式的记账凭证。现金和银行存款日记账一般都采用三栏式；总分类账采用三栏式，并按每一总分类科目开设账页；明细分类账则可根据管理的需要，分别采用三栏式、多栏式和数量金额式。其基本程序如图 3－3 所示。

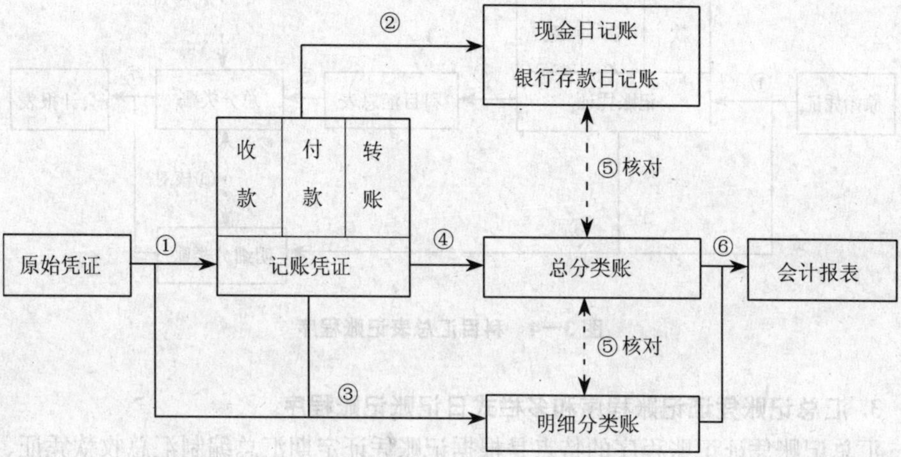

图 3—3　记账凭证记账程序

记账凭证记账程序简单明了，易于理解，总分类账反映比较详细，便于加强会计核算的日常监督，便于查对账目。不足之处是直接根据记账凭证登记总分类账，登记总账的工作量较大，因而这种记账程序一般适用于规模较小、经济业务较少的企业和单位。

2. 科目汇总表记账程序

科目汇总表记账程序的特点是根据记账凭证定期汇总编制科目汇总表，然后根据科目汇总表定期登记总账。

在科目汇总表记账程序下，设置的记账凭证和账簿与记账凭证记账程序基本相同。其基本程序如图 3－4 所示。

科目汇总表，又称记账凭证汇总表，是根据一定时期内的全部记账凭证，按照相同的会计科目定期汇总编制的一种汇总记账凭证。科目汇总表可以按月编制，也可以按旬编制。

科目汇总表记账程序可以减少登记总分类账的工作量，且科目汇总表还可起到试算平衡的作用，从而保证登记总账的正确性。但是由于科目汇总表不反映账户的对应关系，因而不便于分析经济业务的来龙去脉，不便于核对账目。科目汇总表记账程序一般适用于业务量较大、记账凭证较多的单位。

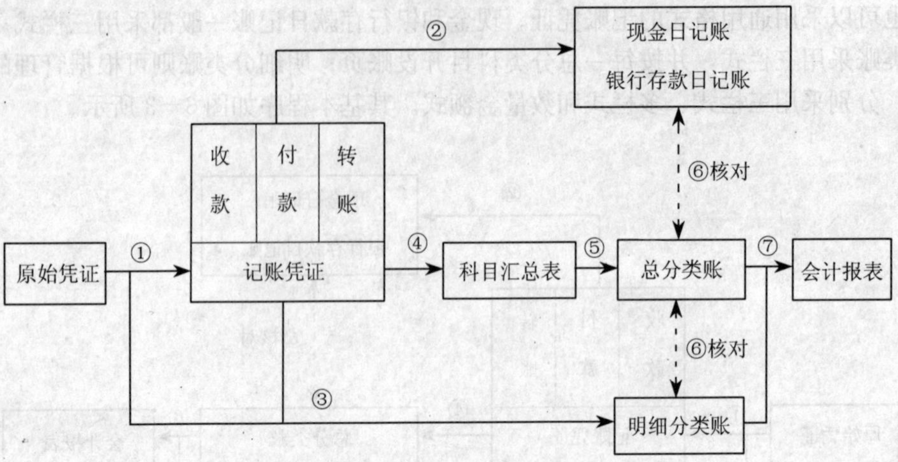

图 3—4 科目汇总表记账程序

3. 汇总记账凭证记账程序和多栏式日记账记账程序

汇总记账凭证记账程序的特点是根据记账凭证定期汇总编制汇总收款凭证、汇总付款凭证和汇总转账凭证，然后根据汇总记账凭证定期登记总分类账；多栏式日记账记账程序的特点是根据多栏式日记账各栏的合计数于月末登记总分类账，同时根据转账凭证或转账凭证汇总表登记总分类账。

四、调整前试算平衡

根据会计等式的平衡关系，利用借贷规则的原理，通过汇总、计算和比较来检查账户记录的正确性与完整性，这项工作称为试算平衡。试算平衡可以采用发生额试算平衡的方法，也可以采用余额平衡的方法。

发生额试算平衡是根据借贷记账法的记账规则推导出来的。采用借贷记账法，由于对任何经济业务都是按照“有借必有贷，借贷必相等”的记账规则记入各有关账户，所以不仅每一笔会计分录借贷发生额相等，而且当一定会计期间的全部经济业务都记入相关账户后，所有账户的借方发生额合计数必然等于贷方发生额合计数，如果不等，则表明账户记录有错误。用公式表示为：

全部账户借方发生额合计＝全部账户贷方发生额合计

余额试算平衡是根据会计等式的平衡关系得出的。期末结账后，全部账户借方余额合计数也必然等于全部账户贷方余额合计数。用公式表示为：

全部账户借方余额合计＝全部账户贷方余额合计

试算平衡工作，一般是在月末结出各个账户的本月发生额和月末余额后，通过编制“总分类账户本期发生额及余额试算平衡表”（见表3—10）来进行的。

表3—10　　总分类账户本期发生额及余额试算平衡表

账户名称	期初余额		本期发生额		期末余额	
	借　方	贷　方	借　方	贷　方	借　方	贷　方
合　计						

必须指出，试算平衡后如果双方余额合计数相等，也不能绝对肯定记账没有错误，因为有些错误通过试算平衡是不能发现的。例如：一笔经济业务全部被重记或漏记；一笔经济业务的借贷双方，在编制会计分录时，金额发生同样错误；账户名称用错，应借、应贷方向颠倒，或在记入总账时误记了账户；借方或贷方的金额偶然一多一少，刚好抵消；等等。

五、权责发生制下的账项调整

权责发生制和收付实现制是会计确认的两种不同的时间基础。权责发生制又称应计制，是指以权利或责任是否发生为确认的标准。收付实现制又称现金制，是指以是否收到或付出款项为标准来进行确认。

用权责发生制的观点来看，账簿的日常记录往往还不能正确地反映本期的收入和费用。在实际工作中，企业收入和费用的收付期和归属期是否一致，存在三种情况：第一种情况是，本期内收到的收入就是本期已获得的收入，本期已支付的费用就是本期应负担的费用；第二种情况是，本期内收到但本期尚未获得的收入，本期内支付但不应由本期负担的费用，如各种预收的收入和预付费用；第三种情况是，本期应获得但尚未收到的收入，本期应负担但尚未支付的费用，如各种应计收入和应计费用。根据权责发生制和配比原则的要求，对于后两种情况，需要在会计期末进行调整。

账项调整就是指按照应予归属的标准，合理地反映相互连接的各会计期间应得的收入和应负担的费用，使各期的收入和费用能在相关的基础上进行配比，从而比较正确地计算出各期的盈亏。

期末进行账项调整，虽然主要是为了在损益表中正确地反映本期的经营成果，但是收入和费用的调整，必然会使有关资产、负债和所有者权益项目发生相应的增减变动。因此，期末账项调整也与比较正确地反映企业期末财务状况密切相关。

（一）应计项目

1. 应计收入

应计收入也称应收收入，指本期已实现（赚取）但尚未收到款项的各项收入，如应计利息、应收租金等。应收收入的调整，一方面应增加收入，另一方面要增加资产（如债权）或减少负债。待实际收到款项时再进行冲销。

【例 3—5】月末，将应计本月租金收入 2000 元入账。

借：其他应收款　　　　　　2000

　　贷：其他业务收入　　　　　　2000

2. 应计费用

应计费用也称应付费用，指本期已发生（耗用）但尚未支付款项的各种费用，如应付租金、应计利息等。应计费用的调整，一方面应确认费用，另一方面要增加负债。待实际支付款项时再予以冲销。

【例 3—6】月末计提应由本月负担的短期借款利息费用 100 元。

借：财务费用　　　　　　100

　　贷：应付利息　　　　　　100

（二）递延项目

1. 预收收入

预收收入是指企业未提供产品或劳务之前先行收取的款项，如预收的销货款、预收的租金等。预收收入在收到款项时记为负债，一般通过“预收账款”、“其他应付款”账户核算，随着产品的支付、劳务的提供，已赚取的部分应从负债账户调整到收入账户中来，冲减负债，未实现的部分递延到下期。

【例 3—7】10 月 10 日预收第四季度固定资产租金 600 元，月末将本月已实现收入 200 元入账。

借：其他应付款　　　　　　200

　　贷：其他业务收入　　　　　　200

2. 预付费用

预付费用是指已经支出款项但应由本期和以后各期间共同负担的费用，如预付报刊订阅费、预付租金等。

【例 3—8】 10 月初预付第四季度房屋租金 900 元，月末摊销应由本月负担的管理费用 300 元。

借：管理费用　　300

　贷：其他应付款　　300

（三）其他项目

上述预收收入、预付费用、应计收入和应计费用，是按照权责发生制原则确定企业本期收入和费用所要进行的期末账项调整。除此之外，会计期末还必须进行以下账项调整，以正确计算盈亏。

1. 固定资产折旧

折旧是固定资产因损耗而转移的价值。按照划分收益性支出和资本性支出的原则，购买固定资产的支出是一项资本性支出，但也是一项支付在先、受益在后的预付费用。在其使用过程中，固定资产价值随着固定资产的磨损而逐渐转移的部分，形成折旧费。因此，每一会计期末应正确计算提取折旧，将应归属于本期的折旧费用调整入账。所以，折旧实际上也是预付费用的分期摊转。

【例 3—9】 月末计提固定资产折旧费 4000 元，其中生产车间用固定资产折旧 2400 元，行政部门用固定资产折旧 1600 元。

借：制造费用　　2400

　　管理费用　　1600

　贷：累计折旧　　4000

2. 税金及附加费用

税金一般属于月末预计入账，次月初申报纳税的事项。

【例 3—10】 月末按照规定计算本月应缴纳消费税、城市维护建设税 1540 元。

借：营业税金及附加　　1540

　贷：应交税费　　1540

在将全部调整分录过入相应账户后，需要再进行一次试算平衡，以确定在这一过程中是否存在差错。

六、结账

结账是指会计期末结算出各类账户的本期发生额和期末余额或结转下期，使各账户记录暂告一段落的过程。包括虚账户的结清和实账户的结转。

虚账户是指为编制利润表提供资料的账户，即反映收入、费用的账户。这类账户在期末结转后应无余额，为此也称为临时性账户。会计期末，将这类账户的余额结平，一方面是为了正确计算当前盈亏，另一方面也是为了下一会计期间的使用方便。具体核算详见本书第十章“收益计量与利润分配”。

实账户是指为编制资产负债表提供资料的账户，即反映资产、负债和所有者权益的账户。这类账户在期末一般都有余额，要将本期期末余额结转下期，因此也称为永久性账户。实账户的结转是指计算出各账户的本期发生额及期末余额，并加以划线结束，然后将期末余额结转到下期。

七、编制财务报告

财务报告是指企业对外提供的反映企业某一特定日期财务状况和某一会计期间经营成果、现金流量等会计信息的文件。财务报告包括财务报表和其他应在财务报告中披露的相关信息和资料，其中，财务报表由报表本身及其附注两部分构成，附注是财务报表的有机组成部分，而报表至少应当包括资产负债表、利润表和现金流量表等报表。财务报告的详细内容见本书第十一章“财务会计报告”。

第四章　资产的核算（上）

第一节　流动资产的核算

一、货币资金

货币资金是指企业在生产经营过程中停留在货币形态的那部分资金，是企业流动资产的重要组成部分。货币资金按其存放地点和用途不同分为现金、银行存款和其他货币资金。

（一）现金

现金是指企业的库存现金，包括人民币现金和外币现金。

1. 现金的管理制度

企业收支的各种款项必须按照国务院颁发的《现金管理暂行条例》的规定办理。

（1）现金使用范围。企业与国家有关部门、其他单位和个人的一切经济往来，只能在下列范围内使用现金：职工工资、津贴；个人劳务报酬；根据国家规定颁发给个人的科学技术、文化艺术、体育等各种奖金；各种劳保、福利费用以及国家规定的对个人的其他支出；向个人收购农副产品和其他物资的价款；出差人员必须随身携带的差旅费；结算起点以下的零星支出；中国人民银行确定需要支付现金的其他支出。凡不属于上述范围的款项支付，企业一律通过银行进行转账结算。

（2）库存现金限额。库存现金限额是指为保证各单位日常零星支出按规定允许留存现金的最高额度。企业库存现金限额，由开户银行根据企业的实际需要和距离银行远近等情况核定。一般按照企业 3～5 天日常零星支出所需现金而确定库存现金限额；远离银行或交通不便的企业，其限额可以适当放宽，但最多不得超过企业

15 天内日常零星支出所需的现金。库存现金限额一经确定，企业必须严格遵守，不得任意超过。凡超过限额的现金应及时送存银行；低于限额的部分，企业可以签发现金支票从银行提取现金，补足限额。

（3）现金收支规定。企业在办理有关现金收支业务时，应当遵守以下规定：

企业收入的现金应于当日送存开户银行，当日送存确有困难的，由开户银行确定送存时间。

企业支付现金可以从本企业库存现金限额中支付或从开户银行提取，不得从企业的现金收入中直接支付，即不得“坐支现金”。因特殊情况需要坐支现金的企业，应事先报经开户银行审查批准，由开户银行核定坐支范围和限额，企业应按月向开户银行报送坐支金额和使用情况。

企业从开户银行提取现金时，应如实写明用途，由本企业财会部门负责人签字盖章，并经开户银行审查批准后予以支付。

企业因采购地点不确定、交通不便、抢险救灾及其他特殊情况必须使用现金支付时，应向开户银行提出书面申请，由本企业财会部门负责人签字盖章，并经开户银行审查批准后予以支付。

企业不准以不符合财务制度的凭证顶替库存现金；不准谎报用途套取现金；不准用银行账户代其他单位和个人存入或支取现金；不准用企业收入的现金以个人名义存储；不准保留账外现金；不准单位之间套取现金等。企业如有违反上述规定的行为，开户银行将按照违规金额的一定比例予以处罚。

2. 现金的总分类核算

为了总括地反映企业库存现金收支和结存情况，企业应设置“库存现金”总账科目。该科目核算企业的库存现金，其借方反映企业现金的增加，贷方反映企业现金的减少，余额在借方，反映库存现金的余额。

（1）现金收入的核算。企业收入现金的主要途径是从银行提取现金，收取转账起点以下的小额销售款，职工交回的差旅费剩余款等。企业收入现金时，根据审核无误的原始凭证借记“库存现金”科目，贷记有关科目。

【例 4－1】甲公司某月份发生如下现金收入业务：

A. 签发支票一张，从银行提取现金 2000 元备用。

借：库存现金　　　　2000

　　贷：银行存款　　　　2000

B. 采购员张伟外地出差，原预借差旅费 1000 元，本月出差返回后报销 980 元，根据有关会计凭证审核无误，并交回差旅费剩余款 20 元。

借：库存现金　　　　20

管理费用 980

贷：其他应收款——张伟 1000

（2）现金支出的核算。企业在允许的范围内，办理现金支出业务。企业支出现金时，根据审核无误的原始凭证，借记有关科目，贷记“现金”科目。

【例4—2】甲公司某月份发生如下现金支出业务：

A. 采购员张伟预借差旅费1000元，以现金付讫。

借：其他应收款——张伟 1000

贷：库存现金 1000

B. 行政管理部门报销购买办公用品款320元，以现金付讫。

借：管理费用 320

贷：库存现金 320

3. 现金的序时核算

为了详细反映库存现金的收支和结存情况，企业除要对库存现金进行总分类核算外，还应设置“现金日记账”进行明细分类核算。“现金日记账”是按照现金收付业务的先后顺序，连续、全面地反映现金收入、付出和结存情况的原始记录账簿。现金日记账一般可以采用收、付、余三栏式日记账。现金日记账应由出纳人员根据审核后的原始凭证或收款凭证、付款凭证逐日、逐笔序时登记。

4. 现金的清查

对于企业每日终了结算现金收支，以及财产清查等发现的有待于查明原因的现金短缺或溢余，应通过“待处理财产损溢——待处理流动资产损溢”科目核算，待查明原因后经有关管理权限部门批准，根据不同的情况进行相应的处理，并转销“待处理财产损溢——待处理流动资产损溢”科目。

对于盘盈的现金，如查明是多收或少付其他单位或个人的，应先转入“其他应付款——应付现金溢余”科目；属于无法查明原因的，经批准后转入“营业外收入——现金溢余”科目。

对于盘亏的现金，属于应由责任人赔偿的部分，借记“其他应收款——应收现金短缺款”科目，收到赔偿款后注销；属于无法查明的其他原因，根据管理权限，经批准后，借记“管理费用”科目。

（二）银行存款

1. 银行存款的概念及管理要求

银行存款是指企业存放于银行或其他金融机构的货币资金。按其流动性，银行存款可分为活期存款和定期存款。按照我国《银行账户管理办法》的规定，企业应当在当地银行或其他金融机构开立银行存款账户，用以办理企业现金收付业务以外的货币资金收付业务及其存款、取款等事项。

银行存款账户可分为基本存款账户、一般存款账户、临时存款账户和专用存款账户。基本存款账户是企业办理日常转账结算和现金收付的账户；一般存款账户是企业在基本存款账户以外的银行借款转存、与基本存款账户的企业不在同一地点的附属非独立核算单位开立的账户；临时存款账户是企业因临时经营活动需要开立的账户；专用存款账户是企业因特定用途需要开立的账户。

需要指出的是，一个企业只能在一家银行的一个营业机构开立一个基本存款账户，不得在多家银行机构开立基本存款账户，但国家另有规定的除外；企业不得在同一家银行的几个分支机构开立一般存款账户；企业在其账户内应有足够的资金保证支付；企业只能在其账户内办理企业本身的业务活动，不得出租和转让账户。

2. 银行支付结算办法

根据规定：我国银行现行的支付结算办法共有九种：

（1）银行汇票。银行汇票是出票银行签发的，由其在见票时按照实际结算金额无条件支付给收款人或者持票人的票据。

（2）商业汇票。商业汇票是出票人签发的，委托付款人在指定日期无条件支付确定的金额给收款人或者持票人的票据。

商业汇票按其承兑人的不同可分为商业承兑汇票和银行承兑汇票，其主要区别在于商业承兑汇票由银行以外的付款人承兑，而银行承兑汇票则由银行承兑。

（3）银行本票。银行本票是银行签发的，承诺自己在见票时无条件支付确定的金额给收款人或者持票人的票据。

（4）支票。支票是出票人签发的，委托办理支票存款业务的银行在见票时无条件支付确定的金额给收款人或者持票人的票据。

（5）信用卡。信用卡是指商业银行向个人和单位发行的，凭以向特约单位购物、消费和向银行存取现金，且具有消费信用的特制载体卡片。信用卡按使用对象分为单位卡和个人卡；按信誉等级分为金卡和普通卡。

（6）汇兑。汇兑是汇款人委托银行将其款项支付给收款人的结算方式。汇兑可分为信汇和电汇两种。信汇是指汇款人委托银行通过邮寄方式将款项划转给收款人；电汇是指汇款人委托银行通过电报将款项划转给收款人。

（7）托收承付。托收承付是根据购销合同由收款人发货后委托银行向异地付款人收取款项，由付款人向银行承认付款的结算方式。

（8）委托收款。委托收款是收款人委托银行向付款人收取款项的结算方式。

单位和个人凭已承兑商业汇票、债券、存单等付款人债务证明办理款项的结算，均可以使用委托收款结算方式。

（9）信用证。信用证是指开证行依照申请人（付款人）的申请，向受益人（收款人）开出的在一定期限内凭符合信用证条款的单据支付的付款承诺。

上述各种结算方式的运用，均应严格遵守我国《支付结算办法》规定的结算原则和结算纪律，保证结算活动的正常运行。

3. 银行存款的总分类核算

为了总括反映银行存款的收入、支出和结存情况，企业应设置“银行存款”科目，由负责总账的财会人员进行银行存款的总分类核算。企业收到银行的收账通知或送存现金时，借记该科目，贷记有关科目；从银行提取现金或划出款项时，借记有关科目，贷记该科目。该科目期末余额在借方，表示企业银行存款的结余数额。

（1）银行存款收入的核算。企业收入银行存款时，根据收、付款凭证及有关单据，借记“银行存款”科目，贷记有关科目。

【例 4－3】 某一般纳税企业发生有关银行存款收入的经济业务如下：

A. 销售产品收到货款 200000 元，增值税 34000 元，存入银行。

借：银行存款　234000

　　贷：主营业务收入　200000

　　　　应交税费——应交增值税（销项税额）　34000

B. 收到银行通知，应收××单位货款 100000 元，银行已收妥入账。

借：银行存款　100000

　　贷：应收账款——××单位　100000

（2）银行存款支出的核算。企业支出银行存款时，根据银行存款付款凭证及有关单据，借记有关科目，贷记“银行存款”科目。

【例 4－4】 某一般纳税企业发生银行存款支出业务如下：

A. 开出转账支票一张，支付采购材料货款及增值税款共 117000 元。

借：材料采购（或原材料）　100000

　　应交税费——应交增值税（进项税额）　17000

　　贷：银行存款　117000

B. 以银行存款支付行政管理部门报刊订阅费 2300 元。

借：管理费用　2300

　　贷：银行存款　2300

4. 银行存款的序时核算

为了随时掌握银行存款的收支和结存情况，企业除了要对银行存款进行总分类核算外，还应按开户银行、其他金融机构、存款种类及货币种类设置银行存款日记账进行序时核算。银行存款日记账一般可采用三栏式日记账。银行存款日记账是由出纳人员根据审核无误的原始凭证或收付款凭证，逐日、逐笔序时登记。对于将现金存入银行的业务，由于是编制付款凭证，因此银行存款日记账中的此类收入应根据现金付款凭证登记。每日终了应结出余额，月末结出本月收入、付出的合计数和月末结存数，并且定期和银行进行核对。

5. 银行存款的清查

企业存入银行的款项，银行也有详细的记录。银行为了沟通与企业间的信息，保证银行核算正确，每月都要为各个存款户编制银行账的复制件——“银行对账单”，发送至各个存款户，以便进行核对。企业为了防止差错，随时掌握银行存款的余额，企业的银行存款日记账应定期与银行对账单核对，每月至少一次，以做到账账相符。

企业与银行对账的方法是根据银行送来的“对账单”与银行存款日记账逐笔进行核对。在核对过程中，如出现不符时，一般有两种可能：一是企业或银行记账有差错；二是企业与银行的账务存在着未达账项。

如果发现本企业记账有错误，应按错账更正方法予以更正；如是银行送来的“对账单”有错误，应通知银行予以更正；如果存在“未达账项”，应通过编制“银行存款余额调节表”进行调节，使双方余额相等。

未达账项是指企业与银行之间，由于结算凭证在传递时间上的差异，造成一方已登记入账，而另一方尚未登记入账的款项。未达账项归纳起来有四种情况：

（1）银行已经收款记账，而企业尚未接到收款通知，因而尚未记账的款项。

（2）银行已经付款记账，而企业尚未收到付款通知，因而尚未记账的款项。

（3）企业已经收款记账，而银行尚未记账的款项。

（4）企业已经付款记账，而银行尚未记账的款项。

银行存款余额调节表是在银行存款日记账余额与银行对账单余额的基础上，加减双方未达账项，使其达到平衡。

需要说明的是，调节后双方账目余额如果相符，一般说明双方记账没有差错；反之应进一步查明双方余额不符的原因，进行差错更正并重新编制银行存款余额调节表。调节后的余额不能作为企业调整账簿的依据，只能作为了解企业在银行实有存款金额的核对，企业应以到达后的结算凭证作为会计账务处理的依据。

（三）其他货币资金

其他货币资金是指企业除现金、银行存款以外的其他各种货币资金。其他货币资金主要包括外埠存款、银行汇票存款、银行本票存款、信用卡存款、信用证存款和存出投资款。

为了总括地反映和监督其他货币资金的使用情况，需要设置“其他货币资金”科目进行核算。该科目借方登记其他货币资金的增加，贷方登记其他货币资金的减少，余额在借方，表示其他货币资金的结存数额，并按其他货币资金的内容或种类分设明细科目。如在“外埠存款”明细科目下按开户银行，银行汇票、银行本票和信用证按收款单位，存出投资款按存入的证券公司设置相关明细科目进行核算。

1. 外埠存款

外埠存款是指企业到外地进行临时或零星采购时，汇往采购地银行开立采购专户的款项。

【例 4—5】某一般纳税企业委托当地开户银行汇款 50000 元至采购地银行开立采购专户。

借：其他货币资金——外埠存款　　50000

　　贷：银行存款　　50000

而后收到采购员交来采购原材料发票等凭证，购货价税款计 46800 元。

借：材料采购（或原材料）　　40000

　　应交税费——应交增值税（进项税额）　　6800

　　贷：其他货币资金——外埠存款　　46800

采购业务完成清户，收到银行通知，已将多余的外埠存款转回当地银行。

借：银行存款　　3200

　　贷：其他货币资金——外埠存款　　3200

2. 银行汇票存款

银行汇票存款是指企业为取得银行汇票，按照规定存入银行的款项。

【例 4—6】甲公司填送银行汇票委托书，将 200000 元交存银行，向银行申请办理银行汇票 200000 元。甲公司取得银行汇票。

借：其他货币资金——银行汇票存款　　200000

　　贷：银行存款　　200000

甲公司用银行汇票支付某公司货款 170000 元，增值税款 28900 元，取得发票账单及开户银行转来的银行汇票等凭证。

借：材料采购（或原材料）　　170000

　　应交税费——应交增值税（进项税额）　　28900

　　贷：其他货币资金——银行汇票存款　　198900

银行汇票使用完毕，应转销“其他货币资金——银行汇票存款”科目余额 1100 元。

借：银行存款　　　　　　　　　　　　　　　　1100

　贷：其他货币资金——银行汇票存款　　　　　　　1100

3. 银行本票存款

银行本票存款是指企业为取得银行本票按照规定存入银行的款项。

企业向银行提交"银行本票申请书"，将款项交存银行取得银行本票后，应根据银行盖章退回的本票申请书存根联编制付款凭证，借记"其他货币资金——银行本票存款"科目，贷记"银行存款"科目。

企业用银行本票支付购货款等款项时，应根据取得的发货票等单据编制转账凭证，借记"材料采购"、"应交税费——应交增值税（进项税额）"等科目，贷记"其他货币资金——银行本票存款"科目。

如企业因本票超过付款期等原因未曾使用而要求退款时，应填写进账单一式两联，连同本票一起送交银行。然后，根据银行盖章退回的进账单第一联，编制收款凭证，借记"银行存款"科目，贷记"其他货币资金——银行本票存款"科目。

4. 信用卡存款和信用证保证金存款

信用卡存款是指企业为取得信用卡按照规定存入银行的款项。信用证保证金存款是指企业为取得信用证按规定存入银行的保证金。

5. 存出投资款

存出投资款是指企业已存入证券公司但尚未进行短期投资的资金。

二、应收票据

（一）应收票据的概述

应收票据是指企业因销售商品、产品或提供劳务而收到的商业汇票所形成的债权。

1. 应收票据的分类

商业汇票按承兑人不同，分为商业承兑汇票和银行承兑汇票。商业承兑汇票是指由收款人签发，经付款人承兑，或由付款人签发并承兑的商业汇票；银行承兑汇票是指在承兑银行开立存款账户的存款人签发，由开户银行承兑的票据。

商业汇票按是否计息则可分为不带息商业汇票和带息商业汇票。不带息商业汇票是指商业汇票到期时，承兑人只按票面金额（即面值）向收款人或被背书人支付款项的汇票；带息票据是指商业汇票到期时，承兑人必须按票面金额加上到期利息向收款人或被背书人支付款项的汇票。

2. 应收票据的计价

企业收到应收票据时，应按照票据的面值入账。但对于带息的应收票据，按照现行会计制度的规定，应于期末按应收票据的票面价值和确定的利率计算的利息增加应收票据的账面余额，并确认为利息收入，计入当期损益。

（二）应收票据的会计处理

为了反映和监督企业应收票据的取得和回收情况，企业应设置“应收票据”科目进行总分类核算。该科目借方反映应收票据的面值或面值和应计利息，贷方反映应收票据的到期收回、贴现、转让，借方余额反映尚未到期的应收票据的面值或面值和应计利息。

1. 不带息应收票据

不带息票据的到期值等于应收票据的面值。企业销售商品或提供劳务收到商业汇票时，借记“应收票据”科目，贷记“主营业务收入”、“应交税费——应交增值税（销项税额）”等科目。应收票据到期收回时，应按票面金额，借记“银行存款”科目，贷记“应收票据”科目。商业承兑汇票到期，承兑人违约拒付或无力支付票款，企业收到银行退回的商业承兑汇票、委托收款凭证、未付票款通知书或拒绝付款证明等，应将到期票据的票面金额转入“应收账款”科目。

【例 4—7】 2010 年 3 月 1 日甲公司向乙企业销售产品一批（本章举例的购销交易双方假设均为增值税的一般纳税企业，增值税税率均为 17%，下同），不含税售价为 100000 元，产品已发出，假设符合收入确认的条件，款项尚未收到。

借：应收账款——乙企业　　117000

　贷：主营业务收入　　100000

　　　应交税费——应交增值税（销项税额）　　17000

10 日后，甲公司收到经乙企业签发并承兑的一张为期五个月的不带息商业承兑汇票，面值为 117000 元。

借：应收票据　　117000

　贷：应收账款——乙企业　　117000

五个月后，应收票据到期收回票面金额 117000 元存入银行。

借：银行存款　　117000

　贷：应收票据　　117000

如果该票据到期，乙企业无力偿还票款，甲公司应将到期票据的票面金额转入“应收账款”科目。

借：应收账款——乙企业　　117000

贷：应收票据 117000

2. 带息应收票据

(1) 带息票据利息的计算公式。

应收票据利息＝应收票据面值×票面利率×期限

上式中，“利率”一般指年利率；“期限”指签发日至到期日的时间间隔（有效期）。票据的期限，有按月表示和按日表示两种方式。

当票据期限按月表示时，应以到期月份中与出票日相同的那一天为到期日。如4月5日签发的为期两个月票据，到期日应为6月5日。如果是月末签发的票据，不论月份大小，以到期月份的月末那一天为到期日。与此同时，计算利息使用的利率应换算成月利率（年利率÷12）。

当票据期限按日表示时，应从出票日起按实际经历天数计算。通常出票日和到期日，只能计算其中的一天，即“算头不算尾”或“算尾不算头”。例如，6月29日签发的为期70天的票据，其到期日应为9月7日（6月份2天，7月份31天，8月份31天，9月份6天）。与此同时，计算利息使用的利率，应换算成日利率（年利率÷360）。

(2) 带息票据的核算方法。对于带息的应收票据，企业应在收到经承兑的应收票据时，按面值借记“应收票据”科目，贷记有关科目；在期末按规定计算票据利息，一方面增加应收票据的账面价值，另一方面冲减财务费用。票据到期日收到票款时按收回的本息，借记“银行存款”科目，按账面价值，贷记“应收票据”科目，按其差额，贷记“财务费用”科目。

【例4-8】 甲公司2010年11月1日销售一批产品给伟达公司，货已发出，发票上注明的不含税的销售价格为100000元，收到伟达公司交来的银行承兑汇票一张，期限为5个月，票面利率为3%。

A. 收到票据时。

借：应收票据 117000

　　贷：主营业务收入 100000

　　　　应交税费——应交增值税（销项税额） 17000

B. 年度终了（2010年12月31日），计提票据利息。

票据利息＝117000×3%×2÷12＝585（元）

借：应收票据 585

　　贷：财务费用 585

C. 票据到期收回票款（2011年4月1日）。

收款金额（到期值）＝117000×（1＋3%×5÷12）＝118462.5（元）

借：银行存款　　　　　　　　　　118462.5
　　贷：应收票据　　　　　　　　　　117585
　　　　财务费用　　　　　　　　　　877.5

三、应收账款

（一）应收账款的概述

应收账款是指企业因销售商品、产品或提供劳务等业务，应向购货单位或个人收取的款项。应收账款应于收入实现时予以确认。应收账款通常应按实际发生额计价入账。计价时还需要考虑商业折扣和现金折扣等因素。

（二）应收账款的会计处理

为了反映应收账款的增减变动及其结存情况，应设置“应收账款”科目。该科目核算企业应向客户收取的价税款项及代垫的费用，借方登记应收账款的增加数，贷方登记应收账款的减少数及确认的坏账损失数，余额一般在借方，表示尚未收回的应收账款。“应收账款”科目应按不同的债务人设置明细账。

【例 4—9】 甲公司于 2011 年 2 月 10 日销售给乙企业一批商品，不含税的售价为 20000 元，以现金代乙企业垫付运杂费 100 元，商品已发出并已办妥托收手续，且符合收入确认的各项条件。而后在 2 月 15 日收到全部应收款项。

A. 2011 年 2 月 10 日。

借：应收账款——乙企业　　　　　　23500
　　贷：主营业务收入　　　　　　　　20000
　　　　应交税费——应交增值税（销项税额）　3400
　　　　库存现金　　　　　　　　　　100

B. 2011 年 2 月 15 日。

借：银行存款　　　　　　　　　　23500
　　贷：应收账款——乙企业　　　　　23500

四、预付账款

（一）预付账款的概述

预付账款是指企业按照合同规定预付给供货单位的货款。

为了反映和监督预付账款的增减变动情况，企业应设置“预付账款”科目，借方登记预付的款项和补付的款项，贷方登记收到采购货物时按发票金额冲销的预付款项和因预付货款多余而退回的款项，余额在借方，反映企业实际预付的款项，期末如为贷方余额，反映企业尚未补付的款项。企业应按供货单位的名称设置明细账，进行预付账款的明细分类核算。

（二）预付账款的会计处理

预付账款的核算包括预付款项和收回货物两个方面。当企业按照购货合同预付货款时，借记“预付账款”科目，贷记“银行存款”科目。收到所购货物时，应根据发票账单的金额，借记“原材料”或“材料采购”、“应交税费——应交增值税（进项税额）”等科目，贷记“预付账款”科目；补付货款时，借记“预付账款”科目，贷记“银行存款”科目；退回多付货款时，借记“银行存款”科目，贷记“预付账款”科目。

【例 4－10】甲公司向戊公司采购材料 5000 公斤，单价 100 元，货款总额为 500000 元。按合同规定预先向戊公司支付货款的 40%，在取得所订购货物并验收合格后补付其余款项。

A. 预付 40%的货款时。

借：预付账款　　200000

　贷：银行存款　　200000

B. 收到戊公司发来的 5000 公斤材料，经验收无误，有关专用发票记载的不含税售价为 500000 元，据此以银行存款补付不足款项 385000 元。

借：原材料　　500000

　应交税费——应交增值税（进项税额）　　85000

　贷：预付账款　　585000

借：预付账款　　385000

　贷：银行存款　　385000

五、其他应收款

（一）其他应收款核算的概述

其他应收款是指除应收票据、应收账款、预付账款等以外的其他各种应收、暂付款项。其主要内容包括：

应收的各种赔款，如因职工失职造成一定损失而应向该职工收取的赔款，或因企业财产等遭受意外损失而应向有关保险公司收取的赔款等；应收的各种罚款；存出保证金，如租入包装物暂付的押金；应收出租包装物租金；备用金，如向企业各职能科室、车间等拨出的备用金；应向职工收取的各种垫付的款项，如为职工垫付的水电费、应由职工负担的医药费和房租费等；预付账款转入；其他各种应收、暂付款项。

（二）其他应收款的会计处理

为了反映和监督其他应收款的发生和结算情况，企业应设置“其他应收款”科目，并按其他应收款的项目分类，按不同的债务人设置明细账。

【例 4－11】甲公司库存商品因水灾被毁损，保险公司已确认赔款 150000 元，尚未收到。

借：其他应收款　　150000

　　贷：待处理财产损溢——待处理流动资产损溢　　150000

而后收到应收的保险公司赔款 150000 元时。

借：银行存款　　150000

　　贷：其他应收款——保险赔款（某保险公司）　　150000

六、坏账

（一）坏账的概念及坏账损失的确认

1. 坏账的概念

坏账是指企业无法收回或收回的可能性极小的应收款项。由于发生坏账而产生的损失，称为坏账损失。

2. 坏账损失的确认

企业应当根据以往的经验、债务单位的实际财务状况和现金流量等相关信息，在期末分析并予以合理估计各项应收款项的可收回性，预计可能产生的坏账损失。一般来讲，企业的应收款项符合下列条件之一的，应确认为坏账：因债务人破产或死亡，以其破产财产或遗产清偿后，确实不能收回；因债务单位撤销、资不抵债或现金流量严重不足，确实不能收回；因发生严重的自然灾害等导致债务单位停产而在短时间内无法偿付债务，确实无法收回；因债务人逾期未履行偿债义务超过 3 年，经核查确实无法收回。

需要说明的是，对已确认为坏账的应收账款，并不意味着企业放弃了对其的追索权，一旦重新收回，应及时入账。

（二）坏账损失的核算

坏账的核算方法有两种：直接转销法和备抵法。

1. 直接转销法

直接转销法是指在实际发生坏账时，确认坏账损失，计入资产减值损失，并注销相应的应收账款的一种核算方法。

采用直接转销法，企业不需要设置“坏账准备”科目。当企业发生坏账损失时，直接将确认坏账损失的金额，借记“资产减值损失”科目，同时冲减已确认为坏账的应收账款，贷记“应收账款”科目。如果已冲销的应收账款以后又收回，则先借记“应收账款”科目，贷记“资产减值损失”科目，以恢复企业债权并冲减资产减值损失；同时借记“银行存款”科目，贷记“应收账款”科目，以反映账款收回情况。

【例 4－12】2010 年 5 月 19 日，甲公司的购货单位 K 公司破产，所欠甲公司的货款 41000 元已无法收回，甲公司确认为坏账。

借：资产减值损失　　　　　　　　　　41000

　　贷：应收账款——K 公司　　　　　　　　　41000

直接转销法的优点是会计处理比较简单，易于理解；缺点是不符合权责发生制原则和配比原则，会导致各期收益的不实从而无法如实反映各期的经营业绩，同时歪曲了期末的财务状况。

2. 备抵法

备抵法又称计提坏账准备金法，它是按期合理估计坏账损失，形成坏账准备金，计入当期损益；当某一应收款项全部或部分被确认为坏账时，应根据其金额冲减坏账准备，同时转销相应的应收款项金额。

在采用备抵法核算时，企业应设置“坏账准备”科目，该科目是应收款项的调整科目。提取坏账准备时，借记“资产减值损失”科目，贷记“坏账准备”科目。发生坏账损失时，借记“坏账准备”科目，贷记“应收账款”科目。已确认并转销的坏账在以后收回时，应按收回的金额，借记“应收账款”科目，贷记“坏账准备”科目；同时，借记“银行存款”科目，贷记“应收账款”科目。冲销已计提的坏账准备时，借记“坏账准备”科目，贷记“资产减值损失”科目。

采用备抵法核算，首先要按期合理估计坏账损失。估计坏账损失的方法有：余额百分比法、赊销百分比法、账龄分析法等。

（1）余额百分比法。余额百分比法就是根据会计期末应收款项的余额乘以估计坏账率即为当期应估计的坏账损失，据此提取坏账准备的一种方法。会计期末，企业应提取的坏账准备大于其账面余额的，按其差额提取；反之，按其差额冲回坏账准备。

【例 4－13】假设甲公司于 2008 年年末开始对应收账款按余额百分比法计提坏账准备。2008 年 12 月 31 日应收账款余额为 1000000 元，坏账计提比率为 3%。2009 年发生的坏账损失为：A 企业 25000 元，B 企业 20000 元，共计 45000 元，2009 年 12 月 31 日应收账款余额为 1300000 元；2011 年，收回上年已冲销的应收 A 企业账款 25000 元，年末甲公司应收账款余额为 1100000 元。

A. 2008 年年末提取坏账准备 30000 元（1000000×3%）。

借：资产减值损失　　30000

　贷：坏账准备　　30000

B. 2009 年发生坏账时。

借：坏账准备　　45000

　贷：应收账款——A 企业　　25000

　　　　　　——B 企业　　20000

C. 2009 年年末应保留坏账准备 39000 元（1300000×3%），但在提取前"坏账准备"科目借方余额为 15000 元，则 2010 年年末应提取坏账准备数额为 54000 元（39000＋15000）。

借：资产减值损失　　54000

　贷：坏账准备　　54000

D. 2010 年，上年已冲销的应收 A 企业账款 25000 元又收回入账时。

借：应收账款——A 企业　　25000

　贷：坏账准备　　25000

同时：

借：银行存款　　25000

　贷：应收账款——A 企业　　25000

E. 在 2010 年年末提取前"坏账准备"科目余额为 64000 元（39000＋25000），而本年末应提取的坏账准备为 33000 元（1100000×3%），已超过应提数额，所以应冲销多提的坏账准备 31000 元。

借：坏账准备　　31000

　贷：资产减值损失　　31000

（2）赊销百分比法。赊销百分比法（也称为坏账比率法），就是根据以前年度实际发生的坏账与赊销净额的关系，估计一个平均的坏账百分比。

（3）账龄分析法。账龄分析法就是根据应收账款入账时间的长短来估计可能发生的坏账损失的方法。该方法是假设在一般情况下，账龄越长，产生坏账损失的可能性越大，因此估计坏账的比率也应越大。所以，会计期末根据应收账款明细账上各账户账龄之长短，分别确定各账龄组应收账款余额的平均坏账百分比。

采用备抵法核算坏账损失，符合配比原则和稳健原则，使企业反映的应收款项表现为可变现值，避免高估资产和虚增利润，会计信息使用者能了解到企业真实的财务状况。

七、存货

（一）存货概述

1. 存货的确认

存货是指企业在日常活动中持有以备出售的产成品或商品、处在生产过程中的在产品、在生产过程或提供劳务过程中耗用的材料和物料等。

根据存货的定义，该资源应具备以下特征：

首先，从企业持有该项资源的目的看，是为了出售或以备在生产经营过程或劳务过程中耗用，且预计持有期在一年以内或一个正常的营业周期内变现、出售或者耗用，这也是存货作为流动资产区别于非流动资产的一个最基本特征；其次，从其形态看，以工业制造业为例，存货在企业日常生产经营活动的资金循环与周转过程中，形成了不同阶段的有形资产（如原材料、在产品、半成品、库存商品、发出商品等）；再次，从存货未来流入经济利益的货币金额来看，由于市场经济中各种不确定因素的影响，以致企业持有的存货资产在未来变现时流入经济利益的货币金额也具有不确定性或不固定性，使得存货资产具有非货币性；最后，从该项资源的拥有或控制看，能否作为企业的存货资产一般也是以企业对其所有权的拥有或与所有权相关的风险和报酬的控制为重要特征，而不能以该项资源的存放地点与存货字面含义的联系而狭义曲解。

存货在同时满足下列条件时，才能予以确认：一是与该存货有关的经济利益很可能流入企业；二是该存货的成本能够可靠地计量。

需要说明的是，一项资产是否属于存货，须视该项资产与企业生产经营的特点、性质、用途的关联而定，而不能仅以其所表现的具体形态而概之。

2. 存货的初始计量

存货的初始计量即指存货入账价值的基础。根据《企业会计准则第1号——存货》规定："存货应当按照成本进行初始计量。"这表明企业在持续经营的前提下，存货入账价值的基础是企业在取得存货时的历史成本或者说是其实际成本。

企业存货取得的主要来源是通过外购和自制两个途径。其成本应当包括采购成本、加工成本和其他成本。

（1）存货的采购成本。企业外购存货的采购成本，是指企业物资从采购到入库前所发生的全部支出，包括购买价款、相关税费、运输费、装卸费、保险费以及其他可归属于存货采购成本的费用。

存货的购买价款，是指企业购入的材料或商品的发票账单上列明的价款，但不包括按照规定可以抵扣的增值税额。

存货的相关税费，是指企业购买、自制或委托加工存货方式的进口关税、消费税、资源税和不能抵扣的增值税进项税额等应计入存货采购成本的税费。

其他可归属于存货采购成本的费用，即采购成本中除上述各项以外的可归属于采购成本的费用，如在采购过程中发生的存储费、包装费、运输途中的合理损耗、入库前的挑选整理费用等。这些费用能分清负担对象的，应直接计入存货的采购成本；不能分清负担对象的，应选择合理的分配方法，分配计入有关存货的采购成本。分配方法通常包括按照所购存货的数量或采购成本比例进行分配。

需要说明的是，商品流通企业在采购商品过程中发生的运输费、装卸费、保险费以及其他可归属于存货采购成本的费用等进货费用应如何处理，在实务中应根据重要性质量信息要求加以判断：计入存货的采购成本或是计入发生当期销售费用。

（2）存货的加工成本。主要是指企业通过对取得的存货在进一步加工过程中发生的人工成本和制造费用，其实质就是企业在进一步加工存货的过程中追加发生的成本。采购成本和加工成本的对象化则构成产品存货的生产成本。

（3）存货的其他成本。是指除采购成本、加工成本以外的，使存货达到目前场所和状态所发生的其他支出（如为特定用户设计产品所发生的设计费用等）。

3. 存货发出的计价方法

（1）先进先出法。先进先出法是以先购入的存货先发出这样一种存货实物流转假设为前提，对发出的存货进行计价的一种方法。即假定先收到的存货先发出，或先收到的存货先耗用，并根据这种假定的存货流转次序对发出存货和期末存货进行计价。

【例 4—14】甲公司 2011 年 5 月 A 种存货收发情况采用先进先出法，计算的结果如表 4—1 存货明细账所列。

表 4-1　　**存货明细账**　　单位：元

存货类别：　　计量单位：

存货编号：　　最高存量：

存货名称及规格：A　　最低存量：

2011 年 月	日	凭证编号	摘要	收入 数量	收入 单价	收入 金额	发出 数量	发出 单价	发出 金额	结存 数量	结存 单价	结存 金额
5	1		期初余额							200	10	2000
	8	略	购入	400	11	4400				200 400	10 11	2000 4400
	12		发出				200 200	10 11	2000 2200	200	11	2200
	16		购入	500	12	6000				200 500	11 12	2200 6000
	25		发出				200 400	11 12	2200 4800	100	12	1200
5	31		本月发生额及月末余额	900		10400	1000		11200	100	12	1200

从例中可以看到：在先进先出法下，企业可以随时计算出存货成本，核算及时；但该方法下每批发出存货的成本计算比较烦琐，当发出存货属于两批或两批以上时，要用两个甚至两个以上的单位成本计价，特别对于存货进出量频繁的企业更是如此。而且当物价持续上涨并具有一定量的合理储备时，采用先进先出法会出现高估企业当期利润和期末存货资产；反之，会低估企业存货价值和当期利润。

(2) 加权平均法。加权平均法亦称全月一次加权平均法，指以本月全部收货数量加月初存货数量作为权数，去除本月全部收货成本加上月初存货成本，计算出存货的加权平均单位成本，从而确定本期存货的发出和库存成本的一种方法。

计算公式为：

$$加权平均单价=\frac{期初结存存货实际成本+本期收入存货实际成本}{期初结存存货数量+本期收入存货数量}$$

本期发出存货成本＝本期发出存货数量×加权平均单价

期末结存存货成本＝期末结存存货数量×加权平均单价

或＝期初结存存货实际成本＋本期收入存货实际成本－本期发出存货成本

【例 4-15】 以 **【例 4-14】** 的资料为例，采用加权平均法计算如下：

$$加权平均单价=\frac{2000+10400}{200+900}=11.27\text{（元）}$$

本期发出存货成本＝1000×11.27＝11270（元）

期末结存存货成本＝2000＋10400－11270＝1130（元）

采用加权平均法，计算结果比较均衡，计算方法也较简单，而且在市场物价上涨或下跌时所计算出来的单位成本平均化，对存货成本的分摊较为折中。但这种方法只有在月末才能计算出加权平均单价和发出存货的成本，会影响成本计算工作的及时性。

(3) 移动平均法。移动平均法，是于每次收入存货之后，都立即根据当时的库存数量与总成本，计算出存货最新的平均单位成本，据以对下一次进货之前的发出存货进行计价。

计算公式为：

$$移动加权平均单价=\frac{以前结存存货实际成本+本批收入存货实际成本}{以前结存存货数量+本批收入的存货数量}$$

本批发出存货成本＝本批发出存货数量×移动加权平均单价

【例4－16】 仍以**【例4－14】**的资料为例，采用移动平均法计算，结果如表4－2所示。

表4－2 存货明细账

单位：元

存货类别： 计量单位：
存货编号： 最高存量：
存货名称及规格：A 最低存量：

2011年		凭证编号	摘要	收入			发出			结存		
月	日			数量	单价	金额	数量	单价	金额	数量	单价	金额
5	1		期初余额							200	10	2000
	8	略	购入	400	11	4400				600	10.67	6402
	12		发出				400	10.67	4268	200	10.67	2134
	16		购入	500	12	6000				700	11.62	8134
	25		发出				600	11.62	6972	100	11.62	1162
5	31		本月发生额及月末余额	900		10400	1000		11240	100	11.62	1162

从例中可以看出：在移动平均法下，企业可以随时计算出存货成本，核算及时，而且计算的平均单位成本以及发出和结存的存货成本比较客观。其缺点是计算工作量较大。

4. 存货的盘存制度

存货会计的主要问题就是确认与计量存货的数量与价值的问题。而确定存货数量的方法有两种，即定期盘存制和永续盘存制。

（1）定期盘存制。定期盘存制又称实地盘存制。在这种方法下，企业在平时只登记存货的增加，而不登记存货的减少。会计期末，通过实物盘点来确定存货的数量，然后再根据存货的单位成本确定期末存货成本，最后倒挤出当期耗用或销货成本。

其计算公式为：

本期耗用或销货＝期初存货＋本期购货－期末存货

定期盘存制有简便实用的优点，由于平常账面不反映存货的实际库存数量和金额，大大减少了会计人员的工作量。它的主要缺点表现为：首先，存货数量只是根据实物盘存的结果，除盘存外的所有商品，都被认为业已耗用或已售出，从而使得由于各种偷窃、浪费、损耗等非正常原因所发生的存货短缺与毁损都隐含在正常的销售成本中。其次，平时不对商品的收、发、结存作明细记录，因而不能及时反映各种存货收、发、存动态情况，缺少可供决策的存货数据，影响企业管理当局在存货管理上的计划和控制工作。

（2）永续盘存制。永续盘存制又称账面盘存制，是根据账面记录计算存货收发及期末结存数量的方法。具体做法：在永续盘存制下，企业应根据存货种类设置存货明细账，平时对各种存货的收发数量，要依据有关凭证，逐日、逐笔登记各种存货明细账，以便在账面上随时可反映库存的数量和金额。其计算公式为：

期初存货＋本期购货－本期耗用或销货＝期末存货

永续盘存制的优点是可以随时掌握各种存货的收、发、存情况，有利于加强存货的管理。缺点则表现为存货明细记录的核算工作量较大。

（二）原材料

1. 原材料的概述

原材料，是指企业在生产经营过程中经加工改变其形态或性质并构成产品主要实体的各种原料及主要材料、辅助材料、外购半成品（外购件）、修理用备件（备品备件）、包装材料、燃料等。

原材料属于劳动对象，是企业尤其是工业企业生产经营中必不可少的物质要素。在生产过程中，材料被消耗掉或改变其原有的实物形态，价值也一次性地全部转移到成本、费用中去，构成企业成本和费用的重要组成部分。原材料在企业存货中往往占有较大比重，是存货核算的重要内容之一。企业对其的日常核算，可以采用实际成本计价，也可以采用计划成本计价。本书仅介绍实际成本法。

2. 实际成本法下的原材料核算

原材料按实际成本计价，是指从原材料的收发凭证、总分类账和明细分类账均按实际成本计价。

(1) 科目设置。

①“原材料”科目。该科目核算企业库存的各种材料实际成本的收入、发出和结存情况，期末借方余额反映企业库存原材料的实际成本。该科目一般应按原材料的保管地点（仓库）、类别、品种和规格设置明细账。

②“在途物资”科目。该科目核算企业购入尚未到达或尚未验收入库的各种物资的实际成本。借方登记企业购入的在途物资的实际成本，贷方登记已验收入库的在途物资实际成本，期末余额在借方，反映已经付款或已经开出并承兑商业汇票，但尚未到达或尚未验收入库的在途物资的实际成本。该科目应按供应单位设置明细账。

(2) 材料收入的会计处理。由于企业收入材料的来源不同，其核算方法亦不相同。

①外购材料。由于结算方式的不同，材料入库时间和货款支付时间也可能不一致，在会计处理上也有所不同（假设购销双方均为增值税的一般纳税人，支付的增值税可以抵扣为例）。

第一种情况：企业取得结算凭证和发票等单据，且材料已运达并验收入库，借记“原材料”、“应交税费——应交增值税（进项税额）”科目，据其支付价税款，贷记“银行存款”科目；若尚未付款或尚未开出承兑商业汇票，则贷记“应付账款”科目；若开出并承兑商业汇票，则贷记“应付票据”科目。

第二种情况：企业取得结算凭证和发票等单据，据其已支付货款或已开出、承兑商业汇票，但材料在月末尚未到达或尚未验收入库时，借记“在途物资”、“应交税费——应交增值税（进项税额）”科目，贷记“银行存款”或“应付票据”等科目；待收到材料后，再根据收料单，借记“原材料”科目，贷记“在途物资”科目。

第三种情况：材料先期运达，但结算凭证未到，货款尚未支付。由于一般在短时间内发票账单就可能取得，为简化核算手续，在月份内平时可暂不进行总分类核算，只将收到材料的实物量登记明细分类账，待收到发票账单时，再按是否支付款项，进行相关的总分类核算。如在月末时，结算凭证和发票账单仍未到达，对已入库的材料，可按材料的合同价格或计划成本暂估入账，借记“原材料”科目，贷记“应付账款”科目；下月初，用红字做同样的记账凭证，予以冲回，待以后结算凭证取得时，再进行相关的会计处理。

②自制材料或委托外单位加工材料。在材料完工并验收入库时，应按其实际成本，借记“原材料”等科目，贷记“生产成本”或“委托加工物资”科目。

企业在组织材料收入总分类核算时，可以根据自己的具体情况，分别采用不同的核算方式。如果材料收入业务较少，则总分类账核算可以根据收料凭证逐日编制记账凭证，并据以登记总分类账；如果材料收入业务较多，可以根据收料凭证，整理汇总，定期编制“收料凭证汇总表”，于月终一次登记总分类账。

【例 4－17】甲企业 2011 年 5 月份发生材料采购业务及其账务处理如下：

A. 5 月 6 日，从本地购入 A 原材料一批，增值税专用发票列明价款 20000 元，增值税 3400 元，材料已验收入库，款项已通过银行存款支付。

借：原材料——A　　20000
　　应交税费——应交增值税（进项税额）　　3400
　贷：银行存款　　23400

B. 5 月 14 日，从异地采购 B 原材料一批，发票等结算凭证列明价款 300000 元，增值税 51000 元，款项已通过银行存款支付，但材料尚未到达。

借：在途物资　　300000
　　应交税费——应交增值税（进项税额）　　51000
　贷：银行存款　　351000

C. 5 月 18 日，从异地采购 C 材料一批，发票账单等结算凭证已到，列明价款 50000 元，增值税 8500 元，材料已验收入库。企业签发并承兑为期 6 个月到期的商业汇票一张结算上述款项。

借：原材料——C　　50000
　　应交税费——应交增值税（进项税额）　　8500
　贷：应付票据　　58500

D. 5 月 20 日，从异地采购的上述 B 原材料到达并验收入库。

借：原材料——B　　300000
　贷：在途物资　　300000

E. 5 月 28 日，根据合同从异地采购的 B 原材料已到达并验收入库，但是发票账单等结算凭证尚未到达，货款尚未支付。

暂不进行总分类核算的会计处理。

F. 5 月 30 日，由于上述采购 B 原材料的结算凭证尚未到达，按暂估价 20000 元入账。

借：原材料——B　　20000
　贷：应付账款　　20000

下月初用红字冲回。

借：原材料——B　　　　　　　　　　　　　　20000

　　贷：应付账款　　　　　　　　　　　　　　　20000

（3）材料发出的账务处理。由于企业日常发出材料业务频繁，为了简化日常核算工作，平时一般只登记材料明细分类账，反映各种材料的收发和结存金额，月末根据按实际成本计价的发出材料凭证，按领用部门和用途，汇总编制“发料凭证汇总表”，据以编制记账凭证登记总分类账。企业应根据“发料凭证汇总表”，借记“生产成本”、“制造费用”、“销售费用”、“管理费用”、“在建工程”、“其他业务成本”、“委托加工物资”等有关科目，贷记“原材料”科目。发出材料实际成本的确定，可以由企业从前述的先进先出法、加权平均法、个别计价法等方法中选择，一经确定，不得随意变更。

【例 4—18】已知甲企业本月末根据发料记录等相关凭证编制“发料凭证汇总表”，各部门领用 B 原材料实际成本情况如下：生产车间领用 50000 元；车间管理部门领用 7000 元；产品销售部门领用 6000 元；企业行政管理部门领用 8000 元；委托外单位加工发出 3000 元。

借：生产成本　　　　　　　　　　50000

　　制造费用　　　　　　　　　　7000

　　销售费用　　　　　　　　　　6000

　　管理费用　　　　　　　　　　8000

　　委托加工物资　　　　　　　　3000

　　贷：原材料——B　　　　　　　　　74000

（三）低值易耗品

1. 低值易耗品的概述

低值易耗品，指不能作为固定资产的各种用具物品，如工具、管理用具、玻璃器皿、劳动保护用品，以及在经营过程中周转使用的容器等。

从性质上看，低值易耗品属于劳动资料，可多次参加周转且不改变原有实物形态。但是，由于其价值较低，或易于损坏，为简化核算工作，会计上将它作为流动资产，视同存货进行核算。

2. 低值易耗品的摊销

低值易耗品在使用过程中由于不断磨损，其价值也是逐渐地转移或损耗。因此，需要采用一定的摊销方法将其转移或损耗的价值，摊入成本、费用中。常用的方法有一次摊销法、分次（期）摊销法和五五摊销法。

（1）一次摊销法。这种方法是指在领用低值易耗品时，将其全部价值一次全部摊入相关成本或费用。它适用于一次领用数量不多、价值较低或易损坏的低值易耗品。采用这种方法核算比较简单，但费用负担不够均衡，且会出现账外财产。

（2）分次（期）摊销法。这种方法是指从领用低值易耗品开始起，根据低值易耗品的成本和预计使用期限，按受益原则，将其价值分次计入成本、费用中去。它适用于价值较高、一次领用数量较多或使用期限较长的低值易耗品。这种方法有利于成本或费用的合理负担，但核算工作量较大。

（3）五五摊销法。这种方法是指在领用低值易耗品时，摊销其成本的50%，在报废时再摊销50%（扣除残值）。它适用于各期领用与报废数额比较均衡的低值易耗品。这种方法能够在账面上保留在用低值易耗品的记录，有利于实物管理。

3. 低值易耗品的会计处理

为了反映和监督各种低值易耗品的收发和结存情况，企业应设置“周转材料”科目，核算企业库存的各种低值易耗品的实际成本。借方登记购入、自制、委托外单位加工完成验收入库，以及盘盈等原因增加的低值易耗品的实际成本；贷方登记领用、摊销以及盘亏等原因减少的低值易耗品的实际成本；期末借方余额反映库存低值易耗品的实际成本。企业应按低值易耗品的类别、品种等设置明细科目进行明细分类核算。

采用五五摊销法的企业，应在“周转材料”科目下分设“在库”明细科目，核算库存低值易耗品的成本；设置“在用”明细科目，核算已出库投入使用的低值易耗品的成本；设置“摊销”明细科目，核算在用低值易耗品已摊销的成本。

【例4－19】甲公司低值易耗品采用五五摊销法核算，基本生产车间领用低值易耗品一批，实际成本为4000元。

A. 在领用时。

借：周转材料——低值易耗品（在用） 4000

　　贷：周转材料——低值易耗品（在库） 4000

B. 摊销价值的50%。

借：制造费用 2000

　　贷：周转材料——低值易耗品（摊销） 2000

C. 若报废时，有残料收回入库，估价为50元，并按未摊销价值的50%减去残值后的余额进行摊销。

借：原材料 50

　　制造费用 1950

贷：周转材料——低值易耗品（摊销）　　2000

同时，注销该批低值易耗品的全部摊销额。

借：周转材料——摊销　　4000

贷：周转材料——低值易耗品（在用）　　4000

（四）包装物

1. 包装物的概述

包装物是指企业在生产经营活动中为包装本企业产品（或商品，下同）而储备的各种包装容器，如桶、箱、瓶、坛、袋等。

（1）包装物的具体范围包括以下四类：生产经营过程中用于包装产品作为产品组成部分的包装物；随同产品出售而不单独计价的包装物；随同产品出售而单独计价的包装物；出租或出借给购买单位的包装物。

（2）下列各项在会计上不作为包装物进行核算：各种包装材料，如纸、绳、铁丝、铁皮等，这类一次性使用的包装材料，应作为原材料进行核算；用于储存和保管产品、材料而不对外出售的包装物，这类包装物应按其价值的大小和使用年限的长短，分别作为固定资产或低值易耗品进行核算；计划上单独列作企业产品的自制包装物，这类包装物应作为产成品进行核算。

2. 包装物的价值摊销

包装物按其在企业生产经营过程中的周转次数可分为一次使用和周转使用的包装物。如出租或出借的包装物一般都可周转使用，在使用过程中其价值不断损耗，因此，也需要采用一定的摊销方法将其摊销计入有关成本或费用中。常用的计算摊销额的方法与低值易耗品的摊销方法基本相同，如一次摊销法、分次摊销法和五五摊销法。

3. 包装物的会计处理

为了反映和监督各种包装物的收发和结存情况，企业应设置“周转材料——包装物”科目核算企业库存的各种包装物的实际成本。借方登记购入、自制、委托外单位加工完成验收入库的包装物，以及清查盘盈等原因增加的包装物的实际成本；贷方登记企业领用、摊销、对外销售，以及盘亏等原因减少的包装物的实际成本；期末借方余额反映库存包装物实际成本。企业应按包装物的品种、类别等设置明细账户，进行明细分类核算。

（1）包装物收入的账务处理。企业从不同来源取得包装物的账务处理同原材料的收入核算基本相同，可比照原材料收入的账务处理方法进行。

（2）包装物发出的账务处理。下面结合各种摊销方法对包装物发出的账务处理进行说明。

生产过程中领用包装物，在领用时，应将包装物的价值计入生产成本，构成产品成本的组成部分。

借：生产成本

　　贷：周转材料——包装物

随同产品出售而不单独计价的包装物，应于包装物发出时作为包装费用计入产品销售费用。

借：销售费用

　　贷：周转材料——包装物

随同产品出售而单独计价的包装物，应于包装物销售实现时，将取得的收入作为其他业务收入，将包装物的价值转移作为其他业务支出。

按出售包装物取得的收入：

借：银行存款

　　贷：其他业务收入

按包装物的成本：

借：其他业务成本

　　贷：周转材料——包装物

（五）委托加工物资

1. 委托加工物资概述

委托加工物资是指企业将物资委托其他单位，加工成另一种性能和用途的物资。

（1）委托加工核算的内容。委托外单位加工物资，一般要经过“发出→加工→验收入库”这样一个过程。在这个过程中，委托加工的物资，其实物形态、性能发生了变化，使用价值也随之发生变化，而且，其加工过程中要消耗物资，还要发生各种相关税费及其他费用的支出等，从而使其价值相应增加。企业进行委托加工物资的核算就是要正确地反映和监督委托加工物资的发出、加工费用及相关税费的发生、加工完成以后的验收入库等内容。

（2）委托加工物资的实际成本构成。企业委托其他单位加工的物资，其实际成本应包括：加工中实际耗用物资的实际成本；支付的加工费用；支付的税金，包括委托加工材料负担的增值税和消费税（指属于消费税应税范围的加工物资）。对于委托加工物资应负担的增值税和消费税应区别不同情况处理：

加工物资应负担的增值税，凡属加工物资用于应交增值税项目并取得增值税专用发票的一般纳税人，可将这部分增值税作为进项税额，不计入加工物资的成本；凡属于加工物资用于非纳税增值税项目或免征增值税项目的，以及未取得增值税专用发票的一般纳税企业和小规模纳税企业的加工物资，应将这部分增值税计入委托加工物资的成本。

加工物资应负担的消费税，凡属于加工物资收回后直接用于销售的，应将代扣代缴的消费税计入委托加工物资的成本；凡属于加工物资收回后用于连续生产应税消费品的企业应将负担的消费税记入“应交税费——应交消费税”科目的借方，待消费品连续生产完工销售后，抵缴其应缴纳的销售环节消费税。

最后，委托加工物资的实际成本中还包括支付加工物资的往返运杂费。

2. 委托加工物资的会计处理

为了反映和监督加工合同的执行以及加工物资的管理与核算，企业应设置“委托加工物资”科目，对委托加工物资进行总分类核算。该科目借方登记发出委托加工物资的实际成本，以及应计入委托加工物资成本的加工费、运杂费、税金等；贷方登记加工完成并验收入库物资的实际成本；期末借方余额反映尚在加工中的各种物资的实际成本。

企业应按加工合同和受托加工单位设置明细账，进行明细分类核算。

【例 4－20】甲公司委托本地区的某量具厂加工一批量具，所发出的原材料实际成本为 5000 元，加工完毕后该批量具验收入库。以转账支票支付加工费 1000 元，另以现金支付往返运杂费 200 元。

A. 发出原材料时。

借：委托加工物资　　5000

　　贷：原材料　　5000

B. 以转账支票支付加工费时。

借：委托加工物资　　1000

　　贷：银行存款　　1000

C. 以现金支付往返运杂费时。

借：委托加工物资　　200

　　贷：库存现金　　200

D. 加工物资完工入库时。

借：低值易耗品　　6200

　　贷：委托加工物资　　6200

对于委托加工物资中涉及的相关税费，还应作相应的账务处理。有关内容参见第六章第一节中有关应交税费的介绍。

（六）库存商品

1. 库存商品的概述

工业企业的库存商品主要是指企业已完成全部生产过程并已验收入库、符合标准规格和技术条件，可以按照合同规定的条件送交订货单位，或可以作为商品对外销售的产品。包括企业自行加工制造的商品、接受外来原材料加工的代制品和为外单位加工修理的代修品。已完成销售手续、购货单位尚未提走的产品不应作为库存商品，而应作为代管产品设立备查簿登记。

2. 库存商品的会计处理

为了总括反映和监督各种库存商品的收入、发出和结存情况，需要设置“库存商品”科目，核算企业已经验收入库的产成品、准备销售的自制半成品、代制品、代修品的实际成本。其借方登记验收入库的各种产成品成本；贷方登记出库的各种产成品成本；余额在借方，反映库存的各种产成品成本。

企业应按产成品的种类、品种和规格设置产成品明细分类账进行明细核算。

（1）产成品完成验收入库。企业生产完成验收入库的产成品，应根据实际成本结转，借记“库存商品”科目，贷记“生产成本”科目。

【例 4—21】甲公司月末根据“产成品入库单”及产品成本计算单，编制“产成品入库汇总表”，如表 4—3 所示。

表 4—3 **产成品入库汇总表**

产品名称及规格	单位	数量	单位成本	总成本
A 产品	件	1000	150	150000
B 产品	件	500	200	100000
合 计				250000

借：库存商品——A 产品　　150000
　　　　　　——B 产品　　100000
　贷：生产成本　　250000

（2）产成品的发出。产成品发出的核算，应考虑企业采用的销售方式和销售商品确认收入的方法与原则进行会计处理，有关内容将在第八章中予以详细介绍。

（七）存货清查

1. 存货清查核算的内容

存货清查是指通过对存货的实地盘点，确定存货的实际数量，并与账面资料核对，从而确定存货实存数量与账面数量是否相符的一种专门方法。

2. 存货清查的会计处理

为了反映存货的盘盈和盘亏及处理情况，应设置“待处理财产损溢——待处理流动资产损溢”明细科目，借方登记批准前存货的盘亏、毁损数额及批准后存货盘盈的转销数额，贷方登记批准前存货盘盈的数额及批准后存货盘亏和毁损的转销数额。根据规定：企业记入“待处理财产损溢”科目的存货盘盈或盘亏，应于期末前查明原因，并根据企业的管理权限，经股东大会或董事会，或经理（厂长）会议或类似机构批准后，在期末结账前处理完毕。若在期末结账前尚未批准的，在对外提供财务会计报告时先按相关规定进行处理，并在会计报表附注中作出说明；如果其后批准处理的金额与已处理的金额不一致，调整会计报表相关项目的年初数。所以，该科目期末无余额。

（1）存货盘盈的会计处理。企业发生存货盘盈时，经查明是由于收发计量或核算上的误差等原因造成的，应及时办理存货入库手续，调整存货账面结存数，在报经批准前应借记有关存货科目，贷记“待处理财产损溢”科目；在报经批准后应借记“待处理财产损溢”科目，贷记“管理费用”科目。

【例 4－22】甲公司在财产清查中盘盈某种产成品 10 公斤，经查明是由于收发计量上的误差所造成的，该产成品的单位成本为 70 元。

A. 批准前。

借：库存商品　　700

　　贷：待处理财产损溢——待处理流动资产损溢　　700

B. 经批准转销，计入管理费用。

借：待处理财产损溢——待处理流动资产损溢　　700

　　贷：管理费用　　700

（2）存货盘亏和毁损的账务处理。企业盘亏和毁损的存货，报经批准以前应通过“待处理财产损溢——待处理流动资产损溢”科目核算，报经有关部门批准以后，再根据不同情况进行处理。

属于自然损耗产生的定额内合理损耗，转作管理费用处理，借记“管理费用”科目，贷记“待处理财产损溢——待处理流动资产损溢”科目。

属于超定额的短缺以及存货毁损造成的损失，能确定过失人的应由过失人负责赔偿，属于保险责任范围的，应向保险公司索赔，扣除过失人或保险公司赔款和残料价值后的净损失，计入管理费用，借记“管理费用”科目，贷记“待处理财产损溢——待处理流动资产损溢”科目。

属于非常损失所造成的存货毁损，扣除保险公司赔款和残料价值后的净损失，计入营业外支出，借记“营业外支出——非常损失”科目，贷记“待处理财产损溢——待处理流动资产损溢”科目。

【例 4－23】假设甲公司在期末财产清查中发现 B 产品毁损 20 件，实际单位成本为 100 元，单位残料价值为 15 元。经查明系责任人工作过失所造成的损失，应由责任人赔偿 800 元。

A. 批准前调整产成品账面结存数。

借：待处理财产损溢——待处理流动资产损溢　　2000
　贷：库存商品——B 产品　　2000

B. 报经有关部门批准后，分别不同情况处理。

借：其他应收款——××责任人　　800
　原材料　　300
　管理费用　　900
　贷：待处理财产损溢——待处理流动资产损溢　　2000

需要说明的是，对于上例的会计处理，我们假设不考虑存货由于非常损失而涉及的相关税金。

第二节　金融资产

一、金融资产的概念和分类

（一）金融资产的概念

金融资产，指企业拥有的现金、从另一企业收取现金或其他金融资产的权利、与另一企业在潜在有利条件下交换金融工具的权利以及持有另一企业的权益工具。具体包括：

（1）现金，一般指各种货币资金。

（2）持有的其他单位的权益工具，如长期股权投资。

（3）从其他单位收取现金或其他金融资产的合同权利，如应收账款、应收票据、贷款、其他应收款、应收利息、债权投资、基金投资等（不含预付账款）。

（4）其他，如一些衍生工具形成的金融资产，以及在潜在有利条件下，与其他单位交换金融资产或金融负债的合同权利，如优惠购买权、优惠续租权等。

（二）金融资产的分类

金融资产的分类与金融资产的计量密切相关。在不考虑货币资金以及长期股权投资、租赁、保险等另有专项会计准则规定的特殊金融资产的情况下，在初始确认金融资产时，将其划分为下列四类：

（1）以公允价值计量且其变动计入当期损益的金融资产。

（2）持有至到期投资。

（3）贷款和应收款项。

（4）可供出售金融资产。

这里的贷款和应收款项主要是指金融企业发放的贷款和一般企业销售商品或提供劳务形成的应收款项等债权。贷款和应收款项在活跃市场中没有报价。

企业收回或处置贷款和应收款项时，应将取得的价款与该贷款和应收款项账面价值之间的差额计入当期损益。因本书已在第一节阐述了应收款项的相关核算，贷款业务又仅产生于金融企业，故本节对此类金融资产不再单独讲述。

金融资产的分类一旦确定，不得随意改变。

企业在初始确认时将某金融资产划分为以公允价值计量且其变动计入当期损益的金融资产或金融负债后，不能重新分类为其他类金融资产；其他类金融资产也不能重新分类为以公允价值计量且其变动计入当期损益的金融资产。

持有至到期投资、贷款和应收款项、可供出售金融资产这三类金融资产之间，也不得随意重新分类。

二、金融资产的会计处理

本节主要介绍交易性金融资产的会计处理。

（一）交易性金融资产的确认条件

当金融资产满足下列条件之一时，应当划分为交易性金融资产：

（1）取得该金融资产的目的，主要是为了近期内出售或回购，如为赚取差价从二级市场购入的股票、债券、基金等。

（2）属于进行集中管理的可辨认金融工具组合的一部分，且有客观证据证明企业近期采用短期获利方式对该组合进行管理，如企业基于投资策略和风险管理的需要，将某些金融资产进行组合以进行短期获利活动时，该组合内的金融资产即属于交易性金融资产。

(3) 属于衍生工具，如国债期货、股指期货等，当其公允价值变动大于零时，应将其作为交易性金融资产核算。但是，被指定且为有效套期工具的衍生工具、属于财务担保合同的衍生工具、与在活跃市场中没有报价且其公允价值不能可靠计量的权益工具投资挂钩并须通过交付该权益工具结算的衍生金融资产除外，从而排除了避险类的衍生金融工具。

(二) 会计处理原则

(1) 应当按照取得时的公允价值作为初始确认金额，相关的交易费用在发生时计入当期损益。

这里的交易费用指可直接归属于购买、发行或处置金融工具新增的外部费用，包括支付给代理机构、咨询公司、券商等的手续费和佣金及其他必要支出，不包括债券溢价、折价、融资费用、内部管理成本及其他与交易不直接相关的费用。

(2) 支付的价款中包含已宣告但尚未发放的现金股利或已到付息期但尚未领取的债券利息，应当单独确认为应收项目。

(3) 企业在持有以公允价值计量且其变动计入当期损益的金融资产期间取得的利息或现金股利，应当确认为投资收益。资产负债表日，企业应将以公允价值计量且其变动计入当期损益的金融资产或金融负债的公允价值变动计入当期损益。

(4) 处置该金融资产时，其公允价值与初始入账金额之间的差额应确认为投资收益，同时调整公允价值变动损益。

(三) 会计科目设置

设置“交易性金融资产”科目，核算企业持有的以公允价值计量且其变动计入当期损益的金融资产，包括为交易目的所持有的债券投资、股票投资、基金投资、权证投资等和直接指定为以公允价值计量且其变动计入当期损益的金融资产。

该科目应当按照交易性金融资产的类别和品种，分别设置“成本”、“公允价值变动”子目进行明细核算。该科目期末借方余额，反映企业交易性金融资产的公允价值。

(四) 交易性金融资产的主要会计处理

(1) 企业取得交易性金融资产时，按交易性金融资产的公允价值，借记“交易性金融资产”科目（成本），按发生的交易费用，借记“投资收益”科目，按实际支付的金额，贷记“银行存款”等科目。

（2）在持有交易性金融资产期间收到的属于取得交易性金融资产支付价款中包含的已宣告发放的现金股利或债券利息，借记“银行存款”科目，贷记“应收股利”或“应收利息”科目。

（3）资产负债表日，交易性金融资产的公允价值高于其账面余额的差额，借记“交易性金融资产”科目（公允价值变动），贷记“公允价值变动损益”科目；公允价值低于其账面余额的差额，做相反的会计分录。

（4）出售交易性金融资产时，应按实际收到的金额，借记“银行存款”等科目，按该项交易性金融资产的成本，贷记“交易性金融资产”科目（成本），按该项交易性金融资产的公允价值变动，贷记或借记本科目（公允价值变动），按其差额，贷记或借记“投资收益”科目。同时，按该项交易性金融资产的公允价值变动，借记或贷记“公允价值变动损益”科目，贷记或借记“投资收益”科目。

（五）交易性金融资产核算举例

【例 4—24】甲公司于 2010 年 5 月 20 日购入乙公司股票 100 万股，每股支付 8.1 元，包括已经宣告发放但尚未支取的股利 0.1 元。另支付佣金手续费 4.05 万元。甲公司将该股票划分为交易性金融资产。

甲公司编制会计分录：

（1）2010 年 5 月 20 日购入时。

借：交易性金融资产——成本　　8000000
　　应收股利　　100000
　　投资收益　　40500
　　贷：银行存款　　8140500

（2）而后收到乙公司现金股利时。

借：银行存款　　100000
　　贷：应收股利　　100000

（3）假如 2010 年 6 月 30 日，股票上涨到 10 元/股。

借：交易性金融资产——公允价值变动　　2000000
　　贷：公允价值变动损益　　2000000

（4）假如 2010 年 11 月 30 日，股票下跌到 9 元/股，则需做相反分录。

借：公允价值变动损益　　1000000
　　贷：交易性金融资产——公允价值变动　　1000000

（5）假如 2010 年 12 月 31 日，股票上涨到 13 元/股。

借：交易性金融资产——公允价值变动 4000000

贷：公允价值变动损益 4000000

（6）假如 2011 年 5 月，该公司以 14 元/股将该股票全部出售。

借：银行存款 14000000

公允价值变动损益 5000000

贷：交易性金融资产——成本 8000000

交易性金融资产——公允价值变动 5000000

投资收益 6000000

因为“交易性金融资产——公允价值变动”与“公允价值变动损益”在这里是一种全额备抵的形式，因此以上会计分录也可以编制成以下形式。

借：公允价值变动损益 5000000

贷：交易性金融资产——公允价值变动 5000000

借：银行存款 14000000

贷：交易性金融资产——成本 8000000

投资收益 6000000

这样可以清晰地看出，作为持有收益的公允价值变动损益虽然逐期得以明确体现，但真正计入投资收益的金额，依然是最终实现金额与初始成本的差额。

（7）假如 2011 年 5 月，该公司以 10 元/股将该股票全部出售。

借：银行存款 10000000

公允价值变动损益 5000000

贷：交易性金融资产——成本 8000000

交易性金融资产——公允价值变动 5000000

投资收益 2000000

第三节 长期股权投资

一、长期股权投资的概述

狭义的投资通常是指企业为了获取收益或者实现资本增值向被投资单位投放资金的经济行为。它一般具有以下特点：第一，投资是以投资企业让渡其他资产（货币资产、有形资产、无形资产等）而换取另一项资产的转换；第二，投资的基本目的是通过投出资产在企业外部的循环与周转而对投资单位产生直接或间接的经济利益流入；第三，投资是企业财务经营运作的决策落实，它具有收益性和风险性的双重特征。

本节所指长期股权投资是根据《企业会计准则第 2 号——长期股权投资》所规范的长期权益性投资，其内容主要包括以下几个方面：①投资企业持有的能够对被投资单位实施控制的权益性投资，即对子公司投资；②投资企业持有的能够与其他合营方一同对被投资单位实施共同控制的权益性投资，即对合营企业投资；③投资企业持有的能够对被投资单位施加重大影响的权益性投资，即对联营企业投资；④投资企业对被投资单位不具有控制、共同控制或重大影响，在活跃市场上没有报价且公允价值不能可靠计量的权益性投资。企业持有的长期股权投资，涉及的主要会计核算问题包括初始投资成本的确定、持有期间的后续计量及处置损益的结转等几个方面。

二、长期股权投资的初始计量

（1）以支付现金取得的长期股权投资，应当按照实际支付的购买价款作为长期股权投资的初始投资成本，包括在购买过程中支付的手续费等必要支出。实际支付价款中包含的被投资单位已宣告但尚未发放的现金股利或利润应作为应收项目，不构成长期股权投资的初始投资成本。

【例 4—25】甲公司于 2011 年 5 月 10 日自公开市场购入乙公司 20％的股份，实际支付价款 1600 万元，另支付相关费用 20 万元。假定甲公司取得该部分股权后，能够对乙公司的生产经营决策施加重大影响。

甲公司取得对乙公司的长期股权投资时，编制会计分录：

借：长期股权投资——成本（乙公司）　16200000

　　贷：银行存款　16200000

（2）以发行权益性证券取得的长期股权投资，应当按照发行权益性证券的公允价值作为长期股权投资的初始投资成本。但不包括自被投资单位收取的已宣告但尚未发放的现金股利或利润，也不包括为发行权益性证券支付给有关证券承销机构的手续费、佣金等与权益性证券发行直接相关的费用。前者作为应收项目，后者自权益性证券的溢价发行收入中扣除，若溢价收入不足冲减的，应冲减留存收益。

【例 4—26】2011 年 5 月 10 日，A 公司通过增发 5000 万股本公司普通股股票（每股面值 1 元）取得 B 公司 20％的股权。按照增发前后的平均股价计算，该 5000 万股股份的公允价值为 10000 万元。为取得该项投资，A 公司以银行存款向承销机构支付佣金、手续费 100 万元。假定 A 公司取得该部分股权后，能够对 B 公司的生产经营决策施加重大影响。

A 公司取得对 B 公司的长期股权投资时，编制会计分录：

借：长期股权投资——成本（B公司） 100000000
　　贷：股本 50000000
　　　　资本公积——股本溢价 49000000
　　　　银行存款 1000000

(3) 投资者投入的长期股权投资，应当按照投资合同或协议约定的价值作为初始投资成本，但合同或协议约定的价值不公允的除外。

三、长期股权投资的后续计量

长期股权投资在持有期间，根据投资企业对被投资单位的影响程度及能否存在活跃市场、公允价值能否可靠取得等进行划分，应当分别采用成本法或权益法进行核算。

（一）长期股权投资的成本法

(1) 成本法，是指投资按成本计价的方法。

(2) 长期股权投资的成本法适用于以下情况：

①投资企业能够对被投资单位实施控制的长期股权投资。这里的控制是指投资企业在投资后有权决定被投资单位的财务和经营政策，并能据以从被投资单位的经营活动中获取利益。控制的形式，一是投资企业直接、间接以及直接和间接拥有被投资单位50%以上（不含50%）的表决权资本；二是投资企业虽然对被投资单位所拥有的表决权资本在50%以下，但可以通过协议、公司章程等具有对被投资单位财务和经营政策的实质控制权。

②投资企业对被投资单位不具有共同控制或重大影响，并且在活跃市场中没有报价、公允价值不能可靠计量的长期股权投资。

采用成本法核算的长期股权投资应当按照初始投资成本计价。除追加或收回投资外一般不应调整长期股权投资的成本。被投资单位宣告分派的现金股利或利润，确认为当期投资收益。

（二）长期股权投资的权益法

权益法，是指投资以初始投资成本计量后，投资企业在投资持有期间根据投资企业享有被投资单位所有者权益的份额的变动对长期股权投资的账面价值进行调整的方法。投资企业对被投资单位具有共同控制或重大影响的长期股权投资，即对合营企业、联营企业的投资应采用权益法。

第五章　资产的核算（下）

第一节　固定资产的核算

一、固定资产概述

（一）固定资产的概念

固定资产是指同时具有以下特征的有形资产：①为生产商品、提供劳务、出租或经营管理而持有。②使用寿命超过一年。固定资产在符合定义的前提下，应当同时满足以下两个条件，才能加以确认：

（1）与该固定资产有关的经济利益很可能流入企业。

（2）该固定资产的成本能够可靠计量。

由于企业的经营内容、经营规模等各不相同，固定资产的标准也不可能绝对一致，各企业应根据制度中规定的固定资产标准，结合具体情况，制定适合本企业的固定资产目录、分类方法、每类或每项固定资产的折旧年限、折旧方法，作为固定资产核算的依据。未作为固定资产管理的工具、器具等，则作为低值易耗品核算。企业已经确定对外报送或备置于企业所在地的有关固定资产目录、分类方法、估计净残值、预计使用年限、折旧方法等，一经确定不得随意变更，如需变更，应当按照有关程序，经批准后报送有关各方备案，并在会计报表附注中予以说明。

（二）固定资产的分类

企业的固定资产根据不同的管理和核算需要以及不同的标准，可以进行不同的分类，主要有以下几种分类方法：

1. 按固定资产的经济用途分类

固定资产按经济用途分类，可以分为生产经营用固定资产和非生产经营用固定资产。

（1）生产经营用固定资产，是指直接服务于企业生产、经营过程的各种固定资产。如生产经营用的房屋、建筑物、机器、设备、器具、工具等。

（2）非生产经营用固定资产，是指不直接服务于企业生产、经营过程的各种固定资产。如职工宿舍、食堂、浴室、理发室等使用的房屋、设备和其他固定资产等。

2. 按固定资产的使用情况分类

按固定资产的使用情况分类，可分为使用中固定资产、未使用固定资产和不需用固定资产。

（1）使用中固定资产，是指正在使用中的经营性和非经营性固定资产。由于季节性经营或大修理等原因，暂时停止使用的固定资产仍属于企业使用中的固定资产，企业出租（指经营性租赁）给其他单位使用的固定资产和内部替换使用的固定资产也属于使用中的固定资产。

（2）未使用固定资产，是指已完工或已购建的尚未正式使用的新增固定资产以及因进行改扩建等原因暂停使用的固定资产。如企业购建的尚未正式使用的固定资产、经营任务变更停止使用的固定资产以及主要的备用设备等。

（3）不需用固定资产，是指本企业多余或不适用的各种固定资产。

3. 按固定资产的所有权分类

按固定资产的所有权分类，可分为自有固定资产和租入固定资产。

（1）自有固定资产，是指企业拥有的可供企业自由支配使用的固定资产。

（2）租入固定资产，是指企业采用租赁的方式从其他单位租入的固定资产。企业对租入固定资产依照租赁合同拥有使用权，同时负有支付租金的义务，但资产的所有权属于出租单位。租入固定资产可分为经营性租入固定资产和融资租入固定资产。

4. 按固定资产的经济用途和使用情况综合分类

采用这一分类方法，可把企业的固定资产分为以下七类：

（1）生产经营用固定资产。

（2）非生产经营用固定资产。

（3）租出固定资产。指在经营性租赁方式下出租给外单位使用的固定资产。

（4）不需用固定资产。

（5）未使用固定资产。

（6）土地。指过去已经估价单独入账的土地。因征地而支付的补偿费，应计入与土地有关的房屋、建筑物的价值内，不单独作为土地价值入账。企业取得的土地使用权不能作为固定资产管理。

（7）融资租入固定资产。指企业以融资租赁方式租入的固定资产，在租赁期内，应视同自有固定资产进行管理。

二、固定资产取得

（一）固定资产的计价基础

《企业会计准则——固定资产》规定“固定资产应当按其成本入账”。这里的成本指历史成本，亦称原始价值。考虑到固定资产价值较大，其价值会随着服务能力的下降而逐渐减少，还需要揭示固定资产的折余价值。因此，固定资产的计价主要有以下两种方法：

1. 历史成本计价

固定资产的历史成本，是指企业购建某项固定资产达到可使用状态前所发生的一切合理、必要的支出。这是固定资产的基本计价标准，由于这种计价方法的客观性和可验证性，在我国会计实务中，固定资产的初始计量均采用历史成本。

2. 净值计价

固定资产净值亦称折余价值，是指固定资产的原始价值或重置完全价值减去已提折旧后的净额（不包括固定资产提取减值准备）。它可以反映企业实际占用在固定资产上的资金数额和固定资产的新旧程度，一方面有利于有计划地安排固定资产更新；另一方面还可用于企业固定资产盘盈产生溢余或固定资产盘亏、毁损发生损失等方面的核算。

（二）固定资产的价值构成

根据我国的《企业会计制度》规定，企业的固定资产应当按照取得时的成本入账。由于固定资产的不同来源，其入账价值的构成亦不相同。固定资产取得时的成本应当根据具体情况分别确定：

（1）购置的不需要经过建造过程即可使用的固定资产，按实际支付的买价、包装费、运输费、缴纳的有关税金（增值税除外）等，作为入账价值。如果购入的固定资产需要安装，还应包括安装成本。

（2）自行建造的固定资产，按建造该项资产达到预定可使用状态前所发生的全部必要的、合理的支出，作为入账价值。

(3) 投资者投入的固定资产，应当按照投资合同或协议约定的价值确定，但合同或协议约定的价值不公允的除外。

(4) 融资租入的固定资产，按租赁开始日租赁资产的原账面价值与最低租赁付款额的现值两者中较低者，作为入账价值。

(5) 其他途径取得固定资产。企业从其他途径取得固定资产，如通过债务重组、非货币性资产交换等途径取得固定资产。其取得成本的确定本书略。

固定资产的入账价值中，还应当包括企业为取得固定资产而缴纳的契税、耕地占用税、车辆购置税等相关税费。

(三) 固定资产取得的核算

为了反映固定资产的增减变动情况，企业应设置“固定资产”、“累计折旧”、“在建工程”等账户。

“固定资产”账户为资产类账户，核算固定资产的原价。借方登记增加的固定资产的原价；贷方登记减少的固定资产的原价；期末借方余额，反映企业期末固定资产的账面原价。

“累计折旧”账户为资产类账户，是“固定资产”账户的备抵调整账户，核算固定资产的累计折旧。贷方登记计提的固定资产的折旧额；借方登记减少的固定资产的折旧额；期末贷方余额，反映企业提取的固定资产折旧累计数额。

企业取得的固定资产，按其来源不同主要包括外购的固定资产、自行建造的固定资产、投资转入的固定资产、接受捐赠的固定资产、融资租入的固定资产、非货币性交易取得的固定资产等。

1. 购置的固定资产

企业购入的固定资产按实际支付的买价、运输费、保险费、安装费及应缴纳的税金等作为购入的固定资产原价入账。

企业购入的固定资产又分为需安装和不需安装两种情况。

(1) 企业购入不需安装的固定资产。企业购入不需安装的固定资产，按其实际支付的买价、运输费、包装费、各种税金等实际成本，直接借记“固定资产”科目，贷记“银行存款”科目。

【例5—1】 2011年4月，某企业购入一台不需安装的生产用固定资产，取得的增值税专用发票上注明的设备价款为120000元，增值税进项税额为20400元，发生的运杂费为4800元，款项已通过银行转账支付。编制会计分录如下：

借：固定资产　　124800

　　应交税费——应交增值税（进项税额）　　20400

贷：银行存款　　145200

（2）企业购入需安装的固定资产。企业购入的需要经过安装以后才能交付使用的固定资产，按实际支付的全部价款（包括买价、支付的税金、包装费、运输费、途中保险费等）借记“在建工程”科目，贷记“银行存款”科目；发生的安装费等，借记“在建工程”科目，贷记“银行存款”科目；安装完毕交付使用时，按其成本（包括买价、税金、包装费、运输费和安装费等）作为固定资产的入账价值，借记“固定资产”科目，贷记“在建工程”科目。

【例5－2】2011年4月18日，某企业购入一台需要安装的设备，取得的增值税专用发票上注明的设备买价为40000元，增值税税额为6800元，支付运输费为800元，皆以银行存款支付。安装设备时，领用材料物资价值1500元，支付职工薪酬2500元。有关会计处理如下：

A. 支付设备价款、税金、运输费合计47600元。

借：在建工程　　40800

应交税费——应交增值税（进项税额）　　6800

贷：银行存款　　47600

B. 领用安装材料，支付职工薪酬等费用。

借：在建工程　　4000

贷：原材料　　1500

应付职工薪酬　　2500

C. 设备安装完毕交付使用，固定资产的入账价值为40800＋4000＝44800（元）。

借：固定资产　　44800

贷：在建工程　　44800

2. 自行建造的固定资产

自行建造的固定资产，是指企业为了新建、改建、扩建固定资产或者对固定资产进行技术改造、设备更新而由企业自行建造的固定资产，在建工程按其实施的方式不同可分为自营工程和发包工程两种。

（1）自营工程。企业自营工程主要通过“工程物资”和“在建工程”账户进行核算。

“工程物资”账户核算用于在建工程的各种物资的实际成本，包括为工程准备的材料、尚未交付安装的需要安装设备的实际成本，以及预付大型设备款和基本建设期间根据项目概算购置的工具及器具等的实际成本。“工程物资”账户应分别设置“专用材料”、“专用设备”、“预付大型设备款”、“为生产准备的工具器具”等明细账户进行核算。

“在建工程”账户为资产类账户，核算企业进行基建工程、安装工程、技术改造工程、大修理工程等发生的实际支出，以及改建、扩建工程等转入的固定资产净值。借方登记工程发生的各项实际支出；贷方登记工程完工后转出的工程成本；期末借方余额反映企业尚未完工的基建工程发生的各项实际支出。“在建工程”账户分别设置“建筑工程”、“安装工程”、“在安装设备”、“技术改造工程”、“大修理工程”、“其他支出”等明细科目进行核算。

工程完工后剩余的工程物资，如转做本企业库存材料的，一般纳税企业如可抵扣增值税进项税额的，应按减去增值税进项税额后的实际成本结转。盘盈、盘亏、报废、毁损的工程物资，减去过失人或保险公司等赔偿后的差额，工程项目尚未完工的，计入或冲减所建工程项目的成本；工程已经完工的，计入当期的营业外收支。

在建工程单项或单位工程报废或毁损，减去残料价值和过失人或保险公司赔款后的净损失，计入继续施工的工程成本；如因非常原因造成的报废或毁损，或在建工程项目全部报废或毁损，应将其净损失直接计入当期营业外支出。

所建造的固定资产已达到预定可使用状态，但尚未办理竣工决算的，应当自达到预定可使用状态之日起，依照工程预算、造价或者工程实际成本等，按估计的价值转入固定资产，并按有关计提固定资产折旧的规定计提固定资产折旧，待办理了竣工决算手续后再做调整。

【例5－3】某企业自行建造一生产车间，购入为工程准备的各种物资取得的增值税专用发票上注明材料价款为200000元，支付的增值税税额为34000元，实际领用工程物资为175500元（含增值税），剩余物资转入企业存货；领用生产用原材料一批，实际成本为2500元，应转出的增值税进项税额为425元；工程负担工程人员工资60800元；企业辅助生产车间为工程提供有关劳务支出45060元；2010年6月1日，工程完工交付使用。则有关会计处理如下：

A. 购入为工程准备的物资。

借：工程物资——专用材料　　234000

　贷：银行存款　　234000

B. 工程领用物资。

借：在建工程——生产车间　　175500

　贷：工程物资——专用材料　　175500

C. 工程领用原材料。

借：在建工程——生产车间　　2925

　贷：原材料　　2500

　　应交税费——应交增值税（进项税额转出）　　425

D. 支付工程人员工资。

借：在建工程——生产车间　60800

　贷：应付职工薪酬　60800

E. 分配并结转辅助生产车间为工程提供的有关劳务支出。

借：在建工程——生产车间　45060

　贷：生产成本——辅助生产成本　45060

F. 工程交付使用。

借：固定资产——生产车间　284285

　贷：在建工程——生产车间　284285

G. 工程完工，退回多余物资。

借：原材料　50000

　应交税费——应交增值税（进项税额）　8500

　贷：工程物资——专用材料　58500

（2）发包工程。发包工程是指企业采用招标等方式将工程项目出包给建造商，由建造商组织施工的建筑工程和安装工程。企业采用出包方式进行自制、自建固定资产工程，工程的具体支出由承包单位核算，而“在建工程”科目实际成为企业与承包单位的结算科目。

【例 5—4】 2010 年 8 月 2 日，某企业将一幢新建厂房的工程出包给甲股份公司承建，按规定先向甲公司预付工程款 600000 元，工程完工后收到甲公司有关工程的结算单据，补付工程价款 72000 元，工程完工经验收合格后交付使用。会计处理如下：

A. 预付工程价款。

借：在建工程——厂房　600000

　贷：银行存款　600000

B. 补付工程价款。

借：在建工程——厂房　72000

　贷：银行存款　72000

C. 工程完工交付使用。

借：固定资产——厂房　672000

　贷：在建工程——厂房　672000

3. 投资转入的固定资产

投资者投资转入的固定资产，一方面反映本企业固定资产的增加，另一方面要反映投资额的增加。投入的固定资产的入账价值应当按照投资合同或协议约定的价值确定。但合同或协议约定价值不公允的除外。

【例 5－5】甲公司收到乙公司投入的固定资产（设备）一台，乙公司记录的该固定资产账面原价为 100000 元，已提折旧 10000 元，甲公司接受投资时，双方协议约定的价值为该项固定资产的净值（假设与公允价值及乙企业所有者权益表决权份额相同）。有关会计分录如下：

借：固定资产 90000

　贷：实收资本 90000

4. 租入的固定资产

企业租入的固定资产，按租赁性质划分，有经营性租赁和融资性租赁两种形式。本书仅介绍承租方经营租入固定资产有关业务的会计处理。

从承租人的角度看，采用经营性租赁方式租入资产，其目的之一是为了解决生产经营季节性或临时性的需要，并不准备长期拥有，一般租赁期较短；在租赁期内与租赁资产所有权相关的主要风险和报酬仍归出租方，企业只是在租赁期内拥有租入资产的使用权，并按租赁协议的规定按期支付租金；租赁期满，企业将租入的资产还给出租方。

鉴于经营租赁的上述特点，作为承租人的企业，对租入的资产不需要也不应该作为本企业的资产计价入账，也无须计提折旧，只是按权责发生制和配比原则对支付的租金按期计入成本、费用。

【例 5－6】某企业由于季节性生产经营的需要，每年 6～9 月的农产品收购季节，需租入货运汽车以满足进货之需，假设 2010 年 6 月租入汽车 10 辆，租期为 4 个月，每月租金为 50000 元，共 200000 元，租金于开始时一次付清，有关会计处理如下：

A. 预付租金。

借：其他应付款 200000

　贷：银行存款 200000

B. 分四期摊销。

借：制造费用 50000

　贷：其他应付款 50000

三、固定资产折旧

（一）折旧概述

固定资产的折旧是指在固定资产使用寿命内，按照确定的方法对应计折旧额进行的系统分摊。其中，应计折旧额指应当计提折旧的固定资产原价扣除其预计净残值后的余额，如果已对固定资产计提减值准备，还应当扣除已计提的固定资产减值准备累计金额。

固定资产折旧计入生产成本的过程，即是随着固定资产价值的转移，以折旧的形式在产品销售收入中得到补偿，并转化为货币资金的过程。

从本质上讲，折旧也是一种费用，只不过这一费用没有在计提期间付出实实在在的货币资金，但这种费用是前期已经发生的支出，而这种支出的收益在资产投入使用后的有效使用期内实现，无论是从权责发生制，还是从收入与费用配比的原则来讲，计提折旧都是必要的。否则，不计提折旧或不正确地计提折旧，都将错误地计算企业的产品成本（或营业成本）、损益。

（二）固定资产的折旧范围

根据我国《企业会计准则——固定资产》具体准则的规定，除下列情况外，企业应对所有固定资产计提折旧：①已提足折旧仍继续使用的固定资产。②按规定单独作价作为固定资产入账的土地。

对于已达到预定可使用状态的固定资产，如果尚未办理竣工决算的，应当按照估计价值暂估入账，并计提折旧；待办理了竣工决算手续后，再按照实际成本调整原来的暂估价值。

企业一般应按月提取折旧，当月增加的固定资产，当月不提折旧，从下月起计提折旧；当月减少的固定资产，当月照提折旧，从下月起不提折旧。固定资产提足折旧后，不论能否继续使用，均不再提取折旧；提前报废的固定资产，也不再补提折旧。所谓提足折旧，是指已经提足该项固定资产应提的折旧总额。应提的折旧总额为固定资产原价减去预计残值加上预计清理费用。

根据《企业会计准则——固定资产》的规定，企业对未使用、不需用的固定资产也应计提折旧，计提的折旧计入当期管理费用（不含更新改造和因大修理停用的固定资产）；因进行大修理而停用的固定资产计提的折旧计入当期费用。

（三）影响固定资产折旧的因素

要保证合理、正确地计提固定资产的折旧，首先要了解影响折旧的因素主要有哪些。

（1）固定资产计提折旧的基数，即固定资产的原始价值或固定资产的账面价值。

（2）固定资产的净残值，是指预计的固定资产报废时可以回收的残余价值扣除预计清理费用后的数额。预计残值不提折旧。

(3) 固定资产的使用年限，是指固定资产预计的经济使用年限。固定资产使用年限的长短直接影响各期应提的折旧额。在确定固定资产使用年限时，不仅要考虑固定资产的有形损耗，还要考虑固定资产的无形损耗。企业应根据国家的有关规定，结合本企业的具体情况合理地确定固定资产的折旧年限。

(4) 固定资产常用的折旧计算方法可以分为两类：直线法和加速折旧法。直线法下各期折旧相等，而加速折旧法下在固定资产使用初期计提折旧较多，而在后期计提折旧较少，各年折旧额呈递减趋势。

(四) 固定资产折旧方法

计算折旧有三种基本方法：平均年限法、工作量法、加速折旧法。

1. 平均年限法

(1) 平均年限法，又称直线法，是将固定资产的折旧均衡地分摊到各期的一种方法。采用这种方法计算的每期折旧额均是相等的。

(2) 计算公式：

年折旧额＝（固定资产原值－预计净残值）/固定资产预计使用年限

或＝［固定资产原值×（1－预计净残值率）］/固定资产预计使用年限

月折旧额＝固定资产年折旧额/12

【例 5-7】 某企业购入固定资产（设备）一台，入账价值 31000 元，预计使用 5 年，预计净残值 1000 元。按平均年限法计提折旧，则该资产年折旧额、月折旧额计算如下：

年折旧额＝（31000－1000）/5＝6000（元）

月折旧额＝6000/12＝500（元）

上述折旧率是按个别固定资产单独计算的，称为个别折旧率，即某项固定资产在一定期间的折旧额与该项固定资产原价的比率。此外，还有分类折旧率和综合折旧率。

分类折旧率是指固定资产分类折旧额与该类固定资产原价的比率，采用这种方法，应先把性质、结构和使用年限相近的固定资产归为一类，再按类计算平均折旧率，用该类折旧率对该类固定资产计提折旧。如将房屋、建筑物归为一类，将机械设备归为一类等。分类折旧率的计算公式为：

某类固定资产年分类折旧率＝该类固定资产年折旧额之和÷该类固定资产原价之和×100％

综合折旧率是指某一期间企业全部固定资产折旧额与全部固定资产原值的比率。计算公式为：

固定资产综合折旧率＝各项固定资产年折旧额之和÷各项固定资产原值之和×100％

采用个别折旧率计提固定资产折旧，计算比较准确，但是计算起来比较麻烦，特别是在企业固定资产种类、数量比较多的情况下尤其如此。采用分类折旧率，虽然计算方法较简单，但是，准确性却不如个别折旧率。采用综合折旧率，其计算结果准确性更差。因此，我国会计实务中一般要求企业采用分类折旧率。

平均年限法易于理解和简便易行，得到广泛的应用。但也有不足，即它主要考虑固定资产的寿命周期，而不重视使用情况，一台机器若每天使用1小时与每天使用8小时，均按同样的标准计提折旧，显然不太合理。

2. 工作量法

（1）工作量法是根据实际工作量计提折旧额的一种方法，这种方法弥补了平均年限法只重视使用时间、不考虑使用强度的缺点。

（2）计算公式：

每一工作量折旧额＝［固定资产原价×（1－残值率）］/预计总工作量

某项固定资产月折旧额＝该项固定资产当月工作量×每一工作量折旧额

【例5－8】某企业的一辆运货卡车的原价为60000元，预计总行驶里程为50万公里，预计净残值率为5％，本月行驶4000公里。该辆汽车的月折旧额计算如下：

单位里程折旧额＝［60000×（1－5％）］/500000＝0.114（元/公里）

本月折旧额＝4000×0.114＝456（元）

在工作量法下，固定资产单位工作量计提的折旧额是相等的，但在各个使用期限内计提的折旧额会因固定资产实际工作量不同而有所差异。该法主要适用于各个会计期间使用程度不均衡的固定资产。

3. 加速折旧法

加速折旧法又称为快速折旧法或递减折旧法，其特点是在固定资产有效使用年限的前期多提折旧，后期则少提折旧，从而相对加快折旧速度，以使固定资产成本在有效使用年限中加快得到补偿。其理论依据主要有：固定资产在其使用前期工作效率相对较高，所带来的经济利益也就多；而在其使用后期，工作效率一般呈下降趋势，因而所带来的经济利益也就逐渐减少，遵循配比原则，因而折旧费也应逐年减少；由于科技的进步与发展，固定资产受无形损耗的冲击也越来越大，遵循谨慎原则，应尽快收回投资以适应其更新改造的需要；固定资产的使用成本应包括折旧费和维修费两部分，随着固定资产使用年限的增加，维修费用也会增加。为了均衡各期固定资产的使用成本，折旧费也应呈逐年递减趋势。

（1）双倍余额递减法。双倍余额递减法是加速折旧法的一种，是在不考虑固定资产残值的情况下，根据每期期初固定资产账面余额和双倍的平均年限法折旧率计算固定资产折旧金额的方法。计算公式为：

年折旧率＝2÷固定资产预计使用年限

月折旧率＝年折旧率÷12

月折旧额＝固定资产账面余额×月折旧率

年折旧额＝固定资产账面余额×年折旧率

由于双倍余额递减法不考虑固定资产的残值收入，因此，在采用这种方法时，必须注意不能使固定资产的账面余额降低到它的预计残值以下。

我国会计实务中，实行双倍余额递减法计提固定资产折旧时，应当在固定资产使用年限到期前两年以内，将固定资产账面余额扣除预计净残值后的余额平均摊销。

【例 5—9】某企业一项设备的原价为 10000 元，预计使用年限为 5 年，预计净残值为 200 元。按双倍余额递减法计算折旧，每年的折旧额计算见表 5—1。

表 5—1 **折旧计算表**

（双倍余额递减法）

单位：元

年次	年初账面净值	折旧率	折旧额	累计折旧额	期末账面净值
1	10000	40％	4000	4000	6000
2	6000	40％	2400	6400	3600
3	3600	40％	1440	7840	2160
4	2160	—	980	8820	1180
5	1180	—	980	9800	200

其中：双倍直线年折旧率＝2/5×100％＝40％

到第四年、第五年改用直线法，折旧额为：

（2160－200）/2＝980（元）

（2）年数总和法。年数总和法又称年限合计法，是以固定资产的原值减去预计净残值后的净额为基数，乘以一个逐年递减的分数计算每年的折旧额，这个分数的分子代表固定资产尚可使用的年数，分母代表使用年数的逐年数字合计。这种方法的特点是：计算折旧的基数是固定不变的，折旧率依固定资产尚可使用年限确定，各年折旧率呈递减趋势，依此计算的折旧额也呈递减趋势。计算公式如下：

年折旧率＝（预计的使用年限－已使用年限）/年数总和×100％

年数总和＝预计的折旧年限×（预计的折旧年限＋1）/2

月折旧率＝年折旧率÷12

年折旧额＝（固定资产原值－预计净残值）×年折旧率

月折旧额＝（固定资产原值－预计净残值）×月折旧率

【例 5－10】 某公司购入设备一台，原值 60000 元，预计净残值率为 5%，预计使用 5 年，采用年数总和法计算固定资产折旧。

该项资产各年计提折旧的基数为 60000×（1－5%）＝57000（元），年折旧率的分母计算为 1＋2＋3＋4＋5＝15 或根据公式 5×（1＋5）/2＝15，每年的折旧额计算见表 5－2。

表 5－2 **折旧计算表**

（年数总和法）

单位：元

年次	原值—净残值	折旧率	折旧额	累计折旧额	期末账面净值
1	57000	5/15	19000	19000	41000
2	57000	4/15	15200	34200	25800
3	57000	3/15	11400	45600	14400
4	57000	2/15	7600	53200	6800
5	57000	1/15	3800	57000	3000

（五）固定资产折旧的账务处理

固定资产计提折旧时，应以月初可提取折旧的固定资产账面价值为依据。企业各月计算提取折旧时，可以在上月计提折旧的基础上，对上月固定资产的增减情况进行调整后计算当月应计提的折旧额。当月固定资产应计提的折旧额＝上月固定资产计提的折旧额＋上月增加固定资产应计提的折旧额－上月减少固定资产应计提的折旧额。

企业计提的固定资产折旧，应按用途分配，借记“制造费用”、“销售费用”、“管理费用”、“其他业务成本”等科目，贷记“累计折旧”科目。

四、固定资产的后续支出

固定资产的后续支出是指固定资产使用过程中发生的更新改造支出、修理费用等后续支出。对其处理原则为：与固定资产有关的更新改造等后续支出，符合固定资产确认条件的，应当计入固定资产成本，同时将被替换部分的账面价值扣除；与固定资产有关的修理费用等后续支出，不符合固定资产确认条件的，应当计入当期损益。

（一）后续支出的资本化

固定资产发生可资本化的后续支出时，企业一般应将固定资产的账面价值转入在建工程，并在此基础上重新确定固定资产原价，同时停止计提折旧。发生的后续支出通过“在建工程”科目核算。在固定资产发生的后续支出完工并达到预定可使用状态时，再将后续净支出从在建工程转入固定资产，并重新确定固定资产原价、预计使用寿命、预计净残值及经济利益预期实现方式，据以对固定资产的应计折旧额在以后期间进行系统分摊。

（二）后续支出的费用化

与固定资产有关的修理费用等后续支出，不符合固定资产确认条件的，应当根据不同情况分别在发生时计入当期损益。企业生产车间（部门）和行政管理部门等发生的固定资产修理费用等后续支出，计入“管理费用”；企业专设销售机构的，其发生的与专设机构相关的固定资产费用等后续支出，计入“销售费用”。若企业在固定资产改扩建或更新改造发生的支出，如不满足固定资产的确认条件，在发生时也应直接计入当期损益。

【例5－11】2010年10月20日，A公司对现有的一台生产用机器设备进行日常维护，维护过程中领用原材料一批，成本为150000元，应支付维修人员薪酬为34000元（不考虑其他相关税费）。A公司编制会计分录：

借：管理费用　　184000

　　贷：原材料　　150000

　　　　应付职工薪酬　　34000

五、固定资产处置与清查

（一）固定资产终止确认的条件

固定资产满足下列条件之一的，应当予以终止确认：

（1）该固定资产处于处置状态。固定资产处置包括固定资产的出售、转让、报废或毁损、对外投资、非货币性资产交换、债务重组等。处于处置状态的固定资产不再用于生产商品、提供劳务、出租或经营管理，因此不再符合固定资产的定义，应予以终止确认。

（2）该固定资产预期通过使用或处置不能产生经济利益。

（二）固定资产处置的会计处理

企业出售、转让、报废固定资产或发生固定资产毁损，应当将处置收入扣除账面价值和相关税费后的金额计入当期损益。固定资产处置一般通过“固定资产清理”科目进行核算。

企业因出售、报废或毁损、对外投资、非货币性资产交换、债务重组等而处置固定资产，会计处理一般会涉及以下内容：

（1）将固定资产的账面价值转入“固定资产清理”科目，终止确认固定资产；

（2）发生实际的清理费用以及应交的相关税费；

（3）取得固定资产处置的变价收入（包括残料、责任单位或责任人赔款）；

（4）清理完毕，确认固定资产清理净损益。

【例 5－12】某企业有旧厂房一幢，原值为 80000 元，预计净残值为 2500 元，预计使用期限为 10 年，现使用期满报废，报废时残料计价 2700 元，以银行存款支付清理费 4000 元，另一部分变卖收入 4000 元存入银行。编制会计分录如下：

A. 固定资产转入清理［累计折旧总额＝80000－2500＝77500（元）］。

借：固定资产清理　　2500

　　累计折旧　　77500

　　贷：固定资产　　80000

B. 支付清理费。

借：固定资产清理　　4000

　　贷：银行存款　　4000

C. 残料入库并收到变价收入。

借：原材料　　2700

　　银行存款　　4000

　　贷：固定资产清理　　6700

D. 结转固定资产清理净损益。

固定资产清理净收益＝6700－2500－4000＝200（元）

借：固定资产清理　　200

　　贷：营业外收入——处置固定资产净收益　　200

【例 5－13】某企业某项固定资产出售，原值为 50000 元，累计折旧为 25000 元，已提固定资产减值准备为 5000 元，清理过程中用现金支付清理费用 150 元，取得出售收入 22000 元存入银行，会计处理如下：

A. 固定资产转入清理。

借：固定资产清理 20000

累计折旧 25000

固定资产减值准备 5000

贷：固定资产 50000

B. 支付清理费用。

借：固定资产清理 150

贷：库存现金 150

C. 收取价款。

借：银行存款 22000

贷：固定资产清理 22000

D. 结转固定资产清理净损益。

固定资产清理净收益＝22000－20000－150＝1850（元）

借：固定资产清理 1850

贷：营业外收入——处置固定资产净收益 1850

（三）固定资产的清查

为了保证固定资产核算的真实性，企业应当经常对固定资产进行盘点清查。一般于每年编制年度财务报告之前，应对固定资产至少进行一次全面清查，平时可以根据需要，组织局部的轮流清查或抽查。

1. 盘盈的固定资产

企业在财产清查中盘盈的固定资产，应作为前期差错，通过“以前年度损益调整”科目核算。

2. 盘亏的固定资产

企业发生盘亏时，应按盘亏固定资产的账面价值，借记“待处理财产损溢——待处理固定资产损溢”科目，按已提折旧，借记“累计折旧”科目，按该项固定资产已计提的减值准备，借记“固定资产减值准备”科目，贷记“固定资产”科目。

【例5－14】某企业进行财产清查时，盘亏机器设备一台，原值为40000元，已提折旧为15000元，已计提减值准备为5000元。会计处理如下：

A. 盘亏固定资产。

借：待处理财产损溢——待处理固定资产损溢 20000

累计折旧 15000

　　固定资产减值准备　　5000
　　贷：固定资产　　40000

B. 报经批准转销。

借：营业外支出——固定资产盘亏　　20000
　　贷：待处理财产损溢——待处理固定资产损溢　　20000

六、固定资产的期末计价

固定资产发生损坏、技术陈旧或其他经济原因，导致其可收回金额低于其账面价值，这种情况称之为固定资产价值减值。

资产负债表日，当某项固定资产存在可能发生减值的迹象时，应根据确凿的证据计算确定其预计可收回金额，若可收回金额低于其账面价值时，应当对该项固定资产计提减值准备，确认减值损失，计入当期损益。固定资产减值损失一经确认，在以后会计期间不得转回。

第二节　无形资产的核算

一、无形资产概述

无形资产是指企业拥有或者控制的没有实物形态的可辨认非货币性资产。无形资产包括专利权、非专利技术、商标权、土地使用权、著作权、特许权等。

无形资产具有以下特征：

1. 无形资产是由企业拥有或者控制并能为其带来未来经济利益的资源

预计能为企业带来未来经济利益，是作为一项资产的本质特征，无形资产也不例外。

2. 无形资产不具有实物形态

无形资产通常表现为某种权利、某项技术或是某种获取超额利润的综合能力。它们不具有实物形态。这也是无形资产与固定资产、存货等有形资产的主要区别之一。

3. 无形资产具有可辨认性

要作为无形资产进行核算，该资产必须是能够区别于其他资产可单独辨认的。资产满足下列条件之一的，符合无形资产定义中的可辨认标准：

（1）能够从企业中分离或者划分出来，并能单独或者与相关合同、资产或负债一起，用于出售、转移、授予许可、租赁或者交换。

(2) 源自于合同性权利或其他法定权利，无论这些权利是否可以从企业或其他权利和义务中转移或者分离。例如，一方通过与另一方签订特许权合同而获得的特许使用权；通过法律程序申请获得的商标权、专利权等。

4. 无形资产属于非货币性资产

无形资产由于没有发达的交易市场，且其未来收益流入货币金额的不确定性或不固定性，因而属于非货币性资产。

无形资产应当在符合定义的前提下，同时满足以下两个确认条件时才能予以确认：与该资产有关的经济利益很可能流入企业；该无形资产的成本能够可靠地计量。

二、无形资产的内容

无形资产一般包括专利权、非专利技术、商标权、著作权、土地使用权、特许权等。

1. 专利权

专利权是指国家专利主管机关依法授予权利人在法定期限内对某一发明创造所拥有的独占权和专有权。它包括发明专利权、实用新型专利权和外观设计专利权。由于企业形成专利权支出的大小及该项专利权未来经济价值的不同，所以企业无须将其所拥有的一切专利权都予以资本化，作为无形资产核算。只有那些能给企业带来较大经济价值，并且企业为此付出了支出的专利，才能作为无形资产入账。

2. 商标权

商标权指企业专门在某种指定的商品上使用特定的名称、图案、标记的权利。根据我国商标法的规定，经商标局核准注册的商标为注册商标，商标注册人享有商标专用权，受法律保护。商标权的内容包括独占使用权和禁止权两个方面。商标权的价值在于它能使享有人获得较高的盈利能力。我国商标法规定，商标权的有效期限为10年，期满前可继续申请延长注册期。

3. 土地使用权

土地使用权是指国家准许某企业在一定期间内对国有土地享有开发、利用、经营的权利。根据我国《土地管理法》的规定，我国土地实行公有制，任何单位和个人不得侵占、买卖或者以其他形式非法转让。国有土地可依法确定给国有企业、集体企业等单位，其使用权可依法转让。取得土地使用权有时可能不花费任何代价，如企业所拥有的未入账的土地使用权，这时，就不能将其作为无形资产核算。取得土地使用权花费了支出，则应将其资本化，作为无形资产核算。这里有两种情况，一是企业根据《中华人民共和国城镇国有土地使用权出让和转让暂行条例》向政府土地管理部门申请土地使用权，企业要支付一笔出让金，在这种情况下，企业应予以资本化，作为无形资产核算；二是企业原先通过行政划拨获得土地使用权，没有入账核算，在将土地使用权有偿转让、出租、抵押、作价入股和投资时，应按规定将补交的土地出让价款予以资本化，作为无形资产入账核算。

4. 著作权

著作权又称版权，是指著作权人对其著作依法享有的出版、发行等方面的专有权利。著作权可以转让、出售或者赠与。著作权包括发表权、署名权、修改权、保护作品完整权、使用权和获得报酬权等。

5. 特许权

特许权，又称经营特许权、专营权，指企业在某一地区经营或销售某种特定商品的权利或是一家企业接受另一家企业使用其商标、商号、技术秘密等的权利。前者一般是由政府机构授权，准许企业使用或在一定地区享有经营某种业务的特权，如水、电、邮电通信等专营权，烟草专卖权等；后者指企业间依照签订的合同，有限期或无限期使用另一家企业的某些权利，如连锁店分店使用总店的名称等。会计上的特许权主要是指后一种情况。只有支付了费用取得的经营特许权才能作为无形资产入账。

6. 非专利技术

非专利技术又称专有技术，是指发明人垄断的、不公开的、具有实用价值的先进技术、资料、技能、知识等。非专利技术具有经济性、机密性和动态性等特点。

由于非专利技术未经公开亦未申请专利权，所以不受法律保护，但事实上具有专利权的效用。

三、无形资产的初始计量

无形资产应按取得时的实际成本计价入账。但由于无形资产取得的途径不同，其计价方法应按以下规定确定：

1. 外购的无形资产

外购的无形资产，其成本包括购买价款、相关税费以及直接归属于使该项资产达到预定用途所发生的其他支出。其中，直接归属于使该项资产达到预定用途所发生的其他支出包括使无形资产达到预定用途所发生的专业服务费用、测试无形资产是否能够正常发挥作用的费用等，但不包括为引入新产品进行宣传所发生的广告费、管理费用及其他间接费用及无形资产已经达到预定用途以后发生的费用。

如果外购的无形资产超过正常信用条件延期支付价款（如付款期在 3 年以上），实质上具有融资性质的，即采用分期付款方式购买无形资产的，所支付的价款必须考虑货币的时间价值，应按所取得无形资产购买价款的现值为其初始计量成本，借记“无形资产”科目，按信用期内各期应付款之和，贷记“长期应付款”科目，现值与应付价款之间的差额，借记“未确认融资费用”科目，并应当在信用期间内采用实际利率法确认为当期损益。

【例 5－15】甲公司从乙公司购入一项专利权，实际支付的价款为 1500000 元，另支付相关税费 5000 元，款项已通过银行转账支付。假设不涉及其他相关税费。甲公司编制会计分录：

借：无形资产——专利权　　1505000

　贷：银行存款　　1505000

2. 自行开发的无形资产

通常情况下，企业研究与开发活动发生的费用，除了要遵循无形资产确认和初始计量的一般要求外，还需要满足其他特定的条件，才能够确定为一项无形资产。企业应当将自行开发的过程分为研究阶段与开发阶段两部分，企业内部研究和开发无形资产，其在研究阶段的支出全部费用化，计入当期损益；开发阶段的支出符合条件的予以资本化，不符合资本化条件的计入当期损益。如果确实无法区分研究阶段的支出和开发阶段的支出，应将其所发生的支出全部费用化，计入当期损益。

值得说明的是，内部开发无形资产的成本仅包括在满足资本化条件的时点至无形资产达到预定用途前发生的支出总和，对于同一项无形资产在开发过程中达到资本化条件之前已经费用化计入当期损益的支出不再进行调整。

为了核算企业自行开发无形资产发生的研发支出，企业应当设置“研发支出”科目核算企业进行研究与开发无形资产过程中发生的各项支出，并可按研究开发项目，分别“费用化支出”、“资本化支出”进行明细核算。

【例 5－16】2010 年年初开始，甲公司自行研究开发一项新产品专利技术，在研究开发过程中发生材料费 3000000 元、人工费用 1500000 元，以及其他费用 1000000 元，总计 5500000 元，其中，符合资本化条件的支出为 3000000 元。2010 年年末，该项技术已经达到预定用途（假设不考虑其他相关税费）。

甲公司编制会计分录：

（1）发生研发支出时。

借：研发支出——费用化支出　　2500000

　　　　　——资本化支出　　3000000

贷：原材料　3000000
　　应付职工薪酬　1500000
　　银行存款　1000000

（2）2010 年年末，该专利技术已经达到预定用途时。

借：管理费用　2500000
　　无形资产　3000000
　　贷：研发支出——费用化支出　2500000
　　　　　　　——资本化支出　3000000

3. 投资者投入的无形资产

投资者投入的无形资产的成本，应当按照投资合同或协议约定的价值确定。如果投资合同或协议约定价值不公允的，应按无形资产的公允价值入账。

【例 5－17】甲公司与乙公司协议商定，乙公司以其商标权投资于甲公司，双方协议价格（与公允价值相同）为 2500000 元，甲公司另支付相关税费 20000 元，款项已通过银行转账支付。

甲公司编制会计分录：

借：无形资产——商标权　2520000
　　贷：实收资本（或股本）　2500000
　　　　银行存款　20000

4. 土地使用权的处理

企业取得的土地使用权，通常应当按照取得时所支付的价款和相关税费确认为无形资产。土地使用权用于自行开发建造厂房等地上建筑物时，土地使用权的账面价值不与地上建筑物合并计算其成本，而仍作为无形资产进行核算，土地使用权与地上建筑物分别进行摊销和计提折旧。但如果房地产开发企业取得的土地使用权用于建造对外出售的房屋建筑物，相关的土地使用权应当计入所建造的房屋建筑物成本。

企业外购的房屋建筑物，实际支付的价款中包括土地以及建筑物的价值，则应当对支付的价款按照合理的方法（如按公允价值比例）在土地和地上建筑物之间进行分配；如果确实无法在地上建筑物与土地使用权之间进行合理分配的，应当全部作为固定资产，按照固定资产确认和计量的原则进行处理。

企业改变土地使用权的用途，停止自用土地使用权而将其用于出租或增值目的时，应将其转为投资性房地产。

5. 通过其他方式取得的无形资产

企业通过非货币性资产交换、债务重组、政府补助、企业合并等方式取得无形资产的成本确定及其相关的会计处理，本书略去。

四、无形资产的后续计量

1. 无形资产后续计量的原则

无形资产初始确认和计量后，在其后使用该项无形资产期间内，应以成本减去累计摊销额和累计减值损失后的余额计量。要确定无形资产在使用过程中的累计摊销额，基础是估计其使用寿命，而使用寿命有限的无形资产才需要在估计使用寿命内采用系统合理的方法进行摊销，对于使用寿命不确定的无形资产则不需要摊销。

(1) 估计无形资产的使用寿命。企业应当于取得无形资产时分析判断其使用寿命。无形资产的使用寿命如为有限的，应当估计使用寿命的年限或者构成使用寿命的产量等类似计量单位数量；无法预见无形资产为企业带来未来经济利益期限的，应当视为使用寿命不确定的无形资产。

应当注意的是，根据可获得的情况判断，有确凿证据表明无法合理估计其使用寿命的无形资产，才能作为使用寿命不确定的无形资产，不能随意判断使用寿命不确定的无形资产。

(2) 无形资产使用寿命的确定。

①某些无形资产的取得源自合同性权利或其他法定权利，其使用寿命不应超过合同性权利或其他法定权利的期限。但如果企业使用资产的预期的期限短于合同性权利或其他法定权利规定的期限的，则应当按照企业预期使用的期限确定其使用寿命。例如，企业取得一项专利技术，法律规定的保护期限为10年，企业预计运用该专利生产的产品在未来6年内会为企业带来经济利益，则该项专利权的预计使用寿命为6年。

②如果合同性权利或其他法定权利能够在到期时因续约等延续，则仅当有证据表明企业续约不需要付出重大成本时，续约期才能够包括在使用寿命的估计中。如果企业为延续无形资产持有期间而付出的成本与预期从重新延续中流入企业的未来经济利益相比具有重要性，则从本质上来看是企业获得的一项新的无形资产。

③没有明确的合同或法律规定无形资产的使用寿命的，企业应当综合各方面情况，例如聘请相关专家进行论证或与同行业的情况进行比较以及参考企业的历史经验等，来确定无形资产为企业带来未来经济利益的期限。如果经过这些努力，仍确实无法合理确定无形资产为企业带来经济利益的期限的，才能将该无形资产作为使用寿命不确定的无形资产。

(3) 无形资产使用寿命的复核。企业至少应当于每年年度终了，对无形资产的使用寿命及摊销方法进行复核，如果有证据表明无形资产的使用寿命及摊销方法不同于以前的估计，如由于合同的续约或无形资产应用条件的改善，延长了无形资产的使用寿命，则对于使用寿命有限的无形资产，应改变其摊销年限及摊销方法，并按照会计估计变更进行处理。对于使用寿命不确定的无形资产，如果有证据表明其使用寿命是有限的，也应视为会计估计变更，应当估计其使用寿命并按照使用寿命有限的无形资产的处理原则进行处理。

2. 无形资产的摊销

使用寿命有限的无形资产，应在其预计的使用寿命内采用系统合理的方法对应摊销金额进行摊销。应摊销金额，是指无形资产的成本扣除残值后的金额。已计提减值准备的无形资产，还应扣除已计提的无形资产减值准备累计金额。使用寿命有限的无形资产，其残值一般应当视为零。

（1）摊销期和摊销方法。无形资产的摊销期自其可供使用（即其达到预定用途）时起至终止确认时止。即无形资产摊销的起始和停止日期为：当月增加的无形资产，当月开始摊销；当月减少的无形资产，当月不再摊销。

在无形资产的使用寿命内系统地分摊其应摊销金额，存在多种方法。这些方法包括直线法、生产总量法等。企业选择的无形资产摊销方法，应当能够反映与该项无形资产有关的经济利益的预期实现方式，并一致地运用于不同会计期间。

（2）残值的确定。除下列情况外，无形资产的残值一般为零：

①有第三方承诺在无形资产使用寿命结束时购买该项无形资产。

②可以根据活跃市场得到无形资产预计残值信息，并且该市场在该项无形资产使用寿命结束时可能存在。

（3）使用寿命有限的无形资产摊销的账务处理。企业应当按月对无形资产进行摊销。无形资产的摊销一般应计入当期损益，企业自用的无形资产，其摊销金额计入管理费用；出租的无形资产，其摊销金额计入其他业务成本；但如果某项无形资产是专门用于生产某种产品或者其他资产，其所包含的经济利益是通过转入到所生产的产品或其他资产中实现的，则无形资产的摊销费用应当计入相关资产的成本。

为了核算无形资产的摊销情况，企业应当设置"累计摊销"科目作为"无形资产"科目的备抵调整科目。

【例5－18】2011年1月3日，甲公司从外单位购入一项非专利技术，支付价款10000000元，款项已支付，估计该项非专利技术的使用寿命为10年，该项非专利技术用于产品生产；同时，购入一项商标权，支付价款45000000元，款项已支付，估计该商标权的使用寿命为15年。假定这两项无形资产的残值均为零，采用直线法按年摊销。

甲公司编制会计分录：

（1）取得无形资产时：

借：无形资产——非专利技术　　　　10000000

　　　　　——商标权　　　　　　45000000

　贷：银行存款　　　　　　　　　　55000000

（2）按年摊销时：

借：制造费用——非专利技术摊销　　　1000000

　　管理费用——商标权摊销　　　　3000000

　贷：累计摊销　　　　　　　　　　　4000000

3. 无形资产的期末计价

资产负债表日，当某项无形资产存在可能发生减值的迹象时，应根据确凿的证据计算确定其预计可收回金额，若可收回金额低于其账面价值时，应当对该项无形资产计提减值准备，确认减值损失，计入当期损益。无形资产减值损失一经确认，在以后会计期间不得转回。

对于使用寿命不确定的无形资产，在持有期间内不需要摊销。如果期末重新复核后仍为不确定的，也应当在每个会计期间进行减值测试。

五、无形资产的处置

无形资产的处置，主要是指无形资产的出售、无形资产的出租、无形资产的报废。

1. 无形资产的出售

企业出售某项无形资产，应将所取得的价款与该无形资产账面价值的差额计入当期损益。但是，值得注意的是，企业出售无形资产确认其利得的时点，应按照收入确认中的有关原则进行确定。

出售无形资产时，应按实际收到的金额，借记“银行存款”等科目，按已计提的累计摊销，借记“累计摊销”科目，原已计提减值准备的，借记“无形资产减值准备”科目，按应支付的相关税费，贷记“应交税费”等科目，按无形资产账面余额，贷记“无形资产”科目，按其差额，贷记“营业外收入——处置非流动资产利得”科目或借记“营业外支出——处置非流动资产损失”科目。

【例 5－19】甲公司于 2010 年年底将其拥有的一项非专利技术出售，取得收入 4200000 元，营业税税率 5%。该项非专利技术的成本 7000000 元，累计摊销额为 3500000 元，已计提的减值准备为 100000 元（假设以出售取得收入为营业税计税基础）。

甲公司编制会计分录：

借：银行存款　　　　　　　　　　4200000

累计摊销 3500000

无形资产减值准备 100000

贷：无形资产——非专利技术 7000000

应交税费——应交营业税 210000

营业外收入——处置非流动资产利得 590000

2. 无形资产的出租

无形资产出租是指企业将所拥有的无形资产的使用权让渡给他人，并收取租金。企业在出租无形资产使用权的情况下，由于仍拥有无形资产的所有权，因此不能注销无形资产的账面余额。在满足收入确认条件的情况下，应确认相关的收入及成本，并通过其他业务收支科目进行核算。让渡无形资产使用权而取得的租金收入，借记“银行存款”等科目，贷记“其他业务收入”等科目；摊销出租无形资产的成本并发生与转让有关的各种费用支出时，借记“其他业务成本”科目，贷记“累计摊销”科目。

【例 5－20】2011 年 1 月 3 日，甲公司将一项专利技术出租给乙企业使用，该专利技术账面余额为 2500000 元，摊销期限为 10 年，出租合同规定，承租方每销售一件用该专利生产的产品，必须付给出租方 6 元专利技术使用费。假定承租方当年销售该产品 100000 件，应交的营业税费为 30000 元。

甲公司编制会计分录：

（1）取得该项专利技术使用费时。

借：银行存款 600000

贷：其他业务收入 600000

（2）按年对该项专利技术进行摊销并计算应交的营业税。

借：其他业务成本 250000

贷：累计摊销 250000

借：营业税金及附加 30000

贷：应交税费——应交营业税 30000

3. 无形资产的报废

如果无形资产预期不能为企业带来未来经济利益，例如，该无形资产已被其他新技术所替代或超过法律保护期，不能再为企业带来经济利益的，则不再符合无形资产的定义，应将其报废并予以转销，其账面价值转作当期损益。转销时，应按已计提的累计摊销，借记“累计摊销”科目；按其账面余额，贷记“无形资产”科目；按其差额，借记“营业外支出”科目。已计提减值准备的，还应同时结转无形资产减值准备。

【例 5—21】甲公司拥有某项专利技术，根据市场调查，用其生产的产品已没有市场，决定予以转销。转销时，该项专利技术的账面余额为 3000000 元，摊销期限为 10 年，采用直线法进行摊销，已摊销了 5 年，假定该项专利权的残值为零，已累计计提的减值准备为 800000 元，不再考虑其他相关因素。

甲公司编制会计分录：

借：累计摊销 1500000

无形资产减值准备 800000

营业外支出——处置非流动资产损失 700000

贷：无形资产——专利权 3000000

第六章　负债的核算

第一节　流动负债的核算

负债是指过去的交易、事项形成的，预期会导致经济利益流出企业的现时义务，负债的发生往往伴随着资产或劳务的取得，或者费用或损失的发生。

负债按其流动性（偿还期限长短）的不同，分为流动负债和非流动负债两大类。

流动负债是指将于一年或超过一年的一个营业周期内偿还的债务，包括短期借款、应付票据、应付账款、预收账款、其他应付款、应付利息和一年内到期的长期借款等。在一般情况下，流动负债应当以流动资产或承诺新的流动负债来偿付。

流动负债可根据未来应付金额是否肯定分为三类：一是应付金额肯定的流动负债。这类流动负债一般在负债确认的同时，根据契约或法律规定，已有确切的金额以及确切的还款日，企业到期应偿还该类具有应付金额肯定的流动负债，例如应付账款、应付票据、一年内到期的长期负债等。二是应付金额视经营情况而定的流动负债，这类流动负债须视一定期间的经营情况，到经营期末才能确定负债金额，如应交流转税、应交所得税、应付投资者利润或现金股利等。三是应付金额需予估计的流动负债，这类流动负债虽然是过去的交易、事项引起的现时义务，但并无确切的应付金额，有时其偿还日期和债权人也无法确定。企业应对其进行合理的估计，例如或有事项确认的预计负债等。

一、短期借款

（一）短期借款的内容

短期借款是指企业为了满足正常生产经营的需要，向银行或其他金融机构等借入的期限在一年以下（含一年）的各种借款。无论借入款项的来源如何，企业均需要向债权人按期偿还借款的本金及利息。在会计上，要及时、如实地反映款项的借入、利息的发生和本金及利息的偿还情况。

企业应设置“短期借款”科目，核算短期借款的借入及偿还情况。该科目贷方登记取得借款的本金数额，借方登记偿还借款的本金数额，余额在贷方表示尚未偿还的借款本金数额。本科目应按照债权人设置明细账，并按借款种类进行明细核算。

短期借款利息属于筹资费用，应记入“财务费用”科目。在实际工作中，银行一般于每季度末收取短期借款利息。为此，企业的短期借款利息一般采用月末预提的方式进行核算。

（二）短期借款的会计处理

企业从银行或其他金融机构取得短期借款时，借记“银行存款”科目，贷记“短期借款”科目；预提短期借款利息时，借记“财务费用”科目，贷记“应付利息”科目；支付利息时，根据已预提利息，借记“应付利息”科目，根据应计利息，借记“财务费用”科目，根据应付利息总额，贷记“银行存款”科目；借款到期偿还本金时，借记“短期借款”科目，贷记“银行存款”科目。

【例 6—1】某企业于 2010 年 1 月 1 日向银行借入 100000 元。期限为 8 个月，年利率 6%，该借款本金到期后一次归还，利息分月预提，按季支付。

A. 1 月 1 日借入短期借款时。

借：银行存款　　　　　　　　100000

　贷：短期借款　　　　　　　　100000

B. 1 月末，预提 1 月份应计利息：100000×6%÷12＝500（元）。

借：财务费用　　　　　　　　500

　贷：应付利息　　　　　　　　500

2 月末预提利息的处理与 1 月份相同。

C. 3 月末支付第一季度银行短期借款利息。

借：应付利息　　　　　　　　1000

　　财务费用　　　　　　　　500

　贷：银行存款　　　　　　　　1500

第二季度的会计分录同上，7、8 月末预提本月份利息的处理与 1 月份相同。

D. 9 月 1 日偿还银行借款本金，同时支付 7 月和 8 月已提未付利息。

借：短期借款　　　　　　　　100000

应付利息　　　　　　　　　　　　1000
贷：银行存款　　　　　　　　　　　　101000

二、应付票据

（一）应付票据的内容

应付票据是指企业采用商业汇票支付方式购买材料、商品和接受劳务供应等而开出、承兑的商业汇票，包括商业承兑汇票和银行承兑汇票。商业汇票的最长期限不得超过6个月。

企业因购买物资、劳务等而开出、承兑商业汇票，形成了企业的负债。对此，企业应设置“应付票据”科目进行核算，该科目贷方登记已开出、承兑汇票的面值及带息票据的预提利息，借方登记支付票据的金额，余额在贷方，表示尚未支付票据的面值和应计未付的利息。因为商业汇票的付款期限不超过6个月，偿付时间较短，因此在会计实务中，一般均按照开出、承兑的应付票据的面值入账，只在期末才计算应计未付的利息。商业票据按照是否带息，分为带息票据和不带息票据。不带息票据，其面值就是企业到期时应支付的金额；带息票据的到期值包括票面金额和应计未付的利息。

（二）应付票据的会计处理

1. 不带息应付票据

企业开出、承兑商业汇票或以承兑商业汇票抵付应付账款时，应借记“材料采购”、“应交税费——应交增值税（进项税额）”、“库存商品”或“应付账款”等科目，贷记“应付票据”科目。支付银行承兑汇票的手续费时，应当作为财务费用处理，借记“财务费用”科目，贷记“银行存款”科目。应付票据到期，全额偿付票款时，借记“应付票据”科目，贷记“银行存款”科目。对于到期企业无力支付的应付商业承兑汇票，应将应付票据的账面余额转入“应付账款”科目。

【例6－2】甲企业为增值税一般纳税人，该企业于2011年2月8日开出一张面值为117000元、期限为3个月的不带息商业汇票用以采购一批材料。增值税专用发票上注明的材料价款为100000元，增值税额为17000元。

借：材料采购　　　　　　　　　　　　100000
　　应交税费——应交增值税（进项税额）　17000
　　贷：应付票据　　　　　　　　　　　　117000

【例6－3】承接**【例6－2】**，假设上例中的商业汇票为银行承兑汇票，已缴纳承兑手续费 58.5 元。

A. 借：财务费用　　58.5

　贷：银行存款　　58.5

B. 2011 年 5 月 8 日，上述商业汇票到期，甲公司以银行存款支付票款。

借：应付票据　　117000

　贷：银行存款　　117000

C. 假设上述商业汇票为商业承兑汇票，若到期时甲企业无力支付票款。

借：应付票据　　117000

　贷：应付账款　　117000

2. 带息应付票据

企业开出、承兑的带息票据，应于期末计算应付利息，计入当期财务费用，借记“财务费用”科目，贷记“应付票据”科目。

【例 6－4】 2009 年 11 月 1 日，乙企业开出带息商业承兑汇票一张，面值 300000 元，用于抵付其前欠 N 公司的货款。该票据票面利率 6%，期限 3 个月。

A. 乙企业开出商业汇票时。

借：应付账款——N 公司　　300000

　贷：应付票据　　300000

B. 12 月 31 日，乙企业计算开出的带息应付票据应计利息。

300000×6%÷12×2＝3000（元）。

借：财务费用　　3000

　贷：应付票据　　3000

C. 2010 年 2 月 1 日，乙企业开出的带息商业汇票到期，企业以银行存款全额支付。

303000＋1500＝304500（元）。

借：应付票据　　303000

　财务费用　　1500

　贷：银行存款　　304500

D. 2010 年 2 月 1 日，假设乙企业开出的带息商业汇票到期，乙企业无力支付票款，应将应付票据的账面余额转入“应付账款”科目。

借：应付票据　　304500

　贷：应付账款　　304500

三、应付和预收款项

（一）应付账款的核算

1. 应付账款的内容

应付账款是指企业因购买材料、商品或接受劳务等应支付给货物提供者或劳务提供者的款项。应付账款一般应在与所购买物资所有权相关的主要风险和报酬已经转移，或者所购买的劳务已经接受时确认。

企业为了核算应付账款的发生及其偿还情况，应设置“应付账款”科目，贷方登记企业购买材料、商品和接受劳务等而发生的应付账款；借方登记偿还的应付账款或开出商业汇票抵付应付账款的款项，或已冲销的无法支付的应付账款。“应付账款”科目余额一般在贷方，表示尚未偿还的应付账款。“应付账款”科目一般按照债权人设置明细科目。

企业应付的各种赔款、应付租金、应付存入保证金等应在“其他应付款”等科目核算，不在“应付账款”科目核算。

在购买物资或劳务时，如果形成的应付账款附有现金折扣，应付账款应按照发票上记载的扣除折扣前的应付款总额入账。因在折扣期间内付款而获得的现金折扣，冲减财务费用。

因债权人撤销等原因产生无法支付的应付账款，应转入“营业外收入”科目。

2. 应付账款的会计处理

企业发生应付账款时，借记有关科目，贷记“应付账款”科目；偿还应付账款，或开出商业汇票抵付应付账款，或冲销无法支付的应付账款时，借记“应付账款”科目，贷记“银行存款”、“应付票据”、“营业外收入”等科目。

【例 6－5】 2010 年 3 月 23 日，某企业（假设为增值税一般纳税人）从 A 公司购入一批材料，货款 100000 元，增值税 17000 元，对方代垫运杂费 1000 元，材料已运到并验收入库（该企业材料按实际成本计价核算），款项尚未支付。该企业如在 10 天内付清货款，将获得 2%的现金折扣（假定计算现金折扣时需考虑增值税）。

借：原材料　　101000
　　应交税费——应交增值税（进项税额）　　17000
　　贷：应付账款——A 公司　　118000

【例 6－6】 接**【例 6－5】**，3 月 29 日，该企业用银行存款按照扣除现金折扣后的金额，支付上述应付账款。

借：应付账款——A 公司　　118000
　　贷：银行存款（118000－118000×2%）　　115640
　　　　财务费用　　2360

【例 6－7】根据供电部门通知，企业本月应支付电费 55000 元。其中生产车间电费 38000 元，企业行政管理部门电费 17000 元，款项尚未支付。

借：制造费用　　38000
　　管理费用　　17000
　　贷：应付账款——××供电公司　　55000

【例 6－8】2010 年 12 月 31 日，企业确定一笔应付账款 8800 元为无法支付的款项，应予转销。

借：应付账款　　8800
　　贷：营业外收入　　8800

（二）预收账款的核算

1. 预收账款的内容

预收账款是指企业按照合同规定，向购货方或劳务购买方预先收取的款项。与应付账款不同，这一负债通常不是以货币偿付，而是以在一定时间内提供一定数量和质量的货物或劳务偿付。

企业应设置"预收账款"科目，贷方登记发生的预收账款的数额和购货单位补付账款的数额；借方登记企业向购货方发货后冲销的预收账款数额和退回购货方多付账款的数额；余额一般在贷方，表示已预收货款但尚未向购货方发货的数额。预收账款业务不多的企业，可以不设置"预收账款"科目，所发生的预收账款业务，可通过"应收账款"科目核算。

2. 预收账款的会计处理

企业收到购货单位预付的账款时，借记"银行存款"科目，贷记"预收账款"科目；销售实现时，按售价及应缴的增值税销项税额，借记"预收账款"科目，按照实现的营业收入，贷记"主营业务收入"科目，按照增值税专用发票上注明的增值税额，贷记"应交税费——应交增值税（销项税额）"科目；收到购货单位补付的货款，借记"银行存款"科目，贷记"预收账款"科目；向购货单位退回其多付的款项时，借记"预收账款"科目，贷记"银行存款"科目。

【例 6－9】某企业（该企业为增值税一般纳税人）与 D 公司签订供货合同，供货金额 100000 元，应缴纳增值税 17000 元。D 公司预付货款 30000 元，剩余货款在交货后付清。

A. 收到D公司交来预付款30000元。

借：银行存款 30000

　贷：预收账款——D公司 30000

B. 该企业按合同规定，将货物发到D公司，D公司验收合格。该企业应确认对D公司的销售实现并开出增值税发票，注明增值税为17000元。

借：预收账款——D公司 117000

　贷：主营业务收入 100000

　　应交税费——应交增值税（销项税额） 17000

C. 收到D公司补付的货款87000元。

借：银行存款 87000

　贷：预收账款——D公司 87000

【例6-10】假设企业不设置“预收账款”科目，通过“应收账款”科目核算有关业务，以**【例6-9】**资料为例。

A. 预收D公司货款30000元。

借：银行存款 30000

　贷：应收账款——D公司 30000

B. 按合同规定，将货物发到D公司，D公司验收合格。该企业确认对D公司的销售实现。

借：应收账款——D公司 117000

　贷：主营业务收入 100000

　　应交税费——应交增值税（销项税额） 17000

C. 收到D公司补付欠款87000元。

借：银行存款 87000

　贷：应收账款——D公司 87000

四、应付职工薪酬

职工薪酬，是指企业为获得职工提供的服务而给予各种形式的报酬以及其他相关支出。包括以下主要内容：职工工资、奖金、津贴和补贴；职工福利费；社会保险费；住房公积金；工会经费和职工教育经费；非货币性福利；辞退福利；其他与获得职工提供的服务相关的支出。

发生的工资支出，应根据受益对象等，分别计入有关成本费用项目。企业在期末应付未付的职工工资，构成了企业对职工的负债。

（一）货币性薪酬的会计处理

企业应设置“应付职工薪酬——工资”科目。该科目的贷方登记已分别计入有关成本费用项目的工资费用的数额，借方登记实际发放工资的数额。该科目期末一般无余额。如有余额，期末贷方余额反映应付未付的工资，期末借方余额反映预付的工资。凡是工资总额的构成内容，不论当月是否实际支付，都应通过该科目核算。

企业的应付工资核算业务主要包括处理职工代扣款项、发放工资、分配工资等内容。

（1）结算应付工资。企业根据“工资结算汇总表”中实发工资金额向银行提取现金时，借记“库存现金”科目，贷记“银行存款”科目。实际支付工资时，借记“应付职工薪酬——工资”科目，贷记“库存现金”科目。从应付工资中扣还各种款项（如代垫的房租、家属药费、个人所得税等）时，借记“应付职工薪酬——工资”科目，贷记“其他应收款”、“应交税费——应交个人所得税”等科目。

【例 6－11】某企业根据“工资结算汇总表”结算本月应付工资总额 200000 元，代扣职工房租 9000 元和企业代垫职工家属医药费 3000 元，实发工资 188000 元。

A. 从银行提取现金。

借：库存现金　　188000

　　贷：银行存款　　188000

B. 发放工资，支付现金。

借：应付职工薪酬——工资　　188000

　　贷：库存现金　　188000

C. 代扣款项。

借：应付职工薪酬——工资　　12000

　　贷：其他应收款——职工房租　　9000

　　　　　　　　　——代垫医药费　　3000

（2）工资分配。企业当月应发放的工资，月度终了应进行分配并计入有关的成本费用项目。其中：生产、管理部门人员工资，借记“生产成本”、“制造费用”、“管理费用”等科目；应由销售费用开支的人员工资，借记“销售费用”科目；应由在建工程负担的人员工资，借记“在建工程”等科目；等等。

【例 6－12】接**【例 6－11】**，某企业本月应付工资总额 200000 元，工资费用分配汇总表中列示的生产产品工人工资为 130000 元，车间管理人员工资为 18000 元，企业行政管理人员工资为 42000 元，专设销售机构人员工资 10000 元。

借：生产成本　　130000

制造费用　18000
管理费用　42000
销售费用　10000
贷：应付职工薪酬——工资　200000

（二）非货币性职工薪酬

非货币性职工薪酬是指企业以自产产品或外购商品发放给职工作为福利。企业以其生产的产品作为非货币性福利提供给职工的，应当按照该产品的公允价值和相关税费，计量应计入成本费用的职工薪酬金额，相关收入的确认、销售成本的结转和相关税费的处理，与正常商品销售相同。以外购商品作为非货币性福利提供给职工的，应当按照该商品的公允价值和相关税费计入成本费用。进行账务处理时，应当先通过“应付职工薪酬”科目归集当期应计入成本费用的非货币性薪酬金额，以确定企业人工成本金额。

【例 6－13】某企业以其生产的成本为 800 元的产品作为福利发放给每名职工。该产品售价为每台 1000 元，适用的增值税率为 17％，该企业的 100 名职工中有 85 人为直接参加生产的职工，15 人为行政管理人员。

产品的售价总额＝1000×100＝100000（元）

产品的增值税销项税额＝1000×100×17％＝17000（元）

A. 公司决定发放非货币性福利时。

借：生产成本　99450
管理费用　17550
贷：应付职工薪酬——非货币性福利　117000

借：应付职工薪酬——非货币性福利　117000
贷：主营业务收入　100000
应交税费——应交增值税（销项税额）　17000

B. 实际发放产品时。

借：主营业务成本　80000
贷：库存商品　80000

五、应交税费

（一）应交税费概述

企业根据税法规定应当缴纳各种税金及相关费用，如增值税、消费税、营业税、城市维护建设税、资源税、印花税、所得税等。除印花税、耕地占用税等不需要预计应交税费外，其他税金均需通过“应交税费”科目核算。

为了核算应交税费的形成及其缴纳情况，企业应设置“应交税费”科目，该科目贷方登记应缴纳的各种税费等，借方登记实际缴纳的税费。余额在贷方，表示企业尚未缴纳的税费；余额在借方，表示多缴或尚未抵扣的税费。本科目应按照应交税费的税种设置明细科目。

企业应根据税法的有关要求，正确计算应交税费，对于延迟缴纳税费的，税务机关将按有关规定加收滞纳金。

（二）应交增值税的核算

1. 增值税概述

增值税是指对我国境内销售货物、进口货物或提供加工、修理修配劳务的增值额征收的一种流转税。增值税的纳税人是在我国境内销售货物、进口货物，或提供加工、修理修配劳务的单位和个人。按照纳税人的经营规模及会计核算的健全程度，增值税纳税人分为一般纳税人和小规模纳税人。一般纳税人应纳增值税额，根据当期销项税额减去当期进项税额计算确定；小规模纳税人应纳增值税额，按照销售额和规定的征收率计算确定。

按照《中华人民共和国增值税暂行条例》规定，企业购入货物或接受应税劳务支付的增值税（进项税额），可从销售货物或提供劳务按规定收取的增值税（销项税额）中抵扣。准予从销项税额中抵扣的进项税额通常包括：①从销售方取得的增值税专用发票上注明的增值税额。②从海关取得的完税凭证上注明的增值税额。

2. 一般纳税企业的会计处理

（1）会计科目的设置。为了核算企业应交增值税的发生、抵扣、缴纳、退税及转出等情况，应在“应交税费”科目下设置“应交增值税”明细科目。在“应交增值税”明细科目内，应设置“进项税额”、“已交税金”、“减免税款”、“销项税额”、“出口退税”、“进项税额转出”、“出口抵减内销产品应纳税额”等专栏。

（2）国内采购物资。企业从国内采购物资时，根据增值税专用发票上记载的应计入采购成本的金额，借记“材料采购”、“原材料”等科目，根据专用发票上注明的增值税额，借记“应交税费——应交增值税（进项税额）”科目，按照应付或实际支付的总额，贷记“应付账款”、“应付票据”、“银行存款”等科目。购入货物发生退货，作相反会计分录。

【例 6－14】某企业购入原材料一批，增值税专用发票上注明货款 60000 元，增值税额 10200 元，货物尚未到达，货款和进项税款已用银行存款支付。

借：材料采购　60000

应交税费——应交增值税（进项税额）　10200

贷：银行存款　70200

按照增值税暂行条例，企业购入免征增值税货物，一般不能抵扣增值税销项税额。但是对于购入的免税农产品，可以按照买价和规定的扣除率计算进项税额，并准予从企业的销项税额中抵扣。即，借记“应交税费——应交增值税（进项税额）”科目，按买价扣除按规定计算的进项税额后的差额，借记“材料采购”、“原材料”、“库存商品”等科目，按照应付或实际支付的价款，贷记“应付账款”、“银行存款”等科目。

【例 6－15】某企业购入免税农产品一批，价款 100000 元，规定的扣除率为 13%，货物已经验收入库，货款用银行存款支付。

借：原材料　87000

应交税费——应交增值税（进项税额）　13000

贷：银行存款　100000

企业购进固定资产所支付的增值税额，应计入固定资产的成本；企业购进的货物用于非应税项目，其所支付的增值税额应计入购入货物的成本。

（3）接受应税劳务。企业接受应税劳务，应按照专用发票上记载的金额借记“生产成本”等有关科目，应按照专用发票上记载的增值税额借记“应交税费——应交增值税（进项税额）”科目，按价税合计金额贷记“银行存款”等科目。

（4）进项税额转出。企业购进的货物、库存商品等发生非常损失或改变用途，其进项税额应转入有关科目，借记“待处理财产损溢”、“应付职工薪酬——非货币性福利”等科目，贷记“应交税费——应交增值税（进项税额转出）”科目。

【例 6－16】某企业库存材料因意外火灾毁损一批，有关增值税专用发票确认的成本为 100000 元，增值税额 17000 元。

借：待处理财产损溢——待处理流动资产损溢　117000

贷：原材料　100000

应交税费——应交增值税（进项税额转出）　17000

【例 6－17】某企业建造厂房领用生产用原材料 50000 元，原材料购入时支付的增值税为 8500 元。

借：在建工程　58500

贷：原材料　50000

应交税费——应交增值税（进项税额转出）　8500

（5）销售货物或者提供应税劳务。企业销售货物或者提供应税劳务（包括将自产、委托加工或购买的货物分配给股东），按照实际已收或应收的金额，借记“应收账款”、“应收票据”、“银行存款”、“应付股利”等科目，按照实现的营业收入，贷记“主营业务收入”等科目，按专用发票上注明的增值税额，贷记“应交税费——应交增值税（销项税额）”科目。发生的销售退回，作相反的会计分录。

【例 6－18】 某企业销售产品一批，价款 800000 元，按规定应收取增值税额 136000 元，提货单和增值税专用发票已交给买方，款项尚未收到。

借：应收账款　　936000

　贷：主营业务收入　　800000

　　应交税费——应交增值税（销项税额）　　136000

（6）视同销售行为。企业将自产或委托加工的货物用于非应税项目，作为投资、集体福利消费、赠送他人等，从会计角度看，不属于销售行为，不能确认销售收入，但是按照税法规定，应视同对外销售处理并计算应交增值税，借记“在建工程”、“长期股权投资”、“应付职工薪酬——非货币性福利”、“营业外支出”等科目，贷记“应交税费——应交增值税（销项税额）”科目。

【例 6－19】 某企业将自己生产的产品用于自行建造房屋。该批产品的成本为 300000 元，计税价格为 450000 元，增值税税率为 17％。

企业在建工程领用自己生产的产品的销项税额＝450000×17％＝76500（元）

借：在建工程　　376500

　贷：库存商品　　300000

　　应交税费——应交增值税（销项税额）　　76500

（7）缴纳增值税。“应交税费——应交增值税”科目的贷方余额，表示企业应缴纳的增值税。本月上缴应交增值税时，借记“应交税费——应交增值税（已交税金）”科目，贷记“银行存款”科目。

【例 6－20】 某企业以银行存款缴纳本月增值税 170000 元。

借：应交税费——应交增值税（已交税金）　　170000

　贷：银行存款　　170000

【例 6－21】 某企业本月发生销项税额合计 510000 元，进项税额转出 85000 元，进项税额 170000 元，已交增值税 300000 元，本月应交未交增值税 125000 元（510000＋85000－170000－300000）。

下月以银行存款实际缴纳上月所欠增值税 125000 元。

借：应交税费——应交增值税（已交税金）　　125000

　贷：银行存款　　125000

3. 小规模纳税企业的会计处理

小规模纳税企业需要按照销售额的一定比例缴纳增值税，不享有进项税额的抵扣权，其购进货物和接受应税劳务时支付的增值税直接计入有关货物和劳务的成本。销售货物和提供应税劳务时只能使用普通发票，不得使用增值税专用发票，因此，小规模纳税企业只需在“应交税费”科目下设置“应交增值税”明细科目，不需要在“应交增值税”明细科目中设置专栏。“应交税费——应交增值税”科目贷方登记应缴纳的增值税，借方登记已缴纳的增值税，期末贷方余额为尚未缴纳的增值税，借方余额为多缴纳的增值税。

【例 6－22】某小规模纳税企业购入材料一批，取得的专用发票中注明货款 50000 元，增值税 8500 元，款项以银行存款支付，材料已验收入库（该企业按实际成本计价核算）。

借：原材料	58500	
贷：银行存款		58500

【例 6－23】某小规模纳税企业销售产品一批，所开出的普通发票中注明的货款（含税）为 82400 元，增值税征收率为 3%，款项已存入银行。

不含税销售额＝含税销售额÷（1＋征收率）＝82400÷（1＋3%）＝80000（元）

应纳增值税额＝不含税销售额×征收率＝80000×3%＝2400（元）

借：银行存款	82400	
贷：主营业务收入		80000
应交税费——应交增值税		2400

【例 6－24】承接**【例 6－23】**，该小规模纳税企业月末以银行存款上缴增值税 2400 元。

借：应交税费——应交增值税	2400	
贷：银行存款		2400

（三）应交消费税的核算

消费税是指在我国境内生产、委托加工和进口应税消费品的单位和个人，按其流转额缴纳的一种税。消费税有从价定率和从量定额两种征收方法。采取从价定率方法征收的消费税，以不含增值税的销售额为税基，按照税法规定的税率计算。企业的销售收入包含增值税的，应将其换算为不含增值税的销售额。采取从量定额计征的消费税，根据按税法确定的企业应税消费品的数量和单位应税消费品应缴纳的消费税计算确定。

企业应在“应交税费”科目下设置“应交消费税”明细科目核算企业应缴纳的

消费税。该科目贷方登记应缴纳的消费税，借方登记已缴纳的消费税，期末贷方余额为尚未缴纳的消费税，借方余额为多缴纳的消费税。

1. 销售应税消费品

企业销售需要缴纳消费税的物资应交的消费税，应借记“营业税金及附加”科目，贷记“应交税费——应交消费税”科目。

【例 6－25】某企业销售所生产的化妆品，价款 300000 元（不含增值税），适用的消费税税率为 30％。

应纳消费税额＝300000×30％＝90000（元）

借：营业税金及附加　　90000

　　贷：应交税费——应交消费税　　90000

2. 自产自用应税消费品

企业将生产的应税消费品用于在建工程或职工福利等非生产部门时，按规定应缴纳的消费税，借记“在建工程”、“应付职工薪酬——非货币性福利”等科目，贷记“应交税费——应交消费税”科目。

【例 6－26】某企业在建工程领用自产产品 50000 元，计税价格 60000 元，增值税税率为 17％，应纳消费税 6000 元。

借：在建工程　　66200

　　贷：库存商品　　50000

　　　　应交税费——应交增值税（销项税额）　　10200

　　　　　　　　——应交消费税　　6000

3. 委托加工应税消费品

企业如有应交消费税的委托加工物资，一般应由受托方代收代缴税款。受托方按照应交税款金额，借记“应收账款”、“银行存款”等科目，贷记“应交税费——应交消费税”科目。企业的委托加工物资收回后，直接用于销售的，将已由受托方代收代缴的消费税计入委托加工物资成本，借记“委托加工物资”等科目，贷记“应付账款”、“银行存款”等科目；委托加工物资收回后用于连续生产应税消费品，按照规定准予抵扣的，将已由受托方代收代缴的消费税，借记“应交税费——应交消费税”科目，贷记“应付账款”、“银行存款”科目。

4. 进口应税消费品

需要缴纳消费税的进口物资，进口环节缴纳的消费税计入该项物资的成本，借记“材料采购”、“固定资产”等科目，贷记“银行存款”科目。

（四）应交营业税的核算

1. 营业税概述

营业税是对在我国境内提供应税劳务、转让无形资产或销售不动产的单位和个人征收的流转税。营业税以营业额作为计税依据。营业额是指纳税人提供应税劳务、转让无形资产和销售不动产而向对方收取的全部价款和价外费用。税率3%～20%不等。公式为：

应纳税款＝营业额×营业税税率

2. 应交营业税的会计处理

为了核算应交营业税及其缴纳情况，应在"应交税费"科目下设置"应交营业税"明细科目，贷方登记应缴纳的营业税，借方登记已缴纳的营业税，期末贷方余额为尚未缴纳的营业税。

企业按照营业额及其适用的税率，计算应交的营业税，借记"营业税金及附加"、"固定资产清理"等科目，贷记"应交税费——应交营业税"科目；实际上缴时，借记"应交税费——应交营业税"科目，贷记"银行存款"科目。

【例6－27】某运输公司某月运营收入为600000元，适用的营业税税率为5%。

应交营业税＝600000×5%＝30000（元）

借：营业税金及附加　　30000

　　贷：应交税费——应交营业税　　30000

【例6－28】某企业出售一栋办公楼，出售收入480000元已存入银行。销售该项固定资产适用的营业税税率为5%。

计算应交的营业税为24000元（480000×5%）

借：固定资产清理　　24000

　　贷：应交税费——应交营业税　　24000

（五）其他应交税费的核算

其他应交税费是指除上述应交税费以外的应交税费，包括应交城市维护建设税、应交土地增值税、应交资源税、应交所得税等。以下简要介绍应交城市维护建设税、应交土地增值税和应交资源税的核算。

1. 应交城市维护建设税

城市维护建设税是以增值税、消费税、营业税为计税依据征收的一种税。其纳税人为缴纳增值税、消费税、营业税的单位和个人，税率因纳税人所在地不同为1%～7%不等。公式为：应纳税额＝（应交增值税＋应交消费税＋应交营业税）×

适用税率。

为了核算城市维护建设税的应交及实交情况，应设置“应交税费——应交城市维护建设税”科目，贷方登记应缴纳的城市维护建设税，借方登记已缴纳的城市维护建设税，期末贷方余额表示尚未缴纳的城市维护建设税。企业计算出应交城市维护建设税，借记“营业税金及附加”等科目，贷记“应交税费——应交城市维护建设税”科目；实际缴纳时，借记“应交税费——应交城市维护建设税”科目，贷记“银行存款”科目。

【例 6－29】某企业本期应交增值税 340000 元，应交消费税 140000 元，应交营业税 120000 元。该企业适用的城市维护建设税税率为 5％。

计算应交的城市维护建设税为 30000 元［（340000＋140000＋120000）×5％］

借：营业税金及附加　　　　　　　　　　30000

　　贷：应交税费——应交城市维护建设税　　　　30000

2. 应交土地增值税

土地增值税是指在我国境内有偿转让土地使用权及地上建筑物和其他附着物产权的单位和个人，就其土地增值额征收的一种税。土地增值额是指转让收入减去规定扣除项目金额后的余额。

为了核算土地增值税的应缴及实缴情况，应设置“应交税费——应交土地增值税”科目，贷方登记应缴纳的土地增值税，借方登记已缴纳的土地增值税，期末贷方余额表示尚未缴纳的土地增值税。

企业计算出应交土地增值税，借记“固定资产清理”、“在建工程”等科目，贷记“应交税费——应交土地增值税”科目；实际缴纳时，借记“应交税费——应交土地增值税”科目，贷记“银行存款”科目。

3. 应交资源税

资源税是对在我国境内开采矿产品或者生产盐的单位和个人征收的税。资源税按照应税产品的课税数量和规定的单位税额计算。开采或生产应税产品对外销售的，以销售数量为课税数量；开采或生产应税产品自用的，以自用数量为课税数量。

企业应设置“应交税费——应交资源税”科目核算资源税的发生和缴纳情况。该科目的贷方登记应缴纳的资源税，借方登记已缴纳的资源税，期末贷方余额反映尚未缴纳的资源税。企业计算出对外销售应税产品而应缴纳的资源税，借记“营业税金及附加”科目，贷记“应交税费——应交资源税”科目；企业计算出自产自用应税产品而应缴纳的资源税，借记“生产成本”、“制造费用”等科目，贷记“应交税费——应交资源税”科目。缴纳的资源税，借记“应交税费——应交资源税”，贷记“银行存款”等科目。

六、应付股利或应付利润

应付股利是指企业经过董事会或股东大会，或类似机构决议确定分配给投资者的现金股利或利润。企业应设置“应付股利”科目核算应付股利的分配情况。该科目贷方登记应支付的现金股利或利润，借方登记实际支付的现金股利或利润，期末贷方余额反映企业尚未支付的现金股利或利润。企业根据通过的股利或利润分配方案确认应付给投资者的股利或利润时，借记“利润分配——应付股利”科目，贷记“应付股利”科目；向投资者支付股利或利润时，借记“应付股利”科目，贷记“库存现金”等科目。

【例 6－30】 某有限公司 2010 年度实现净利润 880000 元，经过董事会批准，决定 2010 年度分配股利 180000 元。股利已经用银行存款支付。

借：利润分配——应付股利　　180000

　　贷：应付股利（或应付利润）　　180000

借：应付股利（或应付利润）　　180000

　　贷：银行存款　　180000

七、其他应付款

其他应付款是指除应付账款、应付票据以外的其他应付、暂收款项，如应付租入包装物租金、存入保证金等。

企业应设置“其他应付款”科目，贷方登记发生的各种应付、暂收款项，借方登记偿还或转销的各种应付、暂收款项，余额在贷方，表示应付未付的其他款项。本科目应按应付、暂收款项的类别和单位或个人设置明细科目。企业发生各种应付、暂收款项时，借记“银行存款”、“管理费用”等科目，贷记“其他应付款”科目；支付或退回有关款项时，借记“其他应付款”科目，贷记“银行存款”等科目。

【例 6－31】 甲公司从 2011 年 1 月 1 日起，以经营租赁方式租入管理用办公设备一批，每月租金 6850 元，按季支付。

①1 月底计提应付经营租入固定资产租金，会计分录为：

借：管理费用　　6850

　　贷：其他应付款　　6850

②2 月底计提应付经营租入固定资产租金的会计分录同上。

③3 月 31 日，甲公司以银行存款支付应付固定资产租金：

借：其他应付款　　　　　　　　　　　13700

　　管理费用　　　　　　　　　　　　6850

　贷：银行存款　　　　　　　　　　　　20550

第二节　非流动负债的核算

非流动负债是指偿还期在一年或者超过一年的一个营业周期以上的债务，包括长期借款、应付债券、长期应付款等。企业的长期资金来源除了所有者权益之外，全部为长期负债，因此长期负债在企业的经营活动中发挥着重要作用。

一、长期借款

长期借款是指企业向银行等金融机构借入的偿还期在一年以上的各种款项，一般用于固定资产的购建、改扩建工程、大修理工程、对外投资以及为了保持长期经营能力等方面。

（一）长期借款核算的内容

为了总括地反映和监督企业长期借款的借入、应计利息和归还本息的情况，应设置“长期借款”科目。本科目的贷方登记长期借款本息的增加额，借方登记本息的减少额，贷方余额表示企业尚未偿还的长期借款的本息。本科目应当按照借款单位设置明细账，并按借款种类进行明细分类核算。

（二）长期借款的会计处理

为了核算长期借款的借入、应计利息和归还本息的情况，应设置“长期借款”科目。本科目贷方登记长期借款本息的增加额，借方登记本息的减少额，贷方余额表示企业尚未偿还的长期借款的本息。本科目可设置“本金”、“利息调整”、“应计利息”明细科目进行明细核算。

1. 取得长期借款

企业借入长期借款并将取得的款项存入银行时，应借记“银行存款”科目，贷记“长期借款”科目；如果已经直接将借款购置了固定资产或用于在建工程项目，则应借记“固定资产”或“在建工程”科目，贷记“长期借款”科目。

【例6－32】A企业于2007年11月30日从工商银行借入资金5000000元，借款期限为3年，年利率为9%（到期一次还本付息，不计复利）。所借款项已存入银行。企业用该借款于当日购买不需安装的设备一台，价款 4900000 元，另支付运杂费及保险费等费用 100000 元，设备已于当日投入使用。

A. 取得借款时。

借：银行存款　　5000000

　贷：长期借款——本金　　5000000

B. 支付设备款和运杂费、保险费时。

借：固定资产　　5000000

　贷：银行存款　　5000000

2. 长期借款利息的处理

长期借款所发生的利息支出，应当按权责发生制按期预提并计入有关科目；属于筹建期间的，借记“长期待摊费用”科目，贷记“长期借款——应计利息”科目。属于生产经营期间的，借记“财务费用”科目，贷记“长期借款——应计利息”科目。如果长期借款用于购建、改扩建固定资产的，在固定资产尚未达到预定可使用状态前，应计算所发生的应当予以资本化的利息支出数，计入所购建或改扩建固定资产的价值，借记“在建工程”科目，贷记“长期借款——应计利息”科目；固定资产达到预定可使用状态后发生的利息支出，以及按规定不能予以资本化的利息支出，应借记“财务费用”科目，贷记“长期借款”科目。

【例 6－33】接**【例 6－32】**，A 企业于 2007 年年末预提借款利息 37500 元。

借：财务费用　　37500

　贷：长期借款——应计利息　　37500

2008 年预提借款利息 450000 元。

借：财务费用　　450000

　贷：长期借款——应计利息　　450000

2009 年预提借款利息 450000 元，会计分录同 2008 年。

2010 年 1～10 月预提借款利息 5000000×9％÷12×10＝375000（元）

借：财务费用　　375000

　贷：长期借款——应计利息　　375000

3. 归还长期借款

归还长期借款的本金和利息时，借记“长期借款”等科目，贷记“银行存款”科目。

【例 6－34】接**【例 6－33】**，2010 年 11 月 30 日，A 企业偿还该笔银行借款本息。

借：长期借款——本金　　5000000

——应计利息 1350000

贷：银行存款 6350000

二、应付债券

（一）应付债券核算的内容

债券是企业为筹集长期使用资金而发行的一种书面凭证。企业通过发行债券取得资金是以将来履行归还购买债券的本金和利息的义务作为保证的。企业发行的期限在一年以上（不含一年）的长期债券构成了企业的一项长期负债。

为了全面地反映和监督企业应付债券的发行、计息、溢（折）价摊销及还本付息的情况，企业应设置“应付债券”科目。该科目的贷方登记应付债券的本金和利息，借方登记偿还的债券本金和利息，期末贷方余额表示企业尚未归还的债券本金和利息。在“应付债券”科目下应设置“面值”、“利息调整”、“应计利息”三个明细科目，并按债券的种类进行明细核算。如债券利息采用分期付息的方式，应设置“应付利息”科目。此外，企业还应设立备查簿登记债券的票面金额、债券票面利率、还款期限与方式、发行总额、发行日期和编号、委托代售部门等情况。

应付债券的核算主要包括债券发行的核算、债券利息的核算、债券折价与溢价摊销的核算、债券还本付息的核算等内容。

（二）应付债券的发行价格

企业债券发行价格的高低一般取决于债券票面金额、债券票面利率、发行当时的市场利率以及债券期限的长短等因素。债券发行有面值发行、溢价发行和折价发行三种方式。

企业债券按其面值出售的，称为面值发行。此外，债券还可以按低于或高于其面值的价格出售，即折价发行和溢价发行。折价发行是指债券以低于其面值的价格发行；而溢价发行则是指债券按高于其面值的价格发行。

债券的发行价格＝债券面值×复利现值系数＋每期利息（年金）×年金现值系数

（三）债券发行的核算

企业发行债券时，应按实际收到的金额，借记“银行存款”、“库存现金”科目，应按债券面值，贷记“应付债券——面值”科目；按实际收到的金额与债券面值的差额，贷记或借记“应付债券——利息调整”科目。

【例 6－35】A 企业于 2007 年 12 月 31 日发行五年期、到期一次还本，按年（年末）计息并付息、票面年利率为 6%、发行面值总额为 1000 万元的债券。

A. 若发行时实际利率 6%，该债券按面值发行。

借：银行存款　　10000000

　　贷：应付债券——面值　　10000000

B. 若发行时实际利率 5%，该债券按溢价发行，取得的总价款为 10432700 元，已存入银行。

借：银行存款　　10432700

　　贷：应付债券——面值　　10000000

　　　　应付债券——利息调整　　432700

C. 若债券按折价发行。

【例 6－36】假设 A 企业于 2007 年 12 月 31 日发行五年期债券，发行面值总额为 1000 万元，年利率为 5%（不计复利），实际利率为 5%，债券按折价发行，取得的总价款为 956.68 万元，已存入银行。

借：银行存款　　9566800

　　应付债券——利息调整　　433200

　　贷：应付债券——面值　　10000000

（四）债券应计利息与债券溢价或债券折价摊销的核算

发行债券的企业，应按期计提利息或按期计息并付息。每期计提利息时，借记“在建工程”、“财务费用”等科目，贷记“应付债券——应付利息”科目或贷记“应付利息”科目。

1. 应计利息与债券溢价摊销

企业溢价发行债券所取得的溢价应在债券的存续期间内分期摊销。摊销的方法有直线法和实际利率法。2006 年颁布的《企业会计准则》要求用实际利率法。

通常，企业应在计提债券应付利息的同时，摊销债券溢价，即按本期应摊销的金额，借记“应付债券——利息调整”科目，按本期应计提的票面利息金额，贷记“应付债券——应计利息”科目或“应付利息”科目，按两者的差额借记“财务费用”或“在建工程”科目。

实际利率，是指将应付债券在债券存续期间的未来现金流量，折现为该债券当前账面价值所使用的利率。实际利率法，是指按照应付债券的实际利率计算其摊余成本及各期利息费用的方法。它是依据每期期初应付债券的摊余成本乘以实际利率，求出各期的实际利息费用；再与按面值及票面利率计算的各期应付利息比较，两者之差即为各期应分摊的溢价或折价额，即利息调整额。

采用实际利率法，应付债券的期初摊余成本不同，据此计算的各期实际利息费用也不同，从而各期分摊溢价（或折价）额不同。

【例 6－37】接**【例 6－35】**，假设债券筹集资金与购建资产的借款费用资本化无关，各年年末计提本年应付债券利息并进行溢价摊销（实际利率法摊销）。

表 6－1　　实际利率法摊销表（溢价）

付息日期	名义利息（贷）(1)	实际利息（借）(2)＝上期(5)×5%	利息调整（借）(3)＝(1)－(2)	未摊销额 (4)＝上期(4)－(3)	应付债券摊余成本 (5)＝上期(5)－(3)
2007 年年末				432700	10432700
2008 年年末	600000	521635	78365	354335	10354335
2009 年年末	600000	517717	82283	272052	10272052
2010 年年末	600000	513603	86397	185655	10185655
2011 年年末	600000	509283	90717	94938	10094938
2012 年年末	600000	505062	94938	0	10000000
合　计	3000000	2567300	432700	—	—

资产负债表日计息并付息。依据表 6－1，资产负债表日各年末编制会计分录（以下仅以 2008 年年末为例列示，其他各年所列金额如表 6－1 所示）：

借：财务费用　　521635
　　应付债券——利息调整　　78365
　　贷：应付利息　　600000

实际支付利息时。

借：应付利息　　600000
　　贷：银行存款　　600000

2. 应计利息与债券折价摊销

摊销方法与溢价摊销方法相同。

【例 6－38】接**【例 6－36】**，假设发行债券筹集资金与借款费用资本化无关，各年年末计提本年应付债券利息并进行折价摊销（实际利率法摊销）。

表 6—2　实际利率摊销表（折价）

付息日期	名义利息（贷）(1)	实际利息（借）(2)	利息调整（贷）(3)=(2)−(1)	未摊销额 (4)=上期(4)−(3)	应付债券摊余成本 (5)=上期(5)+(3)
2007 年年末				433200	9566800
2008 年年末	400000	478340	78340	354860	9645140
2009 年年末	400000	482257	82257	272603	9727397
2010 年年末	400000	486820	86820	185783	9814217
2011 年年末	400000	491161	91161	94622	9905378
2012 年年末	400000	494622	94622	0	10000000
合　计	2000000	2433200	433200	—	—

资产负债表日计息并付息。以 2008 年年末为例，其他各年金额见表 6—2，会计分录从略。

借：财务费用　　478340
　贷：应付利息　　400000
　　应付债券——利息调整　　78340

实际支付利息时。

借：应付利息　　400000
　贷：银行存款　　400000

（五）债券还本的核算

债券到期，企业支付债券本金时，借记“应付债券——面值”，贷记“银行存款”等科目。若为到期一次还本付息，还要借记“应付债券——应计利息”科目。

【例 6—39】承接**【例 6—35】**、**【例 6—36】**，2013 年 1 月 1 日，A 企业偿还债券本金 1000 万元。

借：应付债券——面值　　10000000
　贷：银行存款　　10000000

三、其他长期负债

（一）长期应付款

长期应付款，是指企业采用补偿贸易方式引进国外设备或融资租入固定资产，在尚未偿还价款或尚未支付租赁费前，形成的一项长期负债。

长期应付款主要包括采用补偿贸易方式下引进国外设备价款、应付融资租入固定资产的租赁费等。

1. 应付补偿贸易引进设备价款

补偿贸易是指企业从国外引进设备，再用该设备生产的产品归还设备价款。企业按照补偿贸易方式引进设备时，应按设备、工具、零配件等的价款以及国外运杂费的外币金额和规定的汇率折合为人民币记账，借记“在建工程”、“原材料”等科目，贷记“长期应付款——应付补偿贸易引进设备款”科目。

企业用人民币借款支付进口关税、国内运杂费和安装费时，借记“在建工程”、“原材料”等科目，贷记“银行存款”、“长期借款”等科目。

按照补偿贸易方式引进的国外设备交付验收使用时，应将其全部价值，借记“固定资产”科目，贷记“在建工程”科目。

归还引进设备款时，借记“长期应付款——应付补偿贸易引进设备款”科目，贷记“银行存款”、“应收账款”等科目。

2. 应付融资租入固定资产租赁费

融资租入的固定资产，应在租赁期开始日按租赁资产的原账面价值与最低租赁付款额的现值两者较低者，作为融资租入固定资产的入账价值，借记“在建工程”、“固定资产”等科目，按最低租赁付款额作为长期应付款的入账价值，贷记“长期应付款——应付融资租赁款”科目，并将两者的差额，作为未确认融资费用，借记“未确认融资费用”科目。

（二）专项应付款

专项应付款，指企业接受国家拨入的具有专门用途的拨款，如专项用于技术改造、技术研究等，以及从其他来源取得的款项。

企业接受国家拨入的具有专门用途的拨款，如专项用于技术改造、技术研究等的拨款，在为完成承担的国家专项拨款所指定的研发活动费用实际发生时，应按与企业自己生产的产品相同的方法进行归集，并在“生产成本”科目下单列项目核算。

对形成产品并按规定将产品留给企业的，应按实际成本，借记“库存商品”科目，贷记“生产成本”科目，同时，借记“专项应付款”科目，贷记“资本公积”科目。

如能确定有关支出最终将形成固定资产，则应在“在建工程”科目下单列项目归集所发生的费用。待项目完成后，对于形成固定资产并按规定留给企业的，应按实际成本，借记“固定资产”科目，贷记“在建工程”科目，同时，借记“专项应付款”科目，贷记“资本公积”科目。

对未形成资产需核销的拨款部分，报经批准后，借记“专项应付款”科目，贷记“生产成本”、“在建工程”等科目；对形成的资产按规定应上缴国家的，借记“专项应付款”科目，贷记“生产成本”、“在建工程”等科目；对按规定应上缴结余的专项拨款，应在上缴时，借记“专项应付款”科目，贷记“银行存款”科目。

第七章　所有者权益的核算

第一节　投入资本的核算

一、所有者权益概述

所有者权益是指企业资产扣除负债后，由所有者享有的剩余权益。公司的所有者权益又称为股东权益。所有者权益是所有者对企业资产的剩余索取权，在数量上等于资产减去负债后的差额。所有者权益既可反映所有者投入资本的保值增值情况，又体现了保护债权人权益的理念。

企业的全部资产来源于两条渠道：一是负债；二是投资者的投资及其增值。因此，债权人和投资者对企业的资产均拥有要求权，在资产负债表上都反映在右方，负债和所有者权益的合计总额等于资产总额。但是，负债和所有者权益之间又存在着明显的区别：一是对象不同。负债是企业对债权人承担的偿付责任，而所有者权益是企业对投资者承担的经济责任。二是性质不同。负债是在经营或其他事项中发生的债务，是债权人要求企业清偿的权利；所有者权益是投资者享有的对投入资本及其运用所产生盈余（或亏损）的权利。三是偿还期限不同。负债必须于一定时期（特定日期或确定的日期）偿还；所有者权益一般只有在企业解散清算时（除按法律程序减资等外），或在破产清算时才可能还给投资者。为了保证债权人的利益不受侵害，法律规定债权人对企业资产的要求权优先于投资者，故债权又称为第一要求权；投资者具有对剩余财产的要求权，又称为剩余权益。四是享受的权利不同。债权人无权过问企业的重大生产经营政策，也无权分享企业的盈利，只享有到期收回债权本金及利息的权利；而投资者则通过股东大会或董事会，对企业的生产经营及盈利分配等政策施加影响。

二、所有者权益构成

从会计核算角度看，不同组织形式的企业，在对资产、负债、收入、费用和利润的会计核算中一般并无区别，但在所有者权益的核算上却差别很大，尤其是公司制企业中的股份有限公司对所有者权益的核算，由于涉及每个股东、债权人以及其他相关人的利益，往往在法律上规定得比较详细，如我国《公司法》对公司制企业的股票发行、转让、利润的分配、减资等均作了比较详细的规定。

在我国现行的会计核算中，为了反映所有者权益的构成，便于投资者和其他报表使用者了解企业所有者权益的来源及其变动情况，会计核算时，将所有者权益分为实收资本（股本）、资本公积、盈余公积及未分配利润四部分，分别设置总账科目（或明细科目）进行核算，在资产负债表上，单列项目予以反映。

三、有限责任公司实收资本的核算

（一）实收资本的概念

实收资本是指投资者按照企业章程或合同、协议的约定实际投入企业的资本。为什么投资者设立企业首先必须投入资本，这是由我国有关法律所规定的。

我国《企业法人登记管理条例》明确规定，企业申请开业，必须符合国家规定具备一定的资本金数额。我国2007年开始实施的《公司法》对各类公司注册资本的最低限额也作出了相关的规定，实施注册资本制和分期到位制。

注册资本是企业在工商登记机关登记的投资者缴纳的出资额。我国设立企业采用注册资本制，投资者出资达到法定注册资本的要求是企业设立的先决条件，而且根据注册资本制的要求，企业会计核算中的实收资本即为法定资本，应当与注册资本相一致，企业不得擅自改变注册资本数额或抽逃资金。投入资本是投资者作为资本实际投入到企业的资金数额，一般情况下，投入资本即构成企业的实收资本，也正好等于其在登记机关的注册资本。但是，在一些特殊情况下，投资者也会因种种原因超额投入，从而使得其投入资本超过企业注册资本，在这种情况下，企业进行会计核算时，就不应将投入资本的部分作为实收资本核算，而应单独核算，计入资本公积。

（二）有限责任公司实收资本的会计处理

根据我国有关法律的规定，投资者投入资本的形式可以有多种。如投资者可以用现金投资，也可以用非现金资产投资，符合国家规定比例的，还可用无形资产投资。

1. 企业接受现金资产投资的会计处理

企业收到投资者以现金投入的资本时，应以实际收到或存入企业开户银行的金额作为实收资本入账，借记“现金”、“银行存款”科目，贷记“实收资本”科目。对于实际收到或存入企业开户银行的金额超过投资者在企业注册资本中所占份额的部分，应计入资本公积。

【例 7—1】某企业收到国家投资 500000 元，已接到银行收账通知。

借：银行存款　　　　　　　　　　500000

　贷：实收资本——国家资本　　　　　500000

2. 企业接受非现金资产投资的会计处理

企业收到投资者以非现金资产投入的资本时，应按投资合同或协议约定的价值入账，在办理完产权转移手续后，借记“固定资产”、“原材料”、“库存商品”等科目，贷记“实收资本”科目。对于投资各方确认的资产价值超过其在注册资本中所占份额的部分，应计入资本公积。

【例 7—2】某企业发生如下业务：

A. 收到甲公司投入的固定资产，该固定资产账面原值为 800000 元，双方确认价值为 600000 元。

借：固定资产　　　　　　　　　　600000

　贷：实收资本　　　　　　　　　　600000

B. 收到乙公司投入的原材料一批，双方确认价值为 100000 元，增值税为 17000 元。

借：原材料　　　　　　　　　　　100000

　应交税费——应交增值税（进项税额）　17000

　贷：实收资本　　　　　　　　　　117000

C. 接受丙公司专有技术投资，双方确认的价值为 150000 元。

借：无形资产——专有技术　　　　　150000

　贷：实收资本　　　　　　　　　　150000

四、股份有限公司股本的核算

股份有限公司是指全部资本由等额股份构成并通过发行股票筹集资本，股东以其所持股份对公司承担有限责任，公司以其全部资产对公司债务承担责任的企业法人。它与其他企业相比，其显著特点在于将企业的资本划分为等额股份，并通过发行股票的方式来筹集资本。

股票的面值与股份总数的乘积即为公司股本，股本等于股份有限公司的注册资本。为了如实反映公司的股本情况，股份有限公司应设置“股本”科目，并按普通股、优先股及股东单位或姓名设置明细账。此外还可设置股本备查簿，详细记录股本总额、股份总数、每股面值等情况。

股票的发行价格受当时资本市场供求关系等因素的影响，因此，股票发行价格有的等于面值，称为面值发行；有的高于面值，称为溢价发行。之所以会出现溢价发行，原因主要有三个：一是发行股票时证券市场需求旺盛；二是投资人与发行者对公司获利能力期望较高；三是公司资信度颇高。但《中华人民共和国公司法》明确规定，股票的发行价格不得低于股票的价格。所以，在我国，股票没有折价发行。

公司发行的股票，在收到现金及其他资金总额时借记“库存现金”或“银行存款”及其他资产科目，按面值贷记“股本”科目，其超过面值的溢价部分扣除股票的发行费用后贷记“资本公积”科目。

（一）按面值发行股票的会计处理

【例 7—3】甲股份有限公司 2011 年 1 月 1 日按面值发行了每股面值为 1 元的普通股 460000 股。

借：银行存款　　460000

　　贷：股本——普通股　　460000

（二）溢价发行股票的会计处理

在溢价发行股票时，公司应另行设置“资本公积”科目，反映溢价发行收入，“股本”科目反映的仍然是股票的面值。

【例 7—4】假设普通股以每股 2 元出售，委托银行收到款项 920000（2×460000）元。

借：银行存款　　920000

　　贷：股本——普通股　　460000

　　　　资本公积——股本溢价　　460000

五、资本公积

（一）资本公积概述

资本公积是指由投资者出资超出其在注册资本（或股本）中所占的份额以及直

接计入所有者权益的利得和损失等。资本公积与前述的实收资本虽然都属于投入资本范畴，但两者又有区别。实收资本是投资者对企业的投入，有谋求未来经济利益的特定目的，投资者按其占有份额的出资比例而享有利益分配权，且实收资本属于法定资本，要求应与企业的注册资本相一致。而资本公积有其特定的来源，由全体投资者共同享有。

企业应设置“资本公积”科目，并在该科目下设置“资本溢价”（或股本溢价）、“其他资本公积”明细科目，核算其不同来源具体内容的增减变动情况。

（二）资本溢价（或股本溢价）的会计处理

资本溢价（或股本溢价）是企业收到投资者的超出其在企业注册资本（或股本）中所占份额的投资。对于非股份制企业来说，称为资本溢价；而对于股份有限公司来说，则称为股本溢价。

1. 资本溢价

投资者经营的企业（不包括股份有限公司），在企业创立时，投资者认缴的出资额全部记入“实收资本”科目。在企业重组、增资扩股并有新的投资者加入时，为了维护原有投资者的权益，新加入的投资者的出资额，并不一定全部作为实收资本处理。这是因为：①企业在创立过程中，要经历筹建、试生产经营、开辟市场等过程，使得创建过程中的投资具有很大的风险，且在这个过程中资本利润率很低。而企业进行正常生产经营后，在正常情况下，资本利润率要高于企业初创阶段，这是以初创时必要的垫支资本带来的，企业创办者为此付出了代价。显然，相同数量的投资，由于其出资时间的不同，收益也不会相同，由此而带给投资者的权利也不应该相同，前者应该大于后者。因此，新加入的投资者与投资者相同的投资比例，必须付出大于原有投资者投资额的代价。②企业经过经营，净资产发生了变化，经营中产生的净利润，一部分以盈余公积的形式留存企业；另一部分以未分配利润形式留存企业，这两部分形成的留存收益，应该属于原有投资者。新加入的投资者若要与原有投资者共享这部分留存收益，也要求其付出大于原有投资者投资额的代价。

新加入的投资者为获得与原有投资者相同投资比例的权利所多支付的金额，是新投资者对原有投资者创业资本的补偿，应该归全体新老投资者共同享有。因此，对新投资者投入资本时，按实际收到的投资者出资额，借记“银行存款”科目，对投入的金额中按其投资比例计算的金额部分，贷记“实收资本”科目，对出资额大于实收资本的金额部分，即超过其表决权份额的部分贷记“资本公积——资本溢价”科目。

2. 股本溢价

股份有限公司是以发行股票的方式筹集资本的，股票是企业签发的证明股东按其所持股份享有权利和承担义务的书面证明。为了反映和便于计算各股东所持份额占全部股本的比例，企业的股本总额应按股票的面值与股份总数的乘积计算，且股本等于注册资本。在溢价发行股票的情况下，企业发行股票取得的款项，相当于股票面值总额的部分计入了股本，溢价部分（含发行股票资金在冻结期间产生的利息收入）在扣除了相关发行费用（手续费、佣金等）后的余额，则应记入“资本公积——股本溢价”科目。应予注意的是：若采用按面值发行股票，或按溢价发行股票且溢价部分不足以支付相关发行费用时，仍应按发行股票面值总额全部记入“股本”科目，面值发行股票支付的相关费用或溢价发行股票在溢价部分不足以支付相关发行费用的差额应当直接计入当期损益。

（三）其他资本公积的会计处理

其他资本公积主要是指直接计入所有者权益的利得和损失。主要是由以下交易或者事项而引起：

1. 采用权益法核算的长期股权投资

长期股权投资采用权益法后续计量，在持股比例不变的情况下，被投资单位除净损益以外发生的所有者权益变动（如可供出售金融资产的公允价值变动），投资企业应按持股比例计算应享有的份额，一方面调整长期股权投资的账面价值（其他权益变动），另一方面则产生了对“资本公积——其他资本公积”的调整。

2. 存货或自用房地产转换为投资性房地产

企业将作为存货的房地产或将自用的建筑物等转换为采用公允价值模式计量的投资性房地产时，在转换日，存货或自用建筑物的公允价值大于其账面价值的差额，则应贷记“资本公积——其他资本公积”科目。若在日后处置该项投资性房地产时，则将上述贷记“资本公积”的金额，借记“资本公积——其他资本公积”科目，贷记“其他业务收入”科目。

3. 可供出售金融资产公允价值变动

企业持有的可供出售金融资产，在资产负债表日，由于公允价值的变动，则会形成对可供出售金融资产账面价值的调整，同时也会产生对“资本公积——其他资本公积”科目的调整。

另外，在金融资产的重分类、以权益结算的股份支付、同一控制下的企业合并、债务重组中的债务转为资本（或股本）方式、发行可转换债务的权益与债务的分拆等相关交易或事项中，均可能引起对“资本公积——其他资本公积”科目的调整。

第二节　留存收益的核算

一、留存收益的构成及其用途

留存收益，是指企业从历年实现的利润中提取或形成的留存于企业的内部积累。留存收益来源于企业在生产经营活动中所实现的净利润。它与实收资本和资本公积的区别在于：实收资本和资本公积主要来源于企业的资本投入，而留存收益则来源于企业的资本增值。留存收益主要包括盈余公积和未分配利润两类。

（一）盈余公积

投资者投入企业的资金，通过企业的经营活动不仅要保持原有投资的完整，而且要力求超出原投资的价值，即盈利。企业盈利扣除国家规定上缴所得税后，一般称为净利润。净利润可以按照协议、合同、公司章程或有关规定，在企业所有者之间进行分配，作为企业所有者投资所得；也可以为了扩充企业实力追加投资；或出于以盈抵亏、预先作准备的考虑，将其中一部分留下来不作分配，这部分留在企业的净利润与企业所有者投入的资金属性一致，均为所有者权益，在会计上可称为留存收益或留存利润。

盈余公积，是指企业按照规定从净利润中提取的积累资金。盈余公积按其提取方法可分为两种：一是法定盈余公积，按净利润的10%提取（非公司制企业也可按超出10%的比例提取），但此项公积金已达注册资本的50%时可不再提取；二是任意盈余公积（主要是公司制的企业提取此项基金），按股东会决议提取。

企业的法定盈余公积和任意盈余公积的用途主要有以下三项：

1. 弥补亏损

企业发生亏损，可以用有盈利年度开始后5年内实现的税前利润来弥补，当发生的亏损在5年内仍不足弥补的，应使用随后实现的所得税后利润弥补。通常，当企业发生的亏损在所得税后利润仍不足弥补的，可以用所提取的盈余公积来加以弥补。但是，用盈余公积弥补亏损应当由董事会提议，股东大会批准，或者由类似的机构批准。需要说明的是，当企业用本年利润弥补以前年度亏损或用以前年度未分配利润弥补当年亏损时，不必作专门的账务处理。

2. 转增资本（或股本）

经股东会决议，可以将盈余公积转增为资本（或股本）。在转增资本时：一是要先办理增资手续；二是要按股东原来股份比例结转，股份有限公司可采用发放新股等方法增加股本；三是法定盈余公积转增资本（或股本）时，转增后留存的盈余公积不得少于注册资本的25%。

3. 发放现金股利或利润

在特殊情况下，当企业累积的盈余公积比较多，而未分配利润比较少时，为了维护企业形象，给投资者以合理的回报，对于符合规定条件的企业，也可以用盈余公积分派现金利润或股利。因为盈余公积从本质上讲是由收益形成的，属于资本增值部分。

（二）未分配利润

未分配利润，是指未作分配的净利润，有两层含义：一是这部分净利润没有分给企业投资者；二是这部分净利润未指定用途。

企业实现的净利润的分配去向大体有两类：一是以股利或利润的形式分配给投资者；二是留在企业。净利润属于所有者权益的范畴，净利润中留在企业的部分，分为盈余公积和未分配利润。而未分配利润是尚未指定用途的净利润部分。

二、留存收益的会计处理

（一）盈余公积的会计处理

1. 盈余公积提取的会计处理

企业提取盈余公积时，借记“利润分配——提取法定盈余公积/提取任意盈余公积”科目，贷记“盈余公积——法定盈余公积/任意盈余公积”科目。

【例7—5】假定A公司2010年计算的税后利润为800000元，经查有关科目资料，发现法定盈余公积只占注册资本的25%。依有关规定必须再按税后利润的10%提取。此外，公司股东大会决议提取50000元任意盈余公积。假设该公司以前年度无未弥补的亏损，根据上述资料，A公司应提法定盈余公积和任意盈余公积分别为80000（800000×10%）元、50000元。

借：利润分配——提取法定盈余公积　　80000
　　　　　　——提取任意盈余公积　　50000
　贷：盈余公积——法定盈余公积　　80000
　　　　　　——任意盈余公积　　50000

必须注意，公司的法定盈余公积不足以弥补上一年度公司亏损的，在依照有关规定提取法定盈余公积之前，应当先用当年利润弥补亏损。若有余额才可再提取法定盈余公积。若公司有以前年度未弥补的亏损，并且已超过规定的税前利润弥补期限，那么应用当年的税后利润弥补。

2. 盈余公积减少的会计处理

（1）用盈余公积补亏。按规定，公司发生亏损，可用盈余公积弥补亏损，按照确定的弥补亏损的数额，借记“盈余公积”科目，贷记“利润分配——盈余公积补亏”科目。

【例7—6】某公司以前年度累计未弥补亏损200000元，按照规定已超过了以税前利润弥补亏损的期间。本年公司董事会决议并经股东大会的批准，以盈余公积金弥补以前年度未弥补亏损。

借：盈余公积　　200000

　　贷：利润分配——盈余公积补亏　　200000

（2）用盈余公积转增股本。公司符合增资条件，经股东大会决议，可以将盈余公积转为股本。在盈余公积转增股本时，应注意以下几个问题：一是要先修改公司章程，办理增资手续；二是要按股东原有股份比例转增，股份有限公司可采用发放新股或增加每股面值的方法增加股本；三是用法定盈余公积转增股本时，转增后留存的此项盈余公积数额不得低于注册资本的25%。

【例7—7】某股份公司经批准同意，在本期将盈余公积2500000元用于转增股本。

借：盈余公积　　2500000

　　贷：股本　　2500000

（3）用盈余公积分派股利。股份公司如当年没有利润，原则上不得分派股利，但为了维护公司股票的信誉，经股东会特别决议，也可用盈余公积弥补亏损后的结余分派股利，但用盈余公积分派股利的股利率不得过高。公司经股东大会决议，用盈余公积分配现金股利时：

借：盈余公积　　×××

　　贷：应付股利　　×××

（二）未分配利润的会计处理

年度终了，企业将全部实现的净利润，自“本年利润”科目转入“利润分配——未分配利润”科目，如为盈利，应借记“本年利润”科目，贷记“利润分配——未分配利润”科目；如为亏损，作相反分录。同时，将利润科目下的其他明细科目的余额，转入“未分配利润”明细科目。

由于各种原因，一些企业的利润不能在年度终了时全部分配完毕。比如，有的需经董事会审议、经股东会批准；有的需经董事会批准；有的需经有关部门批准；等等。因而需要将上一年度的部分利润留待以后年度进行分配。另外，出于平衡各会计年度的投资回报水平、以丰补歉、留有余地等原因，企业可能留有一部分利润不予分配，上年的未分配利润与第二年实现的净利润一并分配，而第二年实现的净利润也可能又有一部分留下不予分配，一年年地存下来，因此，“未分配利润”明细科目的贷方余额反映的是历年积累的未分配利润。同样道理，上一年度未弥补亏损留待以后年度弥补，第二年有利润可以弥补，若无利润或又发生了亏损，第一年亏损加上第二年亏损并继续滚存下去，所以，“未分配利润”明细科目的借方余额反映的是历年累计的亏损。

（三）弥补亏损的会计处理

企业在生产经营过程中既可能发生盈利，也可能出现亏损。企业在当年发生亏损的情况下，与实现利润的情况相同，应当将本年发生的亏损自“本年利润”科目，转入“利润分配——未分配利润”科目，借记“利润分配——未分配利润”科目，贷记“本年利润”科目，结转后“利润分配”科目的借方余额即为未弥补亏损的数额。然后通过“利润分配”科目核算有关亏损的弥补情况。

企业发生的亏损可以以次年实现的税前利润弥补。在以次年实现的税前利润弥补以前年度亏损的情况下，企业当年实现的利润自“本年利润”科目转入“利润分配——未分配利润”科目，将本年实现的利润结转到“利润分配——未分配利润”科目的贷方，其贷方发生额与“利润分配——未分配利润”的借方余额自然抵补。因此，以当年实现净利润弥补以前年度结转的未弥补亏损时，不需要进行专门的账务处理。

由于未弥补亏损形成的时间长短不同等原因，以前年度未弥补亏损有的可以以当年实现的税前利润弥补，有的则需用税后利润弥补。无论是以税前利润还是以税后利润弥补亏损，其会计处理方法相同，所不同的只是两者计算缴纳所得税时的处理不同而已。在以税前利润弥补亏损的情况下，其弥补的数额可以抵减当期企业应纳税所得额，而以税后利润弥补的数额，则不能作为纳税所得扣除处理。

【例 7—8】某公司 2005 年发生亏损 1200000 元。在年度终了时，企业应当结转本年发生的亏损。

借：利润分配——未分配利润　　1200000

　　贷：本年利润　　1200000

假设 2006～2010 年，该企业每年均实现利润 200000 元。按照现行制度规定，企业在发生亏损以后的 5 年内可以以税前利润弥补亏损。该企业在 2006～2010 年均可在税前弥补亏损。

借：本年利润　　　　　　　　　　　　200000

　　贷：利润分配——未分配利润　　　　　　200000

2006～2010 年各年度终了，按照上述会计分录的结果，2010 年“利润分配——未分配利润”科目期末余额为借方余额 200000 元，即 2011 年未弥补亏损 200000 元。假设该企业 2011 年实现税前利润 400000 元，按现行制度规定，该企业只能用税后利润弥补以前年度亏损。在 2011 年年度终了时，该企业首先应当按照当年实现的税前利润计算缴纳当年应负担的所得税，然后再将当期扣除计算缴纳的所得税后的净利润，转入利润分配科目。在本例中，假设该企业适用的所得税税率为 30%，该企业在 2011 年年度计算缴纳所得税时，其应纳税所得额为 400000 元，当年应缴纳的所得税 120000（400000×30%）元。

A. 计算缴纳所得税。

借：所得税费用　　　　　　　　　　　120000

　　贷：应交税费——应交所得税　　　　　　120000

借：本年利润　　　　　　　　　　　　120000

　　贷：所得税费用　　　　　　　　　　　　120000

B. 结转本年利润，弥补以前年度未弥补亏损。

借：本年利润　　　　　　　　　　　　280000

　　贷：利润分配——未分配利润　　　　　　280000

C. 上述核算的结果，该企业 2011 年“利润分配——未分配利润”科目的期末贷方余额为 80000（280000－200000）元。

第八章　收入的核算

第一节　收入概述

一、收入的定义

（一）收入和利得

企业在一定会计期间内形成的，会导致所有者权益增加的，与所有者投入资本无关的经济利益流入包括收入和利得。

收入是指企业在日常活动中形成的、会导致所有者权益增加的、与所有者投入资本无关的经济利益的总流入，包括商品销售收入、劳务收入、利息收入、使用费收入、股利收入等。日常活动是指企业为完成其经营目标而从事的所有活动，以及与之相关的其他活动。因此，收入属于企业主要的、经常性的业务收入。收入和相关成本在会计报表中应分别反映。

利得是指由企业非日常活动所形成的、会导致所有者权益增加的、与所有者投入资本无关的经济利益的流入。利得包括直接计入所有者权益的利得和直接计入当期利润的利得。直接计入当期利润的利得通常从偶发的经济业务中取得，属于那种不经过经营过程就能取得或不曾期望获得的收益，如企业接受捐赠或政府补助取得的资产、因其他企业违约收取的罚款、处理固定资产净损益等。利得属于偶发性的收益，在报表中通常以净额反映。

（二）收入的特点

收入是从企业的日常活动中产生，而不是从偶发的交易或事项中产生；收入可能表现为企业资产的增加，也可能表现为企业负债的减少，收入能导致企业所有者权益的增加；收入是与所有者投入资本无关的经济利益的总流入。收入能导致经济利益的流入。但是经济利益的流入有时是所有者投入资本的增加所导致的，所有者投入资本的增加不应当确认为收入，应当将其直接确认为所有者权益。

二、收入的分类

（一）按收入的性质分为销售商品收入、提供劳务收入及让渡资产使用权产生的收入

（1）销售商品收入，主要是指取得货币资产方式的商品销售。这里的商品主要指企业为销售而生产或购进的商品。企业销售的其他存货，如原材料、包装物也视同商品。企业以商品进行投资、捐赠、债务重组和非货币性资产交换等，会计上均作为销售商品处理，同时结转成本。

（2）提供劳务收入，主要有提供旅游、运输、饮食、广告、咨询、代理、培训、产品安装等所获取的收入。

（3）让渡资产使用权产生的收入，是指企业将资产让渡给他人使用所取得的收入。主要包括让渡现金使用权而收取的收入；让渡专利权、商标权、专营权、版权、计算机软件等无形资产的使用权而收取的收入；出租固定资产而收取的租金收入。

（二）按收入的主次分为主营业务收入和其他业务收入

（1）主营业务收入，是指企业为完成经营目标而从事的日常活动中的主要活动所产生的收入。一般占企业收入的比重较大，对企业的经济效益产生的影响也较大。不同行业企业的主营业务收入所包括的内容不同，如工业性企业的主营业务收入主要包括销售商品、自制半成品、代制品、代销品、提供工业性劳务等取得的收入，商品流通企业的主营业务收入主要指销售商品所取得的收入。

（2）其他业务收入，是指主营业务以外的其他日常活动中所产生的收入。一般企业的其他业务收入比重较小，如工业企业的其他业务收入主要包括转让技术取得的收入、销售材料取得的收入、包装物出租收入、固定资产出租收入、无形资产出租收入、提供非工业性劳务收入等。

第二节　销售商品收入

一、销售商品收入的确认

企业销售商品时，必须同时符合以下五个条件，方可确认收入实现：一是企业已将商品所有权上的主要风险和报酬转移给买方；二是企业既没有保留通常与所有权相联系的继续管理权，也没有对已售出的商品实施控制；三是收入的金额能够可靠地计量；四是相关的经济利益很可能流入企业；五是相关已发生或将发生的成本能够可靠地计量。

二、销售商品收入的计量与账务处理

商品销售收入的金额应根据企业与购货方签订的合同或协议金额确定，无合同或协议的，应按购销双方都同意或都能接受的价格确定。

企业在销售商品过程中，有时会代第三方或客户收取一些款项，这些代收款应作为暂收款记入相应的负债类科目，不应作为企业的收入处理。

企业应对销售商品所产生的收入设置“主营业务收入”科目核算。“主营业务收入”核算因销售商品或提供劳务所取得的收入。该科目属于损益类科目，贷方登记取得的收入，借方登记发生的销售折让和销售退回，期末按其净额转入“本年利润”科目，该科目期末一般无余额。

若销售商品不符合收入确认条件，则应设“发出商品”科目进行核算。该科目属于过渡性账户，借方登记不符合收入确认条件的发出商品，贷方登记转入“主营业务成本”的已售商品成本；期末余额在借方，表示未确认收入的已发出商品，记入“资产负债表”的“存货”项下。

（一）一般商品销售

商品销售收入在确认时，应按确定的收入金额与应收取的增值税，借记“应收账款”、“应收票据”、“银行存款”等科目，按应收取的增值税，贷记“应交税费——应交增值税（销项税额）”科目，按确定的收入金额，贷记“主营业务收入”科目，同时，按配比原则，结转成本，借记“主营业务成本”，贷记“库存商品”科目。

需要缴纳消费税、资源税、城市维护建设税、教育费附加等税费的，应在确认收入的同时，或在月份终了时，按应缴的税费金额，借记“营业税金及附加”科目，贷记“应交税费——应交消费税（或应交资源税、应交城市维护建设税）”科目。

【例 8－1】长城公司销售一批化妆品给 B 公司，增值税发票上注明售价 80000 元，增值税额 13600 元，款项尚未收到。该批化妆品成本为 50000 元，消费税率为 5%，应交消费税 4000 元。

借：应收账款——B 公司　　93600
　　贷：主营业务收入　　80000
　　　　应交税费——应交增值税（销项税额）　　13600
借：主营业务成本　　50000
　　贷：库存商品　　50000
借：营业税金及附加　　4000
　　贷：应交税费——应交消费税　　4000

若上述销售不符合收入确认的条件，则会计分录为：

借：发出商品　　50000
　　贷：库存商品　　50000

（二）商业折扣

企业在商品交易中还会发生商业折扣。商业折扣是指企业为促进销售而在商品标价上给予的扣除。一般情况下，企业为鼓励买主购买更多的商品或为尽快出售一些残次、陈旧、冷背的商品而进行降价销售，这一类折扣属于商业折扣。商业折扣不计入收入，即收入按扣除商业折扣后的净额入账。

【例 8－2】长城公司向 C 公司销售 1000 件产品，单价为 500 元，根据销售政策，凡购买 100 件以上的客户可以享受 10%的优惠。该公司的增值税率为 17%。

借：应收账款——C 公司　　526500
　　贷：主营业务收入　　450000
　　　　应交税费——应交增值税（销项税额）　　76500

（三）现金折扣

现金折扣是指债权人为鼓励债务人在规定的期限内付款，而向债务人提供的债务扣除。现金折扣通常发生在以赊销方式销售商品及提供劳务的交易中。企业为了鼓励客户提前偿付货款，通常与债务人达成协议，债务人在不同的期限内付款可享受不同比例的折扣。

现金折扣一般用符号“折扣/付款期限”表示。例如，买方在 10 天内付款可按售价给予买方 2%的折扣，用符号“2/10”表示；在 20 天内付款按售价给予 1%的折扣，用符号“1/20”表示；在 30 天内付款，则不给折扣，用符号“n/30”表示等。

现金折扣的会计处理有总额法和净额法两种。我国企业会计制度规定采用总额法。总额法下现金折扣是企业为了尽快回笼资金而发生的理财费用，因此应在实际发生时计入财务费用。

【例 8—3】长城公司在 2011 年 5 月 1 日销售一批商品 100 件，增值税发票上注明售价 10000 元，增值税额 1700 元。公司为了及早收回货款，在合同中规定符合现金折扣的条件为：2/10、1/20、n/30，假定计算折扣时不考虑增值税。

A. 5 月 1 日销售实现时，应按总售价作为收入。

借：应收账款　　11700
　　贷：主营业务收入　　10000
　　　　应交税费——应交增值税（销项税额）　　1700

B. 如 5 月 9 日买方付清货款。(10 天内)

借：银行存款　　11500
　　财务费用　　200
　　贷：应收账款　　11700

C. 如 5 月 18 日买方付清货款（10～20 天）。

借：银行存款　　11600
　　财务费用　　100
　　贷：应收账款　　11700

D. 如买方在 5 月底才付款（20～30 天）。

借：银行存款　　11700
　　贷：应收账款　　11700

（四）销售折让

销售折让是指企业因售出商品的质量不合格等原因而在售价上给予的减让。企业将商品销售给买方后，如买方发现商品在质量、规格等方面不符合要求，可能要求卖方在价格上给予一定的减让。销售折让应在实际发生时冲减发生当期的收入。发生销售折让时，如按规定允许扣减当期销项税额的，应同时用红字冲减“应交税费——应交增值税”科目的“销项税额”专栏。

【例 8—4】长城公司向 C 公司销售一批商品，增值税发票上的售价为 100000

元，增值税额17000元，货到后买方发现商品质量不合格，要求在价格上给予5%的折让。

A. 销售实现时应作分录。

借：应收账款——C公司 117000

贷：主营业务收入 100000

应交税费——应交增值税（销项税额） 17000

B. 发生销售折让时。

借：主营业务收入 5000

应交税费——应交增值税（销项税额） 850

贷：应收账款——C公司 5850

C. 实际收到款项时。

借：银行存款 111150

贷：应收账款——C公司 111150

（五）销售退回

销售退回是指企业售出的商品，由于质量、品种不符合要求等原因而发生的退货。若销售退回可能发生在企业确认收入之前，应将已记入“发出商品”科目的商品成本转回“库存商品”科目；若销售退回发生在确认收入后，不论是当年销售的，还是以前年度销售的，一般均应冲减退回当月的销售收入，同时冲减退回当月的销售成本；如该项销售已经发生现金折扣或销售折让的，应在退回当月一并调整；企业发生销售退回时，如按规定允许扣减当期销项税额的，应同时用红字冲减“应交税费——应交增值税”科目的“销项税额”专栏。

【例8—5】2010年12月15日A公司向D公司销售商品一批，售价60000元，增值税额10200元，成本35000元。买方已于12月27日付款。2011年5月20日该批产品因质量严重不合格被退回。

A. 销售商品时。

借：应收账款——D公司 70200

贷：主营业务收入 60000

应交税费——应交增值税（销项税额） 10200

借：主营业务成本 35000

贷：库存商品 35000

B. 收回货款时。

借：银行存款 70200

贷：应收账款——D公司 70200

C. 销售退回时。

借：主营业务收入 60000

应交税费——应交增值税（销项税额） 10200

贷：银行存款 70200

借：库存商品 35000

贷：主营业务成本 35000

但如资产负债表日及之前售出的商品在资产负债表日至财务报告批准报出日之间发生退回的，除应在退回当月作相关的账务处理外，还应作为资产负债表日后发生的调整事项，冲减报告年度的收入、成本和税金；如该项销售在资产负债表日及之前已发生现金折扣或销售折让的，还应同时冲减报告年度相关的折扣、折让。

如上述销售退回是在2011年1月份财务报告批准报出前发生的，该项销售退回应作为资产负债表日后事项，在2011年账上作调整分录（假定该公司所得税率为33%）。

借：以前年度损益调整 60000

应交税费——应交增值税（销项税额） 10200

贷：银行存款 70200

借：库存商品 35000

贷：以前年度损益调整 35000

借：应交税费——应交所得税 8250

贷：以前年度损益调整 8250

借：利润分配——未分配利润 16750

贷：以前年度损益调整 16750

调整影响的盈余公积（按净利润的15%计提盈余公积）。

借：盈余公积 2512.5

贷：利润分配——未分配利润 2512.5

同时，还应调整2010年会计报表相关项目。

三、特殊销售商品业务

（一）代销

1. 视同买断

即由委托方和受托方签订协议，委托方按协议价收取所代销的货款，实际售价可由受托方自定，实际售价与协议价之间的差额归受托方所有。由于这种销售本质上仍是代销，委托方将商品交付给受托方时，商品所有权上的风险和报酬并未转移给受托方。因此，委托方在交付商品时不确认收入，受托方也不作购进商品处理。

受托方将商品销售后，应按实际售价确认为销售收入，并向委托方开具代销清单。委托方收到代销清单时，再确认本企业的销售收入。

【例 8-6】甲公司委托乙公司销售 A 商品 1000 件，协议价为 120 元/件，该商品成本 90 元/件，增值税率 17%。甲公司收到乙公司开来的代销清单时开具增值税发票，发票上注明：售价 120000 元，增值税 20400 元。乙公司实际销售时开具的增值税发票上注明：售价 150000 元，增值税 25500 元。

(1) 甲公司应作分录。

A. 甲公司将 A 商品交付乙公司时。

借：委托代销商品——A 商品　　90000

　　贷：库存商品——A 商品　　90000

B. 甲公司收到代销清单时。

借：应收账款——乙公司　　140400

　　贷：主营业务收入　　120000

　　　　应交税费——应交增值税（销项税额）　　20400

借：主营业务成本——A 商品　　90000

　　贷：委托代销商品——A 商品　　90000

C. 收到乙公司汇来的货款 140400 元时。

借：银行存款　　140400

　　贷：应收账款——乙公司　　140400

(2) 乙公司应作分录。

A. 收到 A 商品时。

借：受托代销商品——A 商品　　120000

　　贷：代销商品款　　120000

B. 实际销售时。

借：银行存款　　175500

　　贷：主营业务收入　　150000

　　　　应交税费——应交增值税（销项税额）　　25500

借：主营业务成本——A 商品　　120000

　　贷：受托代销商品——A 商品　　120000

借：代销商品款　　120000

应交税费——应交增值税（进项税额）　20400

贷：应付账款——甲公司　140400

C. 按合同协议价将款项付给甲公司时。

借：应付账款——甲公司　140400

贷：银行存款　140400

2. 收取手续费

即受托方根据所代销的商品数量向委托方收取手续费，这对受托方来说实际上是一种劳务收入。这种代销方式与视同买断方式相比，主要特点是，受托方通常应按照委托方规定的价格销售，不得自行改变售价。

【例 8－7】 承接 **【例 8－6】**，假定代销合同规定，乙公司应按每件 120 元的价格售给顾客，甲公司按售价的 15%支付乙公司手续费。乙公司实际销售时，即向买方开一张增值税专用发票，发票上注明 A 商品售价 120000 元，增值税额 20400 元。甲公司在收到乙公司交来的代销清单时，向乙公司开具一张相同金额的增值税发票。

(1) 甲公司应作分录。

A. 甲公司将 A 商品交付乙公司时。

借：委托代销商品——A 商品　90000

贷：库存商品——A 商品　90000

B. 甲公司收到代销清单时。

借：应收账款——乙公司　140400

贷：主营业务收入　120000

应交税费——应交增值税（销项税额）　20400

借：主营业务成本——A 商品　90000

贷：委托代销商品——A 商品　90000

借：营业费用——代销手续费　18000

贷：应收账款——乙公司　18000

C. 收到乙公司汇来的货款净额 122400 元（140400 元－18000 元）。

借：银行存款　122400

贷：应收账款——乙公司　122400

(2) 乙公司应作分录。

A. 收到 A 商品时。

借：受托代销商品——A 商品　120000

贷：代销商品款　120000

B. 实际销售时。

借：银行存款　　　　　　　　　　　　140400

　　贷：应付账款——甲公司　　　　　　　　120000

　　　　应交税费——应交增值税（销项税额）　20400

借：应交税费——应交增值税（进项税额）　20400

　　贷：应付账款——甲公司　　　　　　　　20400

借：代销商品款　　　　　　　　　　　120000

　　贷：受托代销商品——A商品　　　　　　120000

C. 归还甲公司货款并计算代销手续费时。

借：应付账款——甲公司　　　　　　　140400

　　贷：银行存款　　　　　　　　　　　　122400

　　　　主营业务收入　　　　　　　　　　18000

（二）具有融资性质的分期收款销售

企业销售商品，有时会采取分期收款的方式，即商品已经交付，货款分期收回。如果延期收取的货款具有融资性质，其实质是企业向购货方提供信贷时，企业应当按照应收的合同或协议价款的公允价值确定收入金额。应收的合同或协议价款的公允价值，通常应当按照其未来现金流量现值或商品现销价格计算确定。

应收的合同或协议价款与其公允价值之间的差额，应当在合同或协议期间内，按照应收款项的摊余成本和实际利率计算确定的金额进行摊销，作为财务费用的抵减处理。

其中，实际利率是指具有类似信用等级的企业发行类似工具的现时利率，或者将应收的合同或协议价款折现为商品现销价格时的折现率等。

【例8-8】 甲公司2007年6月1日采用分期收款方式销售A商品一台，销售8000000元，增值税率为17%，实际成本为5000000元，合同约定款项分4年平均收回，每年的收款日期为6月1日。假定甲公司发出商品时开出增值税专用发票，注明的增值税额为1360000元，并于当天收到增值税额1360000元。银行同期利率为6%。

根据本例的资料，分4期收款，每期2000000元，年利率6%，售价8000000的现值为6912200元。

A. 2007年6月1日销售时。

借：长期应收款　　　　　　　　　　8000000

　　银行存款　　　　　　　　　　　1360000

贷：主营业务收入　6912200

应交税费——应交增值税（销项税额）　1360000

未实现融资收益　1087800

借：主营业务成本　5000000

贷：库存商品　5000000

表 8-1　**未实现融资收益分摊表**

时期	每期收现 (1)	确认的融资收益 (2) = 上期 (4) ×6%	已收回本金 (3) = (1) - (2)	未收回本金 (4) = 上期 (4) - (3)
2007年6月1日				6912200
2008年6月1日	2000000	414732	1585268	5326932
2009年6月1日	2000000	319615.92	1680384.08	3646547.92
2010年6月1日	2000000	218792.88	1781207.12	1865340.8
2011年6月1日	2000000	134659.2	1865340.8	
合　计	8000000	1087800	6912200	

注：*为尾数调整。

B. 2008 年 6 月 1 日收取货款时。

借：银行存款　2000000

贷：长期应收款　2000000

借：未实现融资收益　414732

贷：财务费用　414732

C. 2009 年 6 月 1 日收取货款时。

借：银行存款　2000000

贷：长期应收款　2000000

借：未实现融资收益　319615.92

贷：财务费用　319615.92

D. 2010 年 6 月 1 日收取货款时。

借：银行存款　2000000

贷：长期应收款　2000000

借：未实现融资收益　218792.88

贷：财务费用　218792.88

E. 2011年6月1日收取货款时。

借：银行存款 2000000

贷：长期应收款 2000000

借：未实现融资收益 134659.2

贷：财务费用 134659.2

（三）售后回购

售后回购一般有三种情况：一是卖方在销售商品后的一定时间内必须回购；二是卖方有回购选择权；三是买方有要求卖方回购的选择权。售后回购是否确认收入，应视商品所有权上的主要风险和报酬是否转移及是否放弃对商品的控制而定。企业应根据不同的回购协议进行具体分析。

（四）房地产销售

房地产销售就是房地产经营商自行开发房地产，并在市场上进行的销售。如房地产经营商事先与买方签订合同，按合同要求开发房地产的，应作为建造合同，根据《企业会计准则——建造合同》的规定进行会计处理。

房地产销售与工业企业销售商品类似，应按企业会计准则中有关商品销售收入的确认原则进行确认。

在房地产销售中，房地产的法定所有权转移给买方，通常表明其所有权上的主要风险和报酬也已转移，企业应确认销售收入。但也有可能出现法定所有权转移后，所有权上的风险和报酬尚未转移的情况，如卖方根据合同规定，仍有责任实施重大行动，例如工程尚未完工，在这种情况下，企业应在所实施的重大行动完成时确认收入；再如合同存在重大不确定因素，如买方有退货选择权的销售，企业应在这些不确定因素消失后确认收入；房地产销售后，卖方仍有某种程度的继续涉入，如销售回购协议、卖方保证买方在特定时期占有财产的协议、卖方保证买方在特定时期内获得投资报酬的协议等。在这些情况下，企业应分析交易的实质，确定是作销售处理，还是作筹资、租赁或利润分成处理，如作销售处理，卖方在继续涉入的期间内不应确认收入。

企业确认收入时，还应考虑价款收回的可能性，估计价款不能收回的，不确认收入；已经收回部分价款的，只将收回的部分确认为收入。

（五）出口销售

企业出口商品，通常的成交方式有以下几种：离岸价（FOB），即商品的价格中包括售价加上商品被搬运到车船（包括船、火车、汽车等）或其他运载工具上的所有费用；工厂交货价格（DAF），即买方直接从卖方工厂提货，商品的价格只包括售价，不包括运费；到岸价（CIF），即商品的价格中包括售价加上商品被运送到买方指定地点的装卸、保险及运输等费用；成本加运费价格（C&F），即商品的价格中包括售价加上商品被运送到买方指定地点的装卸及运输费用。

在不同的成交方式下，商品所有权上的风险和报酬转移的时间不同，所确认收入的时点也不一致。另外，不同的成交方式，表示售价包含的内容不同，所确认的收入金额也不相同。

第三节　劳务收入

一、劳务收入概述

提供一项劳务取得的总收入，一般按照企业与接受劳务方签订的合同或协议的金额确定。如有现金折扣的，应在实际发生时计入财务费用。

提供劳务的种类很多，如旅游、运输（包括交通运输、民航运输等）、饮食、广告、理发、照相、洗染、咨询、代理、培训、产品安装等。提供劳务的内容不同，完成劳务的时间也不等，有的劳务一次就能完成，且一般均为现金交易，如饮食、理发、照相等；有的劳务需要花较长一段时间才能完成，如安装、旅游、培训、远洋运输等。企业应根据劳务完成时间的不同，分别采用不同的方法进行确认和计量。

二、提供劳务交易结果能够可靠估计

如在资产负债表日能对交易的结果作出可靠估计的，应按完工百分比法确认收入。

（一）资产负债表日能对劳务交易的结果作出可靠估计的条件

提供劳务的交易结果能否可靠估计，依据以下条件进行判断，如同时满足以下条件，则交易的结果能够可靠地估计：

（1）合同总收入和总成本能够可靠地计量。合同总收入一般根据双方签订的合同或协议注明的交易总额确定。合同总成本包括至资产负债表日止已经发生的成本和完成劳务将要发生的成本。

(2) 与交易相关的经济利益能够流入企业。

(3) 劳务的完成程度能够可靠地确定。劳务的完成程度可以采用以下方法确定：已完工作的测量；已经提供的劳务占应提供劳务总量的比例；已经发生的成本占估计总成本的比例。

(二) 完工百分比法确认收入的会计处理

完工百分比法是按劳务的完成程度确认收入和费用的方法。在完工百分比法下，劳务收入和相关的费用应按下列公式计算：

本期确认的收入＝劳务总收入×本期末劳务的完成程度－以前各期已确认的收入

本期确认的费用＝劳务总成本×本期末劳务的完成程度－以前各期已确认的费用

【例 8—9】甲企业于 2010 年 11 月初接受丁单位一项劳务，工期为 11 个月，合同总收入 300000 元。预计总成本为 180000 元。11 月 9 日收到丁单位预付款 100000 元，至 2010 年年底已发生劳务成本 60000 元。2010 年 12 月 31 日经专业测量师测量，该劳务的完成程度为 30％。

A. 2010 年 11 月 9 日预收款时。

借：银行存款　　100000

　　贷：预收账款　　100000

B. 2010 年发生有关费用支出时。

借：劳务成本　　60000

　　贷：应付工资、银行存款等　　60000

C. 2010 年年底按劳务的完工程度确认收入和费用。

2010 年确认的收入＝300000×30％＝90000（元）

2010 年确认的费用＝180000×30％＝54000（元）

借：预收账款　　90000

　　贷：主营业务收入　　90000

借：主营业务成本　　54000

　　贷：劳务成本　　54000

三、提供劳务交易结果不能可靠估计

如资产负债表日不能对交易的结果作出可靠估计，亦即不能满足上述条件中的任何一项，企业不能按完工百分比法确认收入。这时企业应按已经发生并预计能够补偿的劳务成本确认收入，并按相同金额结转成本；如预计已经发生的劳务成本只能部分地得到补偿，应按能得到补偿的劳务成本确认收入，并按已经发生的劳务成本结转成本，确认的收入小于已经发生的劳务成本的差额，确认为当期损失；如预计已经发生的劳务成本全部不能得到补偿，则不应确认收入，但应将已经发生的成本确认为当期费用。

【例 8－10】甲公司于 2010 年 11 月受托为 D 公司提供劳务，工期为 6 个月，11 月 1 日开工。双方签订的协议注明，D 公司应支付劳务费总额为 90000 元，分三次支付，第一次在开工时预付，第二次在期中即 2011 年 2 月 1 日支付，第三次在劳务完工时支付。每期支付 30000 元。D 公司已在 11 月 1 日预付第一期款项。至 2007 年年底，甲公司已发生劳务成本 40000 元。

2010 年 12 月 31 日，甲公司得知 D 公司当年效益不好，经营发生困难，对以后的劳务费是否能收回没有把握。因此甲公司只将已经发生的劳务成本 40000 元中能够得到补偿的部分（30000 元）确认为收入，并将发生的 40000 元劳务成本全部确认为当年费用。

A. 2010 年 11 月 1 日，收到 D 公司预付的培训费时。

借：银行存款　　30000

　　贷：预收账款　　30000

B. 甲公司发生成本时。

借：主营业务成本　　40000

　　贷：银行存款等　　40000

C. 2010 年 12 月 31 日，确认收入。

借：预收账款　　30000

　　贷：主营业务收入　　30000

四、特殊劳务交易的处理

（1）安装费收入：如果安装费是与商品销售分开的，则应在年度终了时根据安装的完工程度确认收入；如果安装费是商品销售收入的一部分，则应与所销售的商品同时确认收入。

（2）广告费收入：宣传媒介的佣金收入应在相关的广告或商业行为开始出现于公众面前时予以确认。广告的制作佣金收入则应在年度终了时根据项目的完成程度确认。

（3）入场费收入：因艺术表演、招待宴会以及其他特殊活动而产生的收入，应在这些活动发生时予以确认。如果是一笔预收几项活动的费用，则这笔预收款应合理分配给每项活动。

(4) 申请入会费和会员费收入：这方面的收入确认应以所提供服务的性质为依据。如果所收费用只允许取得会籍，而所有其他服务或商品都要另行收费，则在款项收回不存在任何不确定性时确认为收入。如果所收费用能使会员在会员期内得到各种服务或出版物，或者以低于非会员所负担的价格购买商品或劳务，则该项收费应在整个受益期内分期确认收入。

(5) 特许权费收入：特许权费收入包括提供初始及后续服务、设备和其他有形资产及专门技术等方面的收入。其中属于提供设备和其他有形资产的部分，应在这些资产的所有权转移时，确认为收入；属于提供初始及后续服务的部分，在提供服务时确认为收入。

(6) 订制软件收入：订制软件主要是指为特定客户开发软件，不包括开发通用软件。订制软件收入应在资产负债表日根据开发的完工程度确认收入。

(7) 定期收费：有的企业与客户签订合同，长期为客户提供某一种或几种重复的劳务，客户按期支付劳务费。在这种情况下，企业应在合同约定的收款日期确认收入。如某物业管理企业与某住宅小区物业产权人签订合同，为该小区所有住户提供维修、清洁、绿化、保安及代收房费、水电费等项劳务，每月末收取劳务费50000元。该企业应在每月末将应收取的劳务费确认为当月收入。

(8) 包括在商品售价内的服务费：如商品的售价内包括可区分的在售后一定期限内的服务费，企业应在商品销售实现时，按售价扣除该项服务费后的余额确认为商品销售收入。服务费递延至提供服务的期间内确认为收入。

第四节 让渡资产使用权收入

一、让渡资产使用权取得的收入种类

让渡资产使用权取得的收入种类包括因他人使用本企业现金而收取的利息收入。这主要是指金融企业存、贷款形成的利息收入及同业之间发生往来形成的利息收入等；因他人使用本企业的无形资产（如商标权、专利权、专营权、软件、版权等）而形成的使用费收入、他人使用本企业的固定资产取得的租金收入、因债权投资取得的利息收入及进行股权投资取得的股利收入等。

二、利息、使用费收入的确认原则

（1）与交易相关的经济利益能够流入企业。这是任何交易均应遵循的一项重要原则，企业应根据对方的信誉情况、当年的效益情况以及双方就结算方式、付款期限等达成的协议等方面进行判断。如果企业估计收入收回的可能性不大，就不应确认收入。

（2）收入的金额能够可靠地计量。利息收入根据合同或协议规定的存、贷款利率确定；使用费收入按企业与其资产使用者签订的合同或协议确定。当收入的金额能够可靠地计量时，企业才能进行确认。

三、让渡资产使用权收入的会计处理

使用费收入在确认时，应按确定的收入金额借记“应收账款”、“银行存款”等科目，贷记“其他业务收入”科目。

【例 8－11】 甲公司向 C 公司转让某项专利权的使用权，转让期为 5 年，每年收取使用费 50000 元；该专利权每年摊销 30000 元。应交营业税 2500 元，城建税 125 元，教育费附加 75 元。

借：应收账款（或银行存款）	50000	
贷：其他业务收入		50000
借：其他业务成本	30000	
贷：累计摊销		30000
借：营业税金及附加	2700	
贷：应交税费——应交营业税		2500
——应交城建税		125
——教育费附加		75

第九章　成本、费用的核算

第一节　成本、费用概述

一、生产费用与产品成本

企业的费用和成本核算是企业会计工作的重要内容之一。组织好成本、费用核算并提供正确数据，能够使企业评价经营成果，进行经营预测和决策，同时为投资者和债权人了解企业费用和成本方面的信息服务。这对于加强企业经营管理，降低成本费用水平，提高经济效益，增强企业在国内外市场中的竞争力都有着重要作用。

（一）费用的含义

企业的费用有广义和狭义两种。广义的解释为：费用包括企业的各种耗费和损失。狭义的解释为：费用只包括为获取营业收入提供商品或劳务而发生的耗费，即仅仅是指与商品或劳务的提供相联系的耗费。我国企业会计准则对费用作狭义的解释："费用是指企业在日常活动中发生的、会导致所有者权益减少的、与向所有者分配利润无关的经济利益总流出。"

（二）费用的特征

1. 费用是企业在日常活动中形成的

费用是企业在其日常活动中形成的，这些日常活动的界定与收入定义中涉及的日常活动的界定相一致。将费用界定为日常活动所形成的，目的是为了将其与损失相区分，企业非日常活动所形成的经济利益的流出不能确认为费用，而应当计入损失。

2. 费用是与向所有者分配利润无关的经济利益的总流出

费用的发生应当会导致经济利益的流出，从而导致资产的减少或负债的增加（最终也会导致资产的减少）。其表现形式包括现金或者现金等价物的流出，存货、固定资产和无形资产等的流出或者消耗等。鉴于企业向所有者分配利润也会导致经济利益的流出，而该经济利益的流出显然属于所有者权益的抵减项目，不应确认为费用，应当将其排除在费用的定义之外。

3. 费用会导致所有者权益的减少

与费用相关的经济利益的流出应当会导致所有者权益的减少，不会导致所有者权益减少的经济利益的流出不符合费用的定义，不应确认为费用。

（三）费用的确认原则

企业所发生费用的确认应遵循权责发生制的原则。按照权责发生制原则，凡应属于本期的收入和费用，不论其款项是否收到或支付，均作为本期收入和费用入账；反之，凡不属于本期的收入和费用，即使其款项已在本期收到或支付，也不能作为本期的收入或费用入账。由此可见，只有权责发生制才能真正按会计期间这一前提来正确反映各期的盈亏情况。

（四）费用和成本的关系

费用和成本有着密切的联系，企业在一定时期内为生产一定种类、一定数量的产品所支出的各种生产费用的总和，就是这些产品的成本，也称为制造成本。就工业企业而言，生产费用的发生过程，同时又是产品制造成本的形成过程。但是，两者也有区别。生产费用是指某一时期内为进行生产而发生的费用，它与一定时期相联系，而与生产哪一种产品无关。产品成本是指为生产某一产品而消耗的费用，它与一定种类和一定数量的产品相联系，而不论发生在哪一时期。成本是对象化了的费用。

二、费用的分类

为了对企业在生产经营过程中发生的各项费用进行合理归集与分配，正确计算产品的生产成本和期间费用，必须对费用进行科学的分类。在企业的会计实务工作中，最基本的分类有以下两类。

（一）费用按其经济内容的分类

费用按其经济内容分类，可以分为以下费用要素：

（1）外购材料、外购燃料和外购动力。指企业为生产而耗用的一切从外部购入的原材料、半成品、辅助材料、包装物、修理用备件、低值易耗品、各种燃料、动力等劳动对象方面的费用。

（2）职工薪酬。指企业为获得职工提供的服务而给予职工的各种形式的报酬以及其他相关支出。

（3）折旧费用和修理费用。指企业拥有和控制的固定资产按规定所提取的折旧和为维持固定资产使用效能发生的修理等劳动资料方面的费用。

（4）其他。主要包括企业为筹集生产经营资金而发生的利息支出，应计入生产费用的各种税金和不属于上述各项目的各项费用支出等。

费用按其经济内容的分类，可以反映企业在一定时期内发生了哪些费用及数额的多少，以便于通过结构分析企业各个时期各种费用的比重，考核费用计划的执行情况。但此种分类方法无法了解费用的经济用途。

（二）费用按经济用途的分类

费用按照其经济用途，可以分为生产成本和期间费用两大类。在此基础上，将计入生产成本的费用进一步划分，可以分为若干项目，即产品成本项目，通常简称为成本项目。将期间费用按其经济用途进一步分为管理费用、财务费用和销售费用。

1. 生产成本

生产成本是指企业为生产一定种类和数量的产品所发生的费用。工业企业在进行成本核算时，一般可以设置以下四个常用成本项目：

（1）原材料。也称直接材料，是指直接用于产品生产、构成产品实体的原料及主要材料以及有助于产品形成的各种辅助材料。

（2）燃料与动力。也称燃料及动力，是指直接用于产品生产的外购和自制的各种燃料和动力。

（3）人工费用。也称直接人工，是指直接参加产品生产的工人的职工薪酬。

（4）制造费用。是指用于产品生产，但不便于直接计入产品成本，没有专设成本项目的生产费用（如机器设备的折旧费），以及间接用于产品生产的各种生产费用（车间厂房的折旧费和车间管理人员工资等）。这些生产费用都是各个生产单位为组织和管理生产所发生的各种费用。

2. 期间费用

期间费用是指不计入产品生产成本、直接计入发生当期损益的费用。企业一定时期所发生的不能直接归属于某个特定产品的生产成本的费用，即属于期间费用，在发生时直接计入当期损益。

第二节　成本的核算

一、生产成本核算的一般程序

产品成本核算程序，是指从生产费用的发生开始，直到计算出完工产品实际成本的顺序和步骤。每个生产企业由于生产特点不同，成本管理要求不同，具体核算步骤不尽一致，但基本步骤是：区分应计入产品成本和不应计入产品成本的费用；确定成本计算对象，将应计入本期产品成本的各种生产费用在各种产品之间进行归集和分配，计算出各种产品成本；对既有完工产品又有在产品的，采用一定的方法将计入同一成本计算对象里的生产费用在其完工产品和在产品之间分配，计算出该种完工产品的成本。

二、成本、费用核算的科目设置

为了按照用途归集各项费用，划清有关费用的界限，正确计算产品成本，应设置“生产成本”、“制造费用”、“管理费用”、“财务费用”、“销售费用”等科目。各科目的具体核算内容如下：

1. “生产成本”科目属于成本类科目

它是用来核算企业为生产产品发生的各项生产费用。该科目应设置“基本生产成本”和“辅助生产成本”两个二级科目。“基本生产成本”是用来核算企业为完成主要生产目的而进行的产品生产所发生的费用，计算基本生产的产品成本。“辅助生产成本”是用来核算企业为基本生产服务而进行的产品生产和劳务供应所发生的费用，计算辅助生产产品和劳务成本。在这两个二级科目下，还应按照成本计算对象开设明细账，账内按成本项目设专栏进行明细核算。

2. “制造费用”科目属于成本类科目

它是用来核算企业为生产产品（或提供劳务）而发生，应该计入产品成本，但没有专设成本项目的各项生产费用。该科目应按不同的车间、部门设置明细账，账内按制造费用的项目内容设专栏，进行明细核算。发生的各项制造费用记入本科目及其所属明细科目的借方；月终，将制造费用分配计入有关的成本计算对象时，记入本科目及其所属明细账的借方。本科目一般月末无余额。

三、产品成本的归集与分配

（一）要素费用

1. 生产车间要素费用核算概述

基本生产车间发生的各项要素费用，最终都要计入产品生产成本，即记入各种产品成本明细账。由于产品成本明细账按产品设立，账内按成本项目登记，因此，在生产车间发生材料、动力、工资等各种要素费用时，对于直接用于产品生产、专门设有成本项目的费用，应单独记入“生产成本——基本生产成本”科目。如果是某种产品直接耗用的费用，应直接计入这种产品成本明细账的相关成本项目；如果是几种产品共同耗用的费用，则应采用适当的分配方法，分别计入这几种产品成本明细账的相关成本项目。

间接费用分配率＝应分配的间接费用/各分配对象分配标准之和

某一分配对象应分配间接费用＝该分配对象的分配标准数×间接费用分配率

基本生产车间发生的直接用于产品生产，但没有专门设立成本项目的费用，以及间接用于产品生产的费用，应先记入“制造费用”科目及其明细账；月末再将归集的全部制造费用转入“生产成本——基本生产成本”科目。

通过上述要素费用的归集和分配，在“生产成本——基本生产成本”科目和所属各种产品成本明细账的各个成本项目中，就归集了应由本月基本生产车间的各种产品负担的全部生产费用。将这些费用加上月初在产品成本，在完工产品和月末在产品之间进行分配，就可算出各种完工产品和月末在产品的成本。

辅助生产车间发生的各项要素费用的分配方法，与基本生产车间基本相同。

2. 外购材料费用的核算

基本生产车间发生的直接用于产品生产的原材料费用，应专门设置“直接材料”成本项目。这些原料和主要材料一般分产品领用，应根据领退料凭证直接计入某种产品成本的“直接材料”项目。如果是几种产品共同耗用的原材料费用，则采用适当的分配方法，分配计入各有关产品成本的“直接材料”成本项目。

直接用于产品生产、专设成本项目的各种原材料费用，应借记“生产成本——基本生产成本”科目及其所属各产品成本明细账“直接材料”成本项目。

辅助生产车间发生的直接用于辅助生产、专设成本项目的各种原材料费用分配，其分配方法与前述基本生产车间的原材料费用分配方法相同，应记入“生产成本——辅助生产成本”科目的借方。

基本生产车间和辅助生产车间发生的直接用于生产但没有专设成本项目的各种

原材料以及用于组织和管理生产活动的各种原材料费用，一般应借记“制造费用”科目及其明细账（基本生产车间或辅助生产车间）的相关费用项目。

企业应根据发出原材料的费用总额，贷记“原材料”科目。

【例 9—1】 甲企业采用计划成本进行材料核算，2011 年 4 月份发出材料情况如下：

（1）基本生产车间生产 A 产品领用 C 原材料 12000 元，生产 B 产品领用 C 原材料 8000 元；又生产 A、B 两种产品共同耗用 D 原材料 2250 公斤，每公斤 2 元，该种材料按实际产量的定额耗用量比例在 A、B 两种产品中进行分配，A 产品单位定额耗用量为 4 公斤，投产 900 件；B 产品单位耗用量为 1.8 公斤，投产 500 件。

（2）辅助生产供电车间耗用原材料 11800 元，机修车间耗用 4000 元。

（3）基本生产车间消耗原材料 2200 元。

（4）厂部行政管理部门领用修缮原材料 400 元。

（5）福利部门领用原材料 200 元。

（6）原材料成本差异率为 5%。

要求：根据上述资料，编制原材料费用分配表，并进行有关账务处理。

首先，采用定额比例法对 A、B 产品共同耗用的原材料进行分配：

D 原材料分配率＝4500/（900×4＋500×1.8）＝1

A 产品应负担的 D 原材料费用＝4×900×1＝3600（元）

B 产品应负担的 D 原材料费用＝1.8×500×1＝900（元）

其次，根据上述资料编制原材料费用分配表，见表 9—1。

表 9—1　　**原材料费用分配表**　　单位：元

应借科目	明细科目	成本费用项目	计划成本			材料成本差异（5%）	实际成本
			直接计入	间接计入	合计		
生产成本——基本生产成本	A 产品	直接材料	12000	3600	15600	780	16380
	B 产品	直接材料	8000	900	8900	445	9345
生产成本——辅助生产成本	供电车间	机物料消耗	11800		11800	590	12390
	机修车间	机物料消耗	4000		4000	200	4200
制造费用	基本生产车间	机物料消耗	2200		2200	110	2310
管理费用		机物料消耗	400		400	20	420
应付职工薪酬——职工福利			200		200	10	210
合　计			38600	4500	43100	2155	45255

借：生产成本——基本生产成本——A产品 15600
——基本生产成本——B产品 8900
生产成本——辅助生产成本——供电车间 11800
——辅助生产成本——机修车间 4000
制造费用——基本生产车间 2200
管理费用 400
应付职工薪酬——职工福利 200
贷：原材料 43100

借：生产成本——基本生产成本——A产品 780
——基本生产成本——B产品 445
生产成本——辅助生产成本——供电车间 590
——辅助生产成本——机修车间 200
制造费用——基本生产车间 110
管理费用 20
应付职工薪酬——职工福利 10
贷：材料成本差异 2155

根据上述资料，登记有关明细账（仅登记与成本计算有关的明细账），详见表9—4、表9—5、表9—9、表9—11、表9—12。

3. 职工薪酬的核算

企业应当在职工为其服务的会计期间，将应付的职工薪酬（不包括辞退福利）确认为负债，并根据职工提供服务的受益对象，分别计入相关资产的成本或当期损益。这里仅介绍货币性职工薪酬的计量和会计处理。

（1）工资费用的核算。直接进行产品生产、设有“直接人工”成本项目的生产工人工资，应单独记入“生产成本——基本生产成本”科目和所属产品成本明细账的借方（在明细账中记入“直接人工”成本项目）；直接进行辅助生产、设有“直接人工”成本项目的生产工人工资，应记入“生产成本——辅助生产成本”科目和所属明细账的借方；基本生产车间和辅助生产车间管理人员的工资，应记入“制造费用”科目和所属明细账的借方；同时，贷记“应付职工薪酬——工资”科目。

（2）除工资以外的职工薪酬。国家规定了计提基础和计提比例的，应当按照国家规定的标准计提。如社会保险费、住房公积金、工会经费和职工教育经费等，应当在职工为其提供服务的会计期间，根据工资总额的一定比例计算确定。

国家没有规定计提基础和计提比例的，企业应当根据历史经验数据和实际情况，合理预计当期应付职工薪酬。当期实际发生金额大于预计金额的，应当补提应付职工薪酬；当期实际发生金额小于预计金额的，应当冲减多提的应付职工薪酬（如职工福利费）。计提的职工薪酬按用途进行分配，应分为计入产品成本的职工薪酬和不计入产品成本的职工薪酬。计入产品成本的职工薪酬，应按计入产品成本的工资费用用途进行分配。按照产品的生产工人工资和规定比例计提的职工薪酬，设有“直接人工”项目，应该单独记入“生产成本——基本生产成本”科目和所属产品成本明细账的借方（在明细账中记入“直接人工”项目）；按照辅助生产车间工人工资和规定比例计提的职工薪酬，应记入“生产成本——辅助生产成本”科目和所属明细账的借方；按照基本生产车间和辅助生产车间管理人员工资和规定比例计提的职工薪酬，应记入“制造费用”科目和所属明细账的借方（为简化核算辅助生产车间也可不设“制造费用明细账”，发生的制造费用直接记入辅助生产明细账）；同时，贷记“应付职工薪酬——职工福利”科目。不计入产品成本的职工薪酬，应分别借记“管理费用”、“销售费用”、“在建工程”等科目及所属明细账；同时，贷记“应付职工薪酬——职工福利”科目。

【例 9－2】甲企业 2011 年 4 月份有关工资及工时发生情况如下：

（1）基本生产车间生产工人工资 60000 元，基本生产车间生产工人工资按产品实际耗用工时比例在 A、B 两种产品间进行分配（A 产品的实际生产工时为 12000 小时，B 产品的实际生产工时为 8000 小时）。

（2）基本生产车间管理人员工资 5000 元。

（3）辅助生产供电车间人员工资 4000 元，机修车间人员工资 10000 元。

（4）厂部行政管理人员工资 17600 元。

（5）医务、福利人员工资 3200 元。

（6）社会保险费、住房公积金等按工资总额的 14％计提。

要求：根据上述资料，编制“职工薪酬费用分配表”，见表 9－2。

表 9－2 **职工薪酬费用分配表** 单位：元

应借科目	明细科目	成本费用项目	直接计入	间接计入	工资合计	计提基数	社会保险费等
生产成本——基本生产成本	A 产品	直接人工		36000	36000	36000	5040
	B 产品	直接人工		24000	24000	24000	3360
制造费用	基本生产车间		5000		5000	5000	700
生产成本——辅助生产成本	供电车间		4000		4000	4000	560
	机修车间		10000		10000	10000	1400
管理费用			20800		20800	20800	2912
合 计			39800	60000	99800	99800	13972

借：生产成本——基本生产成本——A产品　　36000
　　　　　　——基本生产成本——B产品　　24000
　　制造费用——基本生产车间　　5000
　　生产成本——辅助生产成本——供电车间　　4000
　　　　　　——辅助生产成本——机修车间　　10000
　　管理费用　　20800
　　贷：应付职工薪酬——工资　　99800

借：生产成本——基本生产成本——A产品　　5040
　　　　　　——基本生产成本——B产品　　3360
　　制造费用——基本生产车间　　700
　　生产成本——辅助生产成本——供电车间　　560
　　　　　　——辅助生产成本——机修车间　　1400
　　管理费用　　2912
　　贷：应付职工薪酬——职工福利　　13972

根据上述资料，登记有关明细账（仅登记与成本计算有关的明细账），详见表9－4、表9－5、表9－9、表9－11、表9－12。

4. 折旧费用的核算

固定资产折旧费按照固定资产的使用部门归集。生产车间的固定资产折旧应该作为折旧费用计入产品成本。折旧费用的核算包括折旧费用的计算和分配。折旧费用一般应按使用部门计提，借记“制造费用”、“管理费用”、“销售费用”等科目及其明细账“折旧费”项目，同时，贷记“累计折旧”。

固定资产折旧费用的分配，一般是通过编制“固定资产折旧费用分配表”来进行的。

【例9－3】根据固定资产明细账及其他有关记录，甲企业编制的2011年4月固定资产折旧费用分配表如表9－3所示。

表9－3　　固定资产折旧费用分配表

应借科目	上月折旧额	上月增加折旧额	上月减少折旧额	本月折旧额
制造费用——基本生产车间	11000	2000	1000	12000
生产成本——辅助生产成本——供电车间	1500			1500
生产成本——辅助生产成本——机修车间	1300	300	200	1400
管理费用	2800			2800

续表

应借科目	上月折旧额	上月增加折旧额	上月减少折旧额	本月折旧额
销售费用	800	300		1100
合 计	17400	2600	1200	18800

借：制造费用——基本生产车间 12000
　　生产成本——辅助生产成本——供电车间 1500
　　　　　　——辅助生产成本——机修车间 1400
　　管理费用 2800
　　销售费用 1100
　　贷：累计折旧 18800

根据上述资料，登记有关明细账（仅登记与成本计算有关的明细账），详见表9－4、表9－5、表9－9。

5. 其他费用的核算

企业要素费用中的其他费用，是指除了前面所述各项要素费用以外的费用，包括邮电费、租赁费、印刷费、办公用品费、试验检验费、排污费、差旅费、误餐补助费、交通费补贴、保险费、职工技术培训费等。这些费用都不专设成本项目，而是在费用发生时，按照发生的车间进行分配。

企业的各种要素费用通过以上分配后，计入产品成本的费用就按照费用的用途分别记入了“生产成本——基本生产成本”、“生产成本——辅助生产成本”、“制造费用”等科目的借方。

（二）辅助生产费用

1. 辅助生产费用的归集

企业的辅助生产，是指为基本生产服务而进行的产品生产和劳务供应。其中，有的只生产一种产品或提供一种劳务，如供电、供水、供气、供风、运输等辅助生产；有的则生产多种产品或提供多种劳务，如从事工具、模具、修理用备件的制造，以及机器设备的修理等辅助生产。辅助生产提供的产品和劳务，有时也对外销售，但这不是辅助生产的主要任务。辅助生产费用的归集和分配，是通过“生产成本——辅助生产成本”科目进行的。该科目一般应按车间以及产品和劳务设立明细账，明细账中按照成本项目设立专栏或专行，进行明细核算。

辅助生产车间发生的各项费用中，直接用于辅助生产，并专设成本项目的费用，应单独地直接记入“生产成本——辅助生产成本”科目和所属有关明细账的借方。直接用于辅助生产，但没有专设成本项目的费用（例如辅助生产车间机器设备折旧费等），以及间接用于辅助生产的费用（例如辅助生产车间管理人员工资及福利费、机物料消耗、修理费和运输费等），一般有两种归集方式：一是先记入“制造费用”科目及所属的明细账的借方；二是不通过“制造费用”科目核算，直接记入“生产成本——辅助生产成本”科目和所属明细账的借方。

根据上述甲企业资料，登记辅助生产费用明细账如下：

表 9—4　　辅助生产成本明细账

甲企业　　2011 年 4 月　　供电车间

2011 年 月	日	摘　　要	原材料	工资	福利费	折旧费	合计	转出	余额
4	30	原材料费用分配表	12390				12390		
	30	职工薪酬费用分配表		4000	560		4560		
	30	固定资产折旧费用分配表				1500	1500		
	30	待分配费用	12390	4000	560	1500	18450		18450
	30	转入辅助生产费用分配表（表 9—7）						18450	
	30	本月费用合计	12390	4000	560	1500	18450	18450	0

表 9—5　　辅助生产成本明细账

甲企业　　2011 年 4 月　　机修车间

2011 年 月	日	摘　　要	原材料	工资	福利费	折旧费	合计	转出	余额
4	30	原材料费用分配表	4200				4200		
	30	职工薪酬费用分配表		10000	1400		11400		
	30	固定资产折旧费用分配表				1400	1400		
	30	待分配费用	4200	10000	1400	1400	17000		17000
	30	转入辅助生产费用分配表（表 9—7）						17000	
	30	本月费用合计	4200	10000	1400	1400	17000	17000	0

2. 辅助生产费用的分配方法

主要有直接分配法、交互分配法、按计划成本分配法、代数分配法和顺序分配法。

(1) 直接分配法。采用这种方法分配辅助生产费用，不考虑各辅助生产车间之间相互提供劳务（或产品）的情况，而是将各辅助生产费用直接分配给辅助生产以外的各受益单位。

【例 9—4】甲企业辅助生产车间的制造费用不通过“制造费用”科目核算。该企业机修和运输两个辅助车间之间相互提供劳务。修理费用按修理工时比例分配，运输费用按运输公里比例进行分配。该企业 2011 年 4 月有关辅助生产费用的资料见表 9—6。

表 9—6　　甲企业辅助生产费用有关资料

辅助车间名称		供电车间	机修车间
待分配费用		18450（元）	17000（元）
供应劳务数量		46900 度	9000 小时
耗用劳务数量	供电车间		500 小时
	机修车间	10000 度	
	基本生产车间	20000 度	6000 小时
	企业管理部门	16900 度	2500 小时

根据以上资料，编制直接分配法的辅助生产费用分配表如表 9—7 所示。

表 9—7　　辅助生产费用分配表（直接分配法）

辅助车间名称		供电车间	机修车间	合计
待分配费用		18450	17000	35450
对外供应劳务数量		36900	8500	
单位成本（分配率）		0.5	2	
基本生产车间	耗用数量	20000	6000	
	分配金额	10000	12000	22000
企业管理部门	耗用数量	16900	2500	
	分配金额	8450	5000	13450
金额合计（元）		18450	17000	35450

借：制造费用——基本生产车间　　　　22000

管理费用　　　　　　　　　　　　13450

贷：辅助生产成本——供电车间　　　　18450

　　　　　　　　——机修车间　　　　17000

根据上述资料，登记有关明细账（仅登记与成本计算有关的明细账），详见表 9—9。

（2）交互分配法。采用这种方法分配辅助生产费用，应先根据各辅助生产内部相互供应的数量和交互前的费用分配率（单位成本），进行一次交互分配；然后再将各辅助生产车间交互分配后的实际费用（交互分配前的费用加上交互分配转入的费用，减去交互分配转出的费用）按对外提供劳务的数量，在辅助生产以外的各受益单位之间进行分配。

【例 9—5】仍用**【例 9—4】**的资料，编制交互分配法的辅助生产费用分配表，见表 9—8。

表 9—8　　　　辅助生产费用分配表（交互分配法）

分配方向			交互分配			对外分配		
辅助车间名称			供电	机修	合计	供电	机修	合计
待分配费用（元）			18450	17000	35450	15460	19990	35450
供应劳务数量			46900	9000		36900	8500	
单位成本（分配率）			0.3934	1.8889		0.4190	2.3518	
辅助生产车间	供电	耗用数量		500				
		分配金额		944	944			
	机修	耗用数量	10000					
		分配金额	3934		3940			
	金额小计		3934	944	4884			
基本生产车间	耗用数量					20000	6000	
	分配金额					8380	14111	22491
企业管理部门	耗用数量					16900	2500	
	分配金额					7080	5879	12959
分配金额合计（元）						15460	19990	35450

注：分配率的小数保留四位，第五位四舍五入。

A. 交互分配。

借：生产成本——辅助生产成本——供电车间　　　　944

——辅助生产成本——机修车间 3934

贷：生产成本——辅助生产成本——供电车间 3934

——辅助生产成本——机修车间 944

B. 对外分配。

借：制造费用 22491

管理费用 12959

贷：生产成本——辅助生产成本——供电车间 15460

——辅助生产成本——机修车间 19990

（3）按计划成本分配法。采用这种方法分配辅助生产费用，应先按辅助生产车间提供劳务的数量和计划单位成本分配为各受益单位（包括其他辅助生产车间在内）提供的劳务费用；再计算辅助生产实际发生的费用（包括辅助生产内部交互分配转入的费用在内）与按计划成本分配转出的费用的差额，即辅助生产的成本差异。为简化分配工作，辅助生产的成本差异全部调整计入管理费用，不再分配给各受益单位。

（4）代数分配法。采用这种分配方法，应先根据解联立方程的原理，计算辅助生产劳务或产品的单位成本，然后根据各受益单位（包括辅助生产内部和外部各单位）耗用的数量和单位成本分配辅助生产费用。

（5）顺序分配法（又称梯形分配法）。采用这一分配方法，各种辅助生产之间的费用分配应按照辅助生产车间受益多少的顺序排列，受益少的排列在前，先将费用分配出去；受益多的排列在后，后将费用分配出去（这种方法分配以后，在辅助生产费用分配表的下方呈梯形状态，因此也称梯形分配法）。

通过辅助生产费用的归集与分配，应计入本月产品成本的生产费用，都已分别归集在“生产成本——基本生产成本”和“制造费用”两个账户及所属明细账的借方，其中记入“生产成本——基本生产成本”总账科目借方的费用，已在各产品成本明细账的本月发生额中按有关的成本项目反映。

（三）制造费用

1. 制造费用的归集

制造费用是指企业为生产产品或提供劳务而发生的、应计入产品成本但不专设成本项目的各项费用。

制造费用大部分是间接产生于产品生产的费用，例如机物料消耗、车间生产用房屋及建筑物的折旧费、修理费、租赁费和保险费、车间生产用的照明费、取暖费、运输费以及劳动保护费等。车间用于组织和管理生产的费用，也作为间接用于产品生产的费用进行核算。这些费用通常包括：车间管理人员工资及福利费、车间管理用房屋和设备的折旧费、修理费、租赁费和保险费、车间管理用具摊销费、车间管理用的照明费、水费、取暖费、差旅费和办公费等。制造费用还包括直接用于产品生产，但管理上不要求或者不便于单独核算，因而不专设成本项目的费用，例如机器设备的折旧费和生产工具摊销费等。

制造费用的归集和分配应该通过“制造费用”科目进行。该科目应该根据有关的付款凭证、转账凭证和前述各种费用分配表登记；此外，还应按不同的车间设立明细账，账内按照费用项目设立专栏，分别反映各车间各项制造费用发生情况和分配转出情况。

根据上述甲企业资料，登记制造费用明细账如表9—9所示。

表9—9　　制造费用明细表

甲企业　　2011年4月　　基本生产车间

2011年 月	日	摘要	机物料消耗	工资	福利费	折旧费	电费	修理费	合计	转出	余额
4	30	原材料费用分配表	2310						2310		
	30	职工薪酬费用分配表		5000	700				5700		
	30	折旧费用分配表				12000			12000		
	30	辅助生产费用分配表					10000	12000	22000		
	30	待分配费用	2310	5000	700	12000	10000	12000	42010		42010
	30	分配转出（表9—10）								42010	0
4	30	本月费用合计	2310	5000	700	12000	10000	12000	42010	42010	0

2. 制造费用的分配

在基本生产车间只生产一种产品的情况下，制造费用可以直接计入该种产品的成本。在生产多种产品的情况下，制造费用应采用适当的分配方法计入各种产品的成本。分配制造费用的方法很多，通常采用的方法有：生产工人工时比例法、生产工人工资比例法、机器工时比例法和按年度计划分配率分配法等。

（1）生产工人工时比例法。这是按照各种产品所用生产工人实际工时的比例分配费用的方法。按照生产工时比例分配制造费用，同分配工资费用一样，也能将劳动生产率与产品负担的费用水平联系起来，使分配结果比较合理。

【例9—6】甲企业所产A、B两种产品按生产工人工时比例分配制造费用。根据前列的该企业制造费用明细账所记分配前金额和产品生产工时资料，分配计算如下：

制造费用分配率＝42010/（2000＋3000）＝8.402

A产品应负担的制造费用＝2000×8.402＝16804（元）

B产品应负担的制造费用＝3000×8.402＝25206（元）

根据上述计算结果，应编制制造费用分配表，见表9－10。

表9－10　**制造费用分配表**

2011年4月

应借科目			生产工时	分配率	分配金额
生产成本——基本生产成本	A产品	制造费用	2000		16804
	B产品	制造费用	3000		25206
合　计			5000	8.402	42010

借：生产成本——基本生产成本——A产品　16804

　　　　　　——基本生产成本——B产品　25206

　贷：制造费用　42010

根据上述资料，登记有关明细账（仅登记与成本计算有关的明细账），详见表9－11、表9－12。

（2）生产工人工资比例分配法。这是按照计入各种产品成本的生产工人实际工资的比例分配制造费用的方法。由于工资费用分配表中有着现成的生产工人工资的资料，因而采用这一分配方法，核算工作很简便。但是采用这一方法，各种产品生产的机械化程度应该相差不多，否则机械化程度高的产品，由于工资费用少，分配负担的制造费用也少，影响费用分配的合理性。如果生产工人工资全部是按照生产工时比例分配计入各种产品成本的，那么，按照生产工人工资比例分配制造费用，实际上也就是按照生产工人工时比例分配制造费用。

（3）机器工时比例分配法。这是按照生产各种产品所用机器运转时间的比例分配制造费用的方法。这种方法适用于产品生产的机械化程度较高的车间。因为在这种车间的制造费用中，与机器设备使用有关的费用比重比较大，而这一部分费用与机器设备运转的时间有着密切的联系。采用这种方法，必须具备各种产品所用机器工时的原始记录。

（4）按年度计划分配率分配法。这是按照年度开始前确定的全年度适用的计划分配率分配制造费用的方法。假定以定额工时作为分配标准，其分配计算的公式为：

$$分配率=\frac{年度制造费用计划总额}{年度各种产品计划产量的定额工时总数}\times 100\%$$

某月某种产品应负担的制造费用＝该月该种产品实际产量的定额工时数×年度计划分配率

“制造费用”科目如果有年末余额，就是全年制造费用的实际发生额与计划分配额的差额，一般应在年末调整时计入12月份的产品成本，借记“生产成本——基本生产成本”科目，贷记“制造费用”科目。如果实际发生额大于计划分配额，用蓝字补加，相反则用红字冲减。

此外，企业还可按耗用原材料的数量或成本、直接成本（原材料、燃料、动力、生产工人工资及应提取的福利费之和）及产品产量等来分配制造费用。企业具体选用哪种方法，由企业自行决定。分配方法一经确定，不得随意变更。如需变更，应当在会计报表附注中予以说明。

通过上述制造费用的归集和分配，除了采用按年度计划分配率分配法的企业以外，“制造费用”科目及所属明细账都应没有月末余额。

（四）生产费用在完工产品与在产品之间的分配

每月月末，当产品成本明细账中按照成本项目归集了该种产品的本月生产费用以后，如果产品全部完工，产品成本明细账中归集的月初在产品生产成本与本月发生的费用之和，就是该种完工产品的成本。如果产品全部没有完工，产品成本明细账中归集的月初在产品生产成本与本月发生的费用之和，就是该种在产品的成本。如果既有完工产品又有在产品，产品成本明细账中归集的月初在产品生产成本与本月发生的费用之和，则应在完工产品与月末在产品之间，采用适当的分配方法，进行分配和归集，以计算完工产品和月末在产品的成本。通常采用的分配方法有：不计算在产品成本法、在产品按固定成本计价法、在产品按所耗原材料费用计价法、在产品按完工产品计算法、在产品按定额成本计价法、约当产量比例法、定额比例法。

1. 不计算在产品成本法

采用不计算在产品成本法，虽然有月末在产品，但不计算其成本。也就是说，这种产品每月发生的费用，全部由完工产品负担，其每月发生的费用之和即为每月完工产品成本。这种方法适用于月末在产品数量很小的产品。

2. 在产品按固定成本计价法

采用在产品按固定成本计价法，各月末在产品的成本固定不变。某种产品本月发生的生产费用就是本月完工产品的成本。但在年末，在产品成本不应再按固定不变的数额计价，否则会使按固定数额计价的在产品成本与其实际成本出入过大，影响产品成本计算的正确性。因而在年末，应该根据实际盘点的在产品数量计算在产品成本，据以计算 12 月份产品成本。这种方法适用于月末在产品数量较多，但各月变化不大的产品。

3. 在产品按所耗原材料费用计价法

采用在产品按所耗原材料费用计价法，月末在产品只计算其所耗用的原材料费用，不计算工资和福利费等加工费用。也就是说，产品的加工费用全部由完工产品负担。这种方法适用于月末在产品数量较多、各月在产品数量变化也较大，且原材料费用在成本中所占比重较大的产品。

4. 在产品按完工产品计算法

采用这种方法时，在产品视同完工产品分配费用。这种方法适用于月末在产品已经接近完工或者已经完工，只是尚未包装或尚未验收入库的产品。由于在产品成本已经接近完工产品成本，为了简化产品成本计算工作，在产品视同完工产品，按两者的数量比例分配原材料费用和加工费用。

5. 在产品按定额成本计价法

采用在产品按定额成本计价法，月末在产品成本按定额成本计算，该种产品的全部费用（如果有月初在产品，包括月初在产品成本在内）减去按定额成本计算的月末在产品成本的余额为完工产品成本；每月生产费用脱离定额的节约差异或超支差异全部计入当月完工产品成本。这种方法适用于各项消耗定额或费用定额比较准确、稳定，而且各月末在产品数量变化不是很大的产品。

【例 9—7】 根据以上资料，分配结果（月初在产品定额成本资料、月末在产品成本资料）见表 9—11。

表 9—11　　**生产成本明细账**

A 产品　　2011 年 4 月　　完工产量：100 件

2011 年 月	日	摘　要	直接材料	直接人工	制造费用	合　计
4	1	在产品成本	1000	3000	1000	5000
	30	原材料费用分配表	16380			16380
	30	职工薪酬费用分配表		41040		41040
	30	制造费用分配表			16804	16804
	30	生产费用合计	17380	44040	17804	79224

续表

2011年		摘　要	直接材料	直接人工	制造费用	合　计
月	日					
	30	完工产品成本	15380	40540	16604	72524
	30	单位成本	153.8	405.4	166.04	725.24
	30	在产品成本	2000	3500	1200	6700

6. 约当产量比例法

采用约当产量比例法，应将月末在产品数量按照完工程度折算为相当于完工产品的产量，即约当产量，然后按照完工产品产量与月末在产品约当产量的比例分配计算完工产品成本和月末在产品成本。这种方法适用于月末在产品数量较多，各月在产品数量变化也较大，且产品成本中原材料费用和加工费用比重相差不多的产品。对于这种产品的完工产品和月末在产品既要分配计算原材料费用，又要分配计算各项加工费用，以提高产品成本计算的正确性。其计算公式如下：

在产品约当产量＝在产品数量×完工程度

$$费用分配率=\frac{月初在产品成本+本月生产费用}{本月完工产品产量+月末在产品约当产量}$$

完工产品成本＝本月完工产品产量×费用分配率

月末在产品成本＝月末在产品约当产量×费用分配率

或：月末在产品成本＝生产费用合计－完工产品成本

由于在产品耗用各种费用的程度不同，所以要分别成本项目计算在产品约当产量。

采用约当产量比例法计算约当产量时，要注意两种情况：

（1）原材料在生产开始时一次投入，则在产品原材料费用视同完工产品分配。

（2）原材料随着生产过程陆续投入，则用同一个约当产量计算在产品成本中的直接材料、直接人工和制造费用项目。

采用约当产量比例法时，在产品完工程度的测定上，也要注意两种情况：

（1）各工序在产品的数量和加工程度都相差不大时，可以把全部在产品的完工程度估计为50％。

（2）各工序在产品的数量和加工程度都相差较大时，应按工序分别测定。

$$某道工序在产品完工率=\frac{\begin{matrix}前面各道工序累\\计工时定额之和\end{matrix}+\begin{matrix}本工序\\工时定额\end{matrix}\times 50\%}{单位产品工时定额}\times 100\%$$

某种在产品约当产量＝∑（某道工序在产品数量×该道工序在产品完工率）

【例 9－8】 假定上述甲企业生产的 B 产品，月末完工 200 件，月末在产品 100 件，完工程度 50％，原材料生产开始时一次投入。该企业采用约当产量比例法分配生产费用。月初在产品成本资料见表 9－12。

表 9－12 **生产成本明细账**

B 产品 2011 年 4 月 完工产量：200 件

2011 年 月	日	摘 要	直接材料	直接人工	制造费用	合 计
4	1	在产品成本	3655	2640	1794	8089
	30	原材料费用分配表	9345			9345
	30	职工薪酬费用分配表		27360		27360
	30	制造费用分配表			25206	25206
	30	生产费用累计	12000	30000	27000	69000
	30	费用分配率	40	120	108	
	30	完工产品成本	8000	24000	21600	53600
	30	单位成本	40	120	108	268
	30	在产品成本	4000	6000	5400	15400

7. 定额比例法

采用定额比例法，产品的生产费用在完工产品与月末在产品之间按照两者的定额消耗量或定额费用的比例分配。其中直接材料费用按定额消耗量或定额费用比例分配。直接人工等加工费用，可以按定额费用的比例分配，也可按定额工时比例分配。由于加工费用的定额费用一般根据定额工时乘以每小时的费用定额计算，因而这些费用一般按定额工时比例分配，以节省定额费用的计算工作。这种方法适用于各项消耗定额或费用定额比较准确、稳定，但各月末在产品数量变动较大的产品。

（五）完工产品成本的结转

企业完工产品经产成品仓库验收入库以后，其成本应从“生产成本——基本生产成本”科目及所属产品成本明细账的贷方转出，转入“库存商品”科目的借方。“生产成本——基本生产成本”科目的月末余额，就是基本生产在产品的成本，也就是占用在基本生产过程中的生产资金，应与所属各种产品成本明细账中月末在产品成本之和核对相符。

根据以上甲企业成本计算资料，结转完工的 A、B 两产品的成本。

借：库存商品——A产品 72524

——B产品 53600

贷：生产成本——基本生产成本——A产品 72524

——基本生产成本——B产品 53600

四、产品成本计算方法

企业在进行成本计算时，还必须根据其生产经营特点、生产经营组织类型和成本管理要求，在前述产品成本核算一般原理和方法的基础上，确定成本计算方法。成本计算的基本方法有品种法、分批法和分步法。

（一）品种法

品种法也称简单法，是指以产品作为成本计算对象归集和分配生产费用，计算产品成本的一种方法。这种方法一般适用于单步骤、大量大批生产的企业，如供电、供水、采掘等企业；成本管理上不要求按生产步骤计算产品成本的多步骤、大量大批生产的企业也可采用，如小型水泥、小型制砖、糖果等企业。

【例9—9】企业概况：丙企业有一个基本生产车间，生产C、D两种产品，另有一个辅助生产车间——机修车间，为基本生产车间和其他部门提供修理服务。基本生产车间生产工艺属于单步骤生产，企业依据生产特点和管理要求，选用品种法计算产品成本。

2010年10月C、D两产品的月初在产品成本资料，C、D两产品的产量记录分别见表9—13、表9—14。

表9—13 C、D两产品月初在产品成本 单位：元

产品品种	直接材料	直接人工	制造费用	合 计
C产品	14400	1440	1000	16840
D产品	10400	1160	1600	13160

表9—14 C、D两产品产量记录 单位：件

产品品种	月初在产品	本月投入	本月完工	月末在产品
C产品	180	500	520	160
D产品	160	700	740	120

本月C、D两产品的材料费用均于生产开始时一次投入，C、D两产品的月末在产品完工程度均为50%，该企业采用约当产量比例法分配生产费用。

C、D两种产品本月生产费用归集和分配情况：

(1) 材料费用。本月C产品领用甲材料2080千克，D产品领用乙材料5740千克，C、D两产品共同领用丁材料3000千克，甲、乙、丁三种材料每千克单位成本分别为10元、5元、12元，本月C、D两产品单件消耗定额分别为3.2千克和2千克，C、D两产品共同领用的丁材料按定额耗用量比例分配。另外，本月基本生产车间领用一般消耗材料共2000元，其中甲、乙两种材料各1000元，企业管理部门领用丁材料1000元。编制材料费用分配表见表9—15。

表9—15　　材料费用分配表　　单位：元

应借科目	直接计入	间接计入	合　计
生产成本——基本生产成本——C产品	20800	19200	40000
生产成本——基本生产成本——D产品	28700	16800	45500
制造费用	2000		2000
管理费用	1000		1000
合　计	52500	36000	88500

注：丁材料费用分配率＝3000/（500×3.2＋700×2）＝1

C产品应分配＝500×3.2×1×12＝19200（元）

D产品应分配＝700×2×1×12＝16800（元）

借：生产成本——基本生产成本——C产品　40000

　　　　　　——基本生产成本——D产品　45500

　　制造费用　2000

　　管理费用　1000

　　贷：原材料——甲材料　21800

　　　　　　　——乙材料　29700

　　　　　　　——丁材料　37000

(2) 人工费用。本月基本生产车间生产工人工资共10000元，按C、D两产品的生产工时比例分配，C产品本月共耗生产工时2000小时，D产品本月共耗生产工时3000小时。基本生产车间管理人员工资2000元，企业管理人员工资8000元，除工资以外的其他职工薪酬计提比例为14%。编制人工费用分配表见表9—16。

表 9—16 **人工费用分配表** 单位：元

应借科目	工资	职工福利费等	合 计
生产成本——基本生产成本——C产品	4000	560	4560
生产成本——基本生产成本——D产品	6000	840	6840
制造费用	2000	280	2280
管理费用	8000	1120	9120
合 计	20000	2800	22800

注：工资费用分配率＝10000/（2000＋3000）＝2（元/小时）

C产品应分配＝2000×2＝4000（元）

D产品应分配＝3000×2＝6000（元）

借：生产成本——基本生产成本——C产品 4000
——基本生产成本——D产品 6000
制造费用 2000
管理费用 8000
贷：应付职工薪酬——工资 20000

借：生产成本——基本生产成本——C产品 560
——基本生产成本——D产品 840
制造费用 280
管理费用 1120
贷：应付职工薪酬——职工福利 2800

（3）辅助生产费用。本月机修车间共发生辅助生产费用1500元，共提供修理工时500小时，其中，基本生产车间耗用400小时，企业管理部门耗用100小时，按耗用工时比例分配。

辅助生产费用分配率＝1500/（400＋100）＝3（元）

基本生产车间应分配＝400×3＝1200（元）

企业管理部门应分配＝100×3＝300（元）

借：制造费用 1200
管理费用 300
贷：生产成本——辅助生产成本 1500

（4）制造费用。本月基本生产车间发生的制造费用归集如下：材料费用2000元，工资及福利费用2280元，修理费用1200元，折旧费用800元，办公费用600元，水电费用400元，劳保费用200元，低值易耗品摊销200元，其他费用320

元，共计8000元，按生产工时比例在C、D两产品间进行分配。编制制造费用分配表见表9－17。

表9－17　　**制造费用分配表**　　单位：元

应借科目	分配标准	分配率	分配金额
生产成本——基本生产成本——C产品	2000	1.6	3200
生产成本——基本生产成本——D产品	3000	1.6	4800
合　计	5000		8000

借：生产成本——基本生产成本——C产品　　3200
　　　　　　——基本生产成本——D产品　　4800
　贷：制造费用　　8000

根据上述各种费用分配表，将有关费用数额计入各产品成本明细账中，并根据产量记录和产品完工情况，按规定方法计算出完工产品成本和月末在产品成本。C、D两产品的产品成本明细账见表9－18、表9－19。

表9－18　　**产品成本明细账**

产品名称：C　　2010年10月　　完工产品产量：520件

摘　要	直接材料	直接人工	制造费用	合　计
月初在产品成本	14400	1440	1000	16840
本月生产费用	40000	4560	3200	47760
生产费用合计	54400	6000	4200	64600
完工产品总成本	41600	5200	3640	50440
单位成本	80	10	7	97
月末在产品成本	12800	800	560	14160

表9－19　　**产品成本明细账**

产品名称：D　　2010年10月　　完工产品产量：740件

摘　要	直接材料	直接人工	制造费用	合　计
月初在产品成本	10400	1160	1600	13160
本月生产费用	45500	6840	4800	57140
生产费用合计	55900	8000	6400	70300

续表

摘　　要	直接材料	直接人工	制造费用	合　计
完工产品总成本	48100	7400	5920	61420
单位成本	65	10	8	83
月末在产品成本	7800	600	480	8880

借：库存商品——C 产品　　50440
　　　　　　——D 产品　　61420
　贷：生产成本——基本生产成本——C 产品　　50440
　　　　　　　——基本生产成本——D 产品　　61420

（二）分批法

分批法是指以产品的批别作为成本计算对象，归集生产费用，计算产品成本的一种方法。分批法亦称定单法，适用于单件、小批生产的企业，如造船、重型机器制造、精密仪器制造等。分批法的主要特点是所有的生产费用要分别产品的订单或批别来归集，成本计算对象是购买者事先订货或规定的产品批别。

（三）分步法

分步法是指按照生产过程中各个加工步骤（分品种）为成本计算对象，归集生产费用，计算各步骤半成品和最后产成品成本的一种方法，适用于连续加工式生产的企业或车间，如冶金、纺织等。

第三节　费用的核算

这里的费用又称经营管理费用或期间费用。期间费用是指不能直接归属于某个特定产品成本的费用。它容易确定其发生的期间，而难以判别其所应归属的产品，因而不计入产品的生产成本，直接体现为当期损益。工业企业的期间费用包括管理费用、财务费用和销售费用。

一、管理费用的核算

管理费用是指企业行政管理部门为组织和管理生产经营活动而发生的各种费用。

管理费用的费用项目一般有：人工费用、物料消耗、差旅费、办公费、低值易耗品摊销、折旧费、修理费、水电费、租赁费、保险费、劳动保险费、待业保险费、工会会费、职工教育经费、咨询费、审计费、诉讼费、排污费、绿化费、税金、土地（或海域）使用费、土地损失补偿费、技术转让费、技术开发费、无形资产摊销、开办费摊销、业务招待费、董事会费以及材料产品盘亏、毁损和报废（减盘盈）等。

企业发生的管理费用在“管理费用”科目核算，并按照费用项目设置明细科目进行明细核算。企业发生管理费用时，借记“管理费用”科目，贷记有关科目。

商品流通企业可以不设置“管理费用”科目，其核算内容可以并入“销售费用”科目核算。期末，应将“管理费用”科目的余额转入“本年利润”科目，结转后“管理费用”科目应无余额。

二、财务费用的核算

财务费用是指企业为筹集生产经营所需资金而发生的各项费用。财务费用也不计入产品成本，而作为期间费用，直接计入当期损益。

财务费用的费用项目一般有：利息支出（减利息收入）、汇兑损失（减汇兑收益）以及金融机构手续费等。为购建固定资产的专门借款所发生的借款费用，在固定资产达到预定可使用状态前按规定应予资本化的部分，不作为财务费用核算。

企业发生的财务费用在“财务费用”科目核算，并按照费用项目设置明细科目进行明细核算。企业发生的财务费用，借记“财务费用”科目，贷记有关科目。期末，应将“财务费用”科目的余额转入“本年利润”科目，结转后“财务费用”科目应无余额。

三、销售费用的核算

销售费用是指企业在销售过程中所发生的费用以及销售本企业产品而专设的销售机构的经常费用。销售费用也不计入产品成本，而作为期间费用，直接计入当期损益。

销售费用的项目，有的按费用的经济用途设立，有的按费用的经济内容设立，一般包括运输费、装卸费、包装费、保险费、展览费、广告费、租赁费、销售服务费和委托代销手续费等。在专设销售机构的企业中，还包括销售机构的工资及福利费、折旧费、修理费、物料消耗、低值易耗品摊销、差旅费和办公费等经常费用。

商品流通企业在购买商品过程中发生的运输费、装卸费、包装费、保险费、运输途中的合理损耗和入库前的挑选整理费等，也作为销售费用处理。

企业为扩大其产品或劳务的影响而在各种媒体上做广告宣传所发生的广告费，应于相关广告见诸媒体时，作为期间费用，直接计入当期销售费用，不得预提和待摊。

如果有确凿证据表明（按照合同或协议约定等）企业实际支付的广告费，其相对应的有关广告服务将在未来几个会计年度内获得，则本期实际支付的广告费应作为预付账款，在接受广告服务的各会计年度内，按照双方合同或协议约定的各期接受广告服务的比例分期计入损益。如果没有确凿的证据表明当期发生的广告费是为了在以后年度取得有关广告服务，则应将广告费于相关广告见诸媒体时计入当期损益。

企业发生的销售费用在“销售费用”科目核算，并按照费用项目设置明细科目进行明细核算。企业发生销售费用时，借记“销售费用”科目，贷记有关科目。

商品流通企业在进货过程中发生的运输费、装卸费、包装费、保险费、运输途中的合理损耗和入库前的挑选整理费用等，借记“销售费用”科目，贷记“库存现金”、“银行存款”等科目。期末，应将“销售费用”科目余额转入“本年利润”科目，结转后“销售费用”科目应无余额。

第十章　收益计量与利润分配

第一节　收益计量

一、收益计量的目的

收益计量的首要目的，是满足企业所有者的需要。投资者不仅关心企业的股利支付能力，而且在许多情况下关心其盈利增长潜力。损益的计算结果，可使现实的和潜在的投资者在作出“购—售—持”决策时有所依据。

收益计量的再一个重要目的，是满足债权人的需要。债权人必然关心特定财务主体现在和将来的偿债能力。作为收益计量结果的利润指标，是债权人评价企业长期偿债能力的重要依据。因此，债权人需要通过企业的收益计量得到必要的相关信息，以及时保护自身的利益。

收益计量也是衡量企业的有效经营程度，判断管理效率高低的重要手段。通过收益计量的结果，所有者可以了解管理当局履行受托责任的情况，从而采取种种必要的奖惩措施。

此外，收益计量对于政府有关机构（如税务部门）和企业的职工也是必要的。一定会计期间的收益计量结果与上述各方均有着密切的经济相关性。

收益计量，准确地说是期间收入与期间支出配比的期间损益的计算，是设定会计分期假设的根本目的，也是设定持续经营假设的必然要求。

随着资本社会化、证券市场化程度的不断提高，期间收益计量的重要性会越来越大。

二、收益计量的基本观念

收益计量，是指对收益运用货币进行量化反映的过程，它主要解决按多少金额对收益予以记录的问题。收益计量的观念主要有两种，即“资产—负债”观和“收入—费用”观。

（一）“资产—负债”观

“资产—负债”观就是直接用企业的资产和负债之度量来确定收益的方法。因收益的计量依赖于资产和负债的正确估价，也称为资产负债表法或计价法。在这一方法下，收益表被视为是反映企业一定期间内净资产变动的报表，收益的确定处于从属地位，收益表成了资产负债表的副产品。

因所有者权益的计量从属于资产和负债的计量，而资产的计量又与资本保全的概念相联系，故“资产—负债”观下，又有名义货币资本保全观、一般购买力资本保全观和实物资本保全观的不同。

“资产—负债”观下的损益计量基本公式为：

当期净利润＝（期末所有者权益－期初所有者权益）－（所有者本期追加投资－所有者本期提款）

或：当期净利润＝（期末资产－期末负债）－（期初资产－期初负债）－（所有者本期追加投资－所有者本期提款）

（二）“收入—费用”观

随着股份公司的出现和“持续经营”理念的形成，收益的重要性日益为人们所认识，这时的收益被人们看做收入与相关成本费用配比的结果，即人们将一定时期的收入减去各类相关成本费用后得出收益，故又称为“配比法”。“收入—费用”观的使用使得资产负债表成了收益表的副产品。

因收入、费用涵盖的范围与期间的不同，“收入—费用”观下又可以分为当期营业基础和损益满计基础。

当期营业基础，即强调收入和费用均由当期“交易”而产生，因“情况”或“事项”而产生的持有利得和各种意外损失，均不包括在当期利润之中的一种收益计量基础。

损益满计基础，即将收入、费用、利得、损失均计入利润表中，从而计算出净额的一种收益计量基础。

我国目前采用的是“收入—费用”观下的损益满计基础，但以前年度损益并不列入利润表中，从而不能算作严格意义上的损益满计。

“收入—费用”观下损益满计的基本公式为：

当期净利润＝（收入＋利得）－（费用＋损失）

三、收益计量前的准备工作

我国的收益计量采用的是“收入—费用”观，因此计量收益之前要根据配比原则进行各种摊提、折旧的会计处理。除此之外，还要进行以下准备工作：

（一）计量年度收益前，应当全面清查资产、核实债务

结算款项，包括应收款项、应付款项、应交税费等是否存在，与债务、债权单位的相应债务、债权金额是否一致；原材料、在产品、自制半成品、库存商品等各项存货的实存数量与账面数量是否一致，是否有报废损失和积压物资等；各方面投资是否存在，投资收益是否按照国家统一的会计制度规定进行确认和计量；房屋建筑物、机器设备、运输工具等各项固定资产的实存数量与账面数量是否一致；在建工程的实际发生额与账面记录是否一致；需要清查、核实的其他内容。

企业通过清查、核实，查明财产物资的实存数量与账面数量是否一致、各项结算款项的拖欠情况及其原因、材料物资的实际储备情况、各项投资是否达到预期目的、固定资产的使用情况及其完好程度等。企业清查、核实后，应当将清查、核实的结果及其处理办法向企业的董事会或者相应机构报告，并根据国家统一的会计制度的规定进行相应的会计处理。

企业应当在年度中间根据具体情况，对各项财产物资和结算款项进行重点抽查、轮流清查或者定期清查。

（二）对账、结账与调账

核对各会计账簿记录与会计凭证的内容、金额等是否一致，记账方向是否相符；依照本条例规定的结账日进行结账，结出有关会计账簿的余额和发生额，并核对各会计账簿之间的余额；检查相关的会计核算是否按照国家统一的会计制度的规定进行；对于国家统一的会计制度没有规定统一核算方法的交易、事项，检查其是否按照会计核算的一般原则进行确认和计量以及相关账务处理是否合理；检查是否存在因会计差错、会计政策变更等原因需要调整的前期或者本期相关项目。

企业对经查实后的资产、负债有变动的，应当按照资产、负债的确认和计量标准进行确认和计量，并按照国家统一的会计制度的规定进行相应的会计处理。采用公允价值计量的交易性金融资产、可供出售金融资产、投资性房地产等资产、负债项目，应根据期末公允价值重新计量，确认公允价值变动；采用成本计量的资产，要确认或调整减值准备。

四、收益计量的具体方法

（一）表结法

表结法是指会计期末不实际结转各收支账户，而将各相关账户余额填入“利润表”中，利用表内项目间的固定计算关系，计算出当期会计收益额的一种方法。

我国目前采用的多步式利润表收益计量分三步进行，其步骤和内容如下：

第一步：计算营业利润。

营业利润＝营业收入－营业成本－营业税金及附加－销售费用－管理费用－财务费用－资产减值损失±公允价值变动损益±投资收益

第二步：计算利润总额。

利润总额＝营业利润＋营业外收入－营业外支出

第三步：计算利润净额。

利润净额＝利润总额－所得税费用

表结法一般用于会计年度内各月份的收益计量。

（二）账结法

账结法要使用“本年利润”科目进行相关转账处理。

“本年利润”科目，核算企业实现的净利润（或发生的净亏损）。

期末结转利润时，应将“主营业务收入”、“其他业务收入”、“营业外收入”等科目的期末余额，分别转入该科目，借记“主营业务收入”、“其他业务收入”、“营业外收入”等科目，贷记该科目；将“主营业务成本”、“营业税金及附加”、“其他业务成本”、“销售费用”、“管理费用”、“财务费用”、“营业外支出”、“所得税费用”等科目的期末余额，分别转入该科目，借记该科目，贷记“主营业务成本”、“营业税金及附加”、“其他业务成本”、“销售费用”、“管理费用”、“财务费用”、“资产减值损失”、“营业外支出”、“所得税费用”等科目。将“投资收益”科目的净收益，转入该科目，借记“投资收益”科目，贷记该科目；如为净损失，作相反会计分录。

年度终了，应将本年收入和支出相抵后结出的本年实现的净利润，转入“利润分配”科目，借记该科目，贷记“利润分配——未分配利润”科目；如为净亏损，作相反会计分录，结转后该科目应无余额。

账结法一般用于会计年度末的收益计量。

【例 10－1】 ABC 公司 2010 年结转收益前有关收支账户余额如下（单位：元）：

主营业务收入	188500	营业外支出	750
主营业务成本	75400	销售费用	10000
营业外收入	5200	营业税金及附加	18500
投资收益	68000	管理费用	19000
其他业务收入	38300	财务费用	2500
其他业务成本	3850		

A. 将所有收入、利得转入“本年利润”。

借：主营业务收入　188500
　　营业外收入　5200
　　投资收益　68000
　　其他业务收入　38300
　　贷：本年利润　300000

B. 将所有费用、损失转入“本年利润”。

借：本年利润　130000
　　贷：主营业务成本　75400
　　　　营业税金及附加　18500
　　　　其他业务成本　3850
　　　　销售费用　10000
　　　　管理费用　19000
　　　　财务费用　2500
　　　　营业外支出　750

五、所得税与本年利润结转

依照上述会计分录结转出的会计利润，称为利润总额或税前利润。

财务会计规范和税收法规的区别在于确认收益实现和费用扣减的时间以及费用的可扣减性不同。由于财务会计是按照会计制度核算收益、费用、利润、资产、负债等，税法是按照税收法规确认收益、费用、利润、资产、负债等，因此按照财务会计方法计算的税前利润须按照税法规定调整为应纳税所得。

税前利润在调整为应纳税所得后，企业应据之计算应交所得税。

企业应缴纳的所得税，在“应交税费”科目下设置“应交所得税”明细科目核算；当期应计入损益的所得税，作为一项费用，在净收益前扣除。企业按照一定方法计算计入损益的所得税，借记“所得税费用”等科目，贷记“应交税费——应交所得税”科目。

【例 10－2】承接**【例 10－1】**，ABC 公司当年发生的税收滞纳金 20000 元。国库券利息收入 40000 元已入账。根据**【例 10－1】**计算出的税前会计利润为 300000－130000＝170000 元，所得税率为 25％。

要求：计算出该公司应交所得税，并结转净利润，结清“本年利润”账户。

A. 计算出该公司应交所得税。

应纳税所得＝税前会计利润±收入差异±费用差异

＝170000－40000＋20000

＝150000（元）

应交所得税＝150000×25％＝37500（元）

借：所得税费用　　37500

　　贷：应交税费——应交所得税　　37500

B. 结转净利润。

借：本年利润　　37500

　　贷：所得税费用　　37500

C. 将净利润转入未分配利润。

借：本年利润　　132500

　　贷：利润分配——未分配利润　　132500

第二节　利润分配

目前，企业实现净利润的分配，采取向投资人支付股利（或利润）的形式以考核企业对投资人的经济责任，采取提取盈余公积金的形式以鼓励企业不断发展。

利润分配的过程与结果，是关系到所有者的合法权益能否得到保护，企业能否长期、稳定发展的重要问题，为此，企业必须加强利润分配的管理和核算。

一、利润分配的会计科目设置

利润分配的核算过程会涉及以前已经学习过的一些会计科目，如“本年利润”科目、“盈余公积”科目等。除此之外还会涉及以下会计科目：

（一）“应付股利”科目

该科目核算企业经董事会、股东大会或类似机构决议确定分配的现金股利或利润。企业分配的股票股利，不通过该科目核算。

企业应当根据通过的股利或利润分配方案，按应支付的现金股利或利润，借记“利润分配”科目，贷记该科目。

企业分配的现金股利或利润，在实际支付时，借记该科目，贷记“库存现金”等科目。

该科目期末贷方余额，反映企业尚未支付的现金股利或利润。

（二）“利润分配”科目

利润分配科目核算企业利润的分配（或亏损的弥补）和历年分配（或弥补）后的积存余额。该科目应当设置以下明细科目：其他转入；提取法定盈余公积；提取法定公益金；提取储备基金；提取企业发展基金；提取职工奖励及福利基金；利润归还投资；应付优先股股利；提取任意盈余公积；应付普通股股利；转作资本（或股本）的普通股股利；未分配利润。

企业用盈余公积弥补亏损，借记“盈余公积”科目，贷记该科目（其他转入）。

按规定从净利润中提取盈余公积时，借记该科目（提取法定盈余公积、提取任意盈余公积），贷记“盈余公积——法定盈余公积/任意盈余公积”科目。

应当分配给股东的现金股利或利润，借记该科目（应付优先股股利、应付普通股股利），贷记“应付股利”科目。

企业经股东大会或类似机构批准分派股票股利，应于实际分派股票股利时，借记该科目[转作资本（或股本）的普通股股利]，贷记“实收资本”（或“股本”）科目。

年度终了，企业应将全年实现的净利润，自“本年利润”科目转入该科目，借记“本年利润”科目，贷记该科目（未分配利润）；如为净亏损，作相反会计分录。同时，将“利润分配”科目下的其他明细科目的余额转入该科目的“未分配利润”明细科目。结转后，除“未分配利润”明细科目外，该科目的其他明细科目应无余额。

该科目年末余额，反映企业历年积存的未分配利润（或未弥补亏损）。

二、利润分配的程序方法

当年初存在以前年度的未弥补亏损或本年是亏损年度时，本年净利润与以前年度未分配利润盈亏相抵后的结果如何对利润分配的顺序会有所影响，由此形成利润分配的不同程序方法。

（一）利润分配的一般程序方法

（1）年初未分配利润＋本年度净利润＝可供分配的利润。

（2）本年净利润×10％＝提取法定盈余公积。

（3）可供分配利润－提取法定盈余公积＝可供投资者分配的利润。

（4）根据企业章程规定计算出本年应付优先股股利。

（5）根据股东会或股东大会决议提取任意盈余公积。

（6）根据股东会或股东大会决议计算出应付普通股股利。

（7）根据股东会或股东大会决议计算出转作资本的普通股股利。

以上利润分配的一般程序方法，仅仅适用于年初有未分配利润贷方余额，且本年度有净利润的情况。

（二）涉及亏损情况的利润分配

企业发生的年度亏损，可以用下一年度实现的税前利润弥补；下一年度税前利润不足弥补的，可以在5年内延续弥补；5年内不足弥补的，应当用税后利润弥补。企业发生的年度亏损以及超过用税前利润抵补期限的也可以用以前年度提取的盈余公积金弥补。

1. 亏损年度利润分配

如果年初有未分配利润贷方余额，本年度有亏损，且两者相加为正数，即为可供分配的利润。公司可视具体情况向投资者分配利润。如果两者相加为负数，即为年末未弥补亏损，待下一年度继续弥补。注意此类情况下一律不提取法定盈余公积。

2. 须抵补亏损的盈利年度利润分配

如果年初有未弥补亏损，而本年度有净利润，那么应先考虑按法定盈余公积抵补亏损，若仍不足以抵补亏损的，再用本年度净利润抵补。本年度净利润减去抵补亏损后的余额为可供分配的利润。在这种情况下，应以本年度净利润减去抵补亏损后的余额作为提取法定盈余公积的基数，以后的利润分配程序同一般程序。

3. 连续亏损年度利润分配

如果年初有未弥补亏损，且本年度又有亏损，那么两者合计数为年末未弥补亏损，待以后年度继续弥补亏损。此类情况下也一律不提取法定盈余公积。

这里应该强调的是，在连续亏损的情况下进行利润分配时，无论哪一类情况，都可能向投资者分配股利。这样做的必要条件是年末全部转账完毕后，未分配利润账户有贷方余额。这就要求将任意盈余公积、法定盈余公积等通过实际转账的方式，转入“利润分配——未分配利润”账户，从而先弥补以前年度及本年度亏损后，再将剩余的未分配利润向投资者分配。

股份有限公司当年无利润时，不得向股东分配股利，但在用盈余公积金弥补亏损后，经股东大会特别决议，可以按照不超过股票面值6%的比例用盈余公积金分配股利。在分配股利后，企业法定盈余公积金不得低于注册资本金的25%。

三、提取盈余公积

我国《公司法》规定，公司分配当年税后利润时，应当提取利润的10%列入公司法定盈余公积金。公司法定盈余公积金累计额为公司注册资本的50%以上的，可以不再提取。

这种从当年税后利润中提取的公积金，就是法定盈余公积。公司的法定盈余公积金不足以弥补以前年度亏损的，在提取法定盈余公积金之前，应当先用当年利润弥补亏损。

公司从税后利润中提取法定盈余公积金后，经股东会或者股东大会决议，还可以从税后利润中提取任意盈余公积金。任意盈余公积金没有提取比例限制。

【例 10－3】 甲公司年初未分配利润为贷方余额 2000000 元，本年实现净利润 3000000 元，股东会决定提取任意盈余公积 200000 元。

法定盈余公积提取额＝3000000×10%＝300000（元）

借：利润分配——提取法定盈余公积　　300000
　　　　　　——提取任意盈余公积　　200000
　贷：盈余公积——法定盈余公积　　　300000
　　　　　　——任意盈余公积　　　　200000

如甲公司年初未分配利润科目为借方余额 2000000 元，但该公司以前年度已经提取法定盈余公积 4000000 元，则本年计提法定盈余公积计算基数仍为 3000000 元。

如甲公司年初未分配利润科目为借方余额 2000000 元，且该公司以前年度未提取法定盈余公积，则本年度计提法定盈余公积计算过程为：

净利润 3000000 元－未弥补以前年度亏损 2000000 元＝1000000 元

应提取法定盈余公积＝1000000 元×10%＝100000 元

四、股利分配

公司弥补亏损和提取公积金后所余税后利润，有限责任公司股东按照实缴的出资比例分取红利；全体股东约定不按照出资比例分取红利或者不按照出资比例优先认缴出资的除外。

股份有限公司按照股东持有的股份比例分配，但股份有限公司章程规定不按持股比例分配的除外。

企业以前年度未分配的利润，可以并入本年度分配。

股东会、股东大会或者董事会违反规定，在公司弥补亏损和提取法定盈余公积金之前向股东分配利润的，股东必须将违反规定分配的利润退还公司。

公司持有的本公司股份不得分配利润。

【例 10－4】 承接 **【例 10－3】**，甲公司经董事会、股东大会或类似机构决议确定本年分配普通股现金股利 500000 元。

借：利润分配——应付普通股股利　　500000

　贷：应付股利　　500000

五、未分配利润核算

利润分配的基本思路是：本年实现的净利润有两个去向：一是分出去，形成应付股利；二是留下来，形成留存收益。留存收益又分为两部分，指定用途部分称为盈余公积，未指定用途部分称为未分配利润。

未分配利润是企业留待以后年度进行分配的结存利润，也是企业所有者权益的组成部分。未分配利润有两层含义：一是留待以后年度处理的利润；二是未指定特定用途的利润。

在会计核算上，未分配利润是通过“利润分配”科目进行核算的，具体来说是通过“利润分配”科目之下“未分配利润”明细科目进行核算的。于年度终了时，应将全年实现的净利润从“本年利润”账户转入“利润分配——未分配利润”账户，然后将利润分配账户下的其他明细账户余额转入未分配利润账户，该明细账户的余额即企业累计的未分配利润额。

【例 10－5】 承接 **【例 10－3】**、**【例 10－4】**，年度终了，将“本年利润”科目、“利润分配”科目下的其他明细科目余额，一律转入“利润分配——未分配利润”科目。

借：本年利润　　3000000

　贷：利润分配——未分配利润　　3000000

借：利润分配——未分配利润　　1000000

　贷：利润分配——提取法定盈余公积　　300000

　　　　　　　——提取任意盈余公积　　200000

　　　　　　　——应付股利　　500000

经过以上结转后，年末“利润分配——未分配利润”科目余额为 2000000＋2000000＝4000000（元），即该公司累计的未分配利润额。

将累计的未分配利润额与历年累计提取结存的各种盈余公积相加，就是该公司的累计留存收益。累计留存收益是企业扩大再生产的基础之一。

六、弥补亏损核算

因为利润本身是双向的，因此未分配利润也是双向的，也就是说，当年末将“本年利润”科目、“利润分配”科目下的其他明细科目余额，一律转入“利润分配——未分配利润”科目后，“利润分配——未分配利润”出现借方余额时，实际上代表未弥补亏损。

企业在当年发生亏损的情况下，年末结转时，应当借记“利润分配——未分配利润”科目，贷记“本年利润”科目。结转后“利润分配”科目的借方余额，即为当年新增加的未弥补亏损的数额。

当年新增加的未弥补亏损的数额与“利润分配——未分配利润”科目的原有余额相加或相抵后，仍为借方余额的，就是累计未弥补亏损。以后有关亏损弥补的事项，一律通过“利润分配——未分配利润”科目核算。

企业发生的亏损可以以次年实现的税前利润弥补。在以次年实现的税前利润弥补以前年度亏损的情况下，企业当年实现的利润自“本年利润”科目转入“利润分配——未分配利润”科目，将本年实现的利润结转到“利润分配——未分配利润”科目的贷方，其贷方发生额与“利润分配——未分配利润”的借方余额自然抵补。因此，以当年实现净利润弥补以前年度结转的未弥补亏损时，不需要进行专门的账务处理。

企业用盈余公积弥补亏损时，则须借记“盈余公积”科目，贷记“利润分配——其他转入”科目。以后再借记“利润分配——其他转入”科目，贷记“利润分配——未分配利润”科目，与“利润分配——未分配利润”科目原先的借方余额形成抵补，最终完成亏损弥补过程。

第十一章 财务会计报告

第一节 财务会计报告概述

一、财务会计报告

财务会计报告，亦称财务报告，是指企业对外提供的反映企业某一特定日期财务状况和某一会计期间经营成果、现金流量的文件。提供财务会计报告是为了满足现有的和潜在的投资者、债权人、政府及其机构等信息使用者对财务信息的需求，其最终目的是为了达到社会资源的合理配置。财务会计报告主要包括财务报表和其他应当在财务报告中披露的相关信息和资料。其中，财务报表由报表本身及其附注两部分构成，附注是财务报表的有机组成部分，而报表至少应当包括资产负债表、利润表、现金流量表和所有者权益变动表等。除了财务报表之外，财务报告还应当包括其他相关信息，具体可以根据有关法律法规的规定和外部使用者的信息要求而定。

二、财务报表的分类、构成及编制要求

（一）财务报表的分类

财务报表是财务会计报告的核心内容，也是会计核算过程中的结果与总结。财务报表可以根据需要，按照不同的标准进行分类。其主要分类有：

（1）按反映的经济内容划分，可以分为反映财务状况的报表和反映经营成果的报表。

（2）按编制的时间划分，可以分为中期报表（包括月报、季报和半年报）和年度报表。

（3）按编制的单位划分，可以分为单位报表和汇总报表。

（4）按会计报表反映的范围划分，可以分为个别报表和合并报表。

（二）财务报表的构成

根据《企业会计准则》的规定，主要财务报表的构成如表 11－1 所示。

表 11－1 主要财务报表的构成

编　号	会计报表名称	编报期
会企 01 表	资产负债表	中期报告：年度报告
会企 02 表	利润表	中期报告：年度报告
会企 03 表	现金流量表	中期报告：年度报告
会企 04 表	所有者权益（或股东权益）变动表	年度报告

（三）财务报表编制的基本要求

为了充分发挥财务会计报告的作用，让会计信息的使用者全面地了解企业的财务状况、经营成果和现金流量，进行可靠的经济判断和决策，并尽可能准确地预测企业未来发展趋势，财务报表的编制应遵循以下基本要求：

1. 遵循各项会计准则进行确认和计量

企业应当根据实际发生的交易或者事项，遵循各项具体准则的规定进行确认和计量，并在此基础上编制财务报表。企业不应当以在附注中披露代替对交易和事项的确认和计量，即企业采用的不恰当的会计政策，不得通过在附注中披露等其他形式予以更正。

2. 列报基础

持续经营是会计的基础前提，是会计确认、计量及编制财务报表的基础。《企业会计准则》规范的是持续经营条件下企业对所发生交易和事项确认、计量及报表列报；相反，如果企业经营出现了非持续经营，致使以持续经营为基础编制财务报表不再合理时，企业应当采用其他基础编制财务报表。如破产企业的资产采用可变现净值计量，负债按照其预计的结算金额计量等。由于企业在持续经营和非持续经营环境下采用的会计计量基础不同，产生的经营成果和财务状况不同，因此在附注中披露非持续经营信息对报表使用者而言非常重要。在非持续经营情况下，企业应当在附注中声明财务报表未以持续经营为基础列报，披露未以持续经营为基础的原因以及财务报表的编制基础。

3. 重要性和项目列报

财务报表是通过大量交易或其他事项进行处理而生成的，这些交易或其他事项按其性质或功能汇总归类而形成财务报表中的项目。关于项目在财务报表中是单独列报还是合并列报，应当根据重要性原则来判断。总的原则是，如果某项目单个看不具有重要性，则可将其与其他项目合并列报；如具有重要性，则应当单独列报。需要说明的是，无论是财务报表列报准则规定单独列报的项目，还是其他具体准则规定单独列报的项目，企业都应予以单独列报。重要性的判断为是否单独列报的重要标准。《企业会计准则》首次对“重要性”概念进行了定义，即如果财务报表某项目的省略或错报会影响使用者据此作出经济决策的，该项目就具有重要性。企业在进行重要性判断时，应当根据所处环境，从项目的性质和金额大小两方面予以判断。

4. 列报的一致性

可比性是一项重要的会计信息质量要求。目的是使同一企业不同期间和同一期间不同企业的财务报表相互可比。为此，财务报表项目的列报应当在各个会计期间保持一致，不得随意变更。这一要求不仅针对财务报表中的项目名称，还包括财务报表项目的分类、排序等方面。当会计准则要求改变，或企业经营业务的性质发生重大变化后，变更财务报表项目的列报能够提供更可靠、更相关的会计信息时，财务报表项目的列报是可以改变的，但应在附注中予以披露。

5. 财务报表项目金额间的相互抵销

财务报表项目应当以总额列报，资产和负债、收入和费用不能相互抵销，即不得以净额列报，但企业会计准则另有规定的除外。但以下两种情况不属于抵销，可以净额列示：①资产计提的减值准备，实质上意味着资产的价值确实发生了减值，资产项目应当以扣除减值准备后的净额列示，这样才反映资产当时的真实价值。②非日常活动并非企业主要业务，且具有偶然性，从重要性来讲，非日常活动产生的损益以收入和费用抵销后的净额列示，对公允反映企业财务状况和经营成果影响不大，抵销后反而更能有利于报表使用者的理解。

6. 比较信息的列报

企业在列报当期财务报表时，至少应当提供所有列报项目上一可比会计期间的比较数据，以及与理解当期财务报表相关的说明，目的是向报表使用者提供对比数据，提高信息在会计期间的可比性，以反映企业财务状况、经营成果和现金流量的发展趋势，提高报表使用者的判断与决策能力。

7. 报告期间

企业至少应当编制年度财务报表。年度财务报表的涵盖期间短于一年的，企业应当披露年度财务报表的实际涵盖期间及其短于一年的原因，并应当说明由此引起财务报表项目与比较数据不具可比性这一事实。

8. 其他

企业应当在财务报表的显著位置至少披露编报企业的名称、资产负债表日或财务报表涵盖的会计期间、人民币金额单位。若财务报表是合并财务报表的，应当予以标明。

总之，依据上述列报的基本要求，企业应按各财务报表规定的编制基础、依据、原则和方法等要求，对报表中各项会计要素进行合理的确认和计量，将企业已发生的经济活动与报告对象决策有关的各种信息尽可能充分提供，按规定填列的报表各项目都应填写完整，不得漏报或任意取舍。企业在日常会计核算中的会计凭证的编制和账簿的记录必须以实际发生的经济业务为根据，将其全部登记入账，并按规定核对账目、清查资产、调整账项，做到账证相符、账账相符、账实相符。同时要按照有关法律、行政法规规定的时间结账，不得提前或延迟。企业在编制财务报表的过程中，必须严格按照规定的报表编制说明进行操作，正确把握各项指标的口径，准确计算和填列各项指标的金额。企业应在规定的时间内编报完成财务报表并及时传递，以确保财务报表的及时性和实效性。

第二节 资产负债表

一、资产负债表概述

资产负债表是反映企业在某一特定日期财务状况的报表。它是根据资产、负债和所有者权益之间的相互关系，对日常工作中形成的大量数据按照一定的分类标准和一定的顺序予以适当排列，把企业一定日期的资产、负债和所有者权益各项目进行高度浓缩整理后编制而成的财务状况静态报表。它表明企业在某一特定日期所拥有或控制的经济资源、所承担的现有的债务和所有者对企业净资产的要求权。

资产负债表的格式主要有账户平衡式和报告式两种。在我国，规定使用账户平衡式格式。即左方为资产，按其流动性分别反映流动资产和非流动资产的年初余额和期末余额；右方为负债和所有者权益，分别反映流动负债、非流动负债和所有者权益的年初余额和期末余额。并根据会计恒等式“资产＝负债＋所有者权益”的原理，左方资产总计等于右方权益总计。其基本格式如表 11－2 所示。

表 11-2 **资产负债表（简表）** 会企 01 表

编制单位：××× 年 月 日 单位：元

资　产	年初数	期末数	负债和所有者权益	年初数	期末数
流动资产：			流动负债：		
货币资金			短期借款		
交易性金融资产			交易性金融负债		
应收票据			应付票据		
应收账款			应付账款		
预付款项			预收账款		
应收利息			应付职工薪酬		
应收股利			应交税费		
其他应收款			应付利息		
存货			应付股利		
一年内到期的非流动资产			其他应付款		
其他流动资产			一年内到期的非流动负债		
流动资产合计			其他流动负债		
非流动资产：			流动负债合计		
可供出售金融资产			非流动负债：		
持有至到期投资			长期借款		
长期应收款			应付债券		
长期股权投资			长期应付款		
投资性房地产			专项应付款		
固定资产			预计负债		
在建工程			递延所得税负债		
工程物资			其他非流动负债		
固定资产清理			非流动负债合计		
无形资产			负债合计		
开发支出			所有者权益（或股东权益）：		
商誉			实收资本（或股本）		
长期待摊费用			资本公积		
递延所得税资产			盈余公积		
其他非流动资产			未分配利润		
非流动资产合计			所有者权益合计		
资产总计			负债和所有者权益总计		

二、资产负债表各项目的填列方法

财务报表的编制，主要是通过对日常会计核算记录的数据加以归集、整理使之成为有用的会计信息。由于资产负债表是反映财务状况静态的会计报表，所以在期末编制前，首先应编制科目余额试算平衡表，然后依据资产、负债和所有者权益各科目的总账余额和明细账余额的相关记录，按照制度的要求，填列资产负债表各项目的年初余额和期末余额。

（一）"年初余额"的填列方法

资产负债表"年初余额"栏各项目金额的填列，应根据上年末资产负债表"期末余额"栏内所列数字填列。如果本年度资产负债表规定的各个项目的名称和内容与上年度不相一致，应对上年末资产负债表各项目的名称和数字按照本年度的规定进行调整，按调整后的数字填入本表"年初余额"栏内。

（二）"期末余额"的填列方法

资产负债表的"期末余额"栏中各项目的金额，主要是根据有关科目记录编制的，其数据的列报主要包括以下五种方式：①根据总账科目期末余额填列。②根据有关明细科目的期末余额计算填列。③根据总账科目和明细科目的余额分析计算填列。④根据有关科目余额减去其备抵科目后的净额填列。⑤综合运用上述填列方法分析填列。具体各项目的填列方法如下（特殊行业的特殊项目略）：

1. 资产类项目

（1）"货币资金"项目：应根据"库存现金"、"银行存款"、"其他货币资金"科目期末余额的合计数填列。

（2）"交易性金融资产"项目：应根据"交易性金融资产"科目的余额填列。

（3）"应收票据"项目：应根据"应收票据"科目的期末余额，减去"坏账准备"科目中有关应收票据计提的坏账准备期末余额后的金额填列。

（4）"应收账款"项目：应根据"应收账款"和"预收账款"科目所属各明细科目的期末借方余额合计数，减去"坏账准备"科目中有关应收账款计提的坏账准备期末余额后的金额填列。如"应收账款"科目所属明细科目期末余额有贷方余额的，应在资产负债表负债方的"预收款项"项目内填列。

（5）"预付款项"项目：应根据"预付账款"和"应付账款"科目所属各明细科目的期末借方余额合计数，减去"坏账准备"科目中有关预付账款计提的坏账准备期末余额后的金额填列。如"预付账款"科目所属各明细科目期末有贷方余额的，应在资产负债表负债方的“应付账款”项目内填列。

(6)“应收利息”项目：应根据“应收利息”科目的期末余额，减去“坏账准备”科目中有关应收利息计提的坏账准备期末余额后的金额填列。

(7)“应收股利”项目：应根据“应收股利”科目的期末余额，减去“坏账准备”科目中有关应收股利计提的坏账准备期末余额后的金额填列。

(8)“其他应收款”项目：应根据“其他应收款”科目的期末余额，减去“坏账准备”科目中有关其他应收款计提的坏账准备期末余额后的金额填列。

(9)“存货”项目：应根据“材料采购”(或“在途物资”)、“原材料”、“周转材料”、“委托加工物资”、“受托代销商品”、“生产成本”、“劳务成本”、“库存商品”、“发出商品”等科目的期末余额合计，减去“受托代销商品款”、“存货跌价准备”科目期末余额后的金额填列。材料采用计划成本核算，以及库存商品采用计划成本核算或采用售价核算的企业，应按加或减材料成本差异、商品进销差价后的金额填列。

(10)“一年内到期的非流动资产”、“其他流动资产”项目：应根据有关科目的期末余额分析填列。

(11)“可供出售金融资产”项目：应根据“可供出售金融资产”科目的期末余额，减去“可供出售金融资产减值准备”科目期末余额后的金额填列。

(12)“持有至到期投资”项目：应根据“持有至到期投资”科目的期末余额，减去“持有至到期投资减值准备”科目余额后的金额填列。

(13)“长期应收款”项目：应根据“长期应收款”科目的期末余额，减去相应的“未实现融资收益”科目和“坏账准备”科目所属相关明细科目期末余额后的金额填列。

(14)“长期股权投资”项目：应根据“长期股权投资”科目的期末余额，减去“长期股权投资减值准备”科目期末余额后的金额填列。

(15)“投资性房地产”项目：企业采用成本模式计量投资性房地产的，应根据“投资性房地产”科目的期末余额，减去“投资性房地产累计折旧(摊销)”和“投资性房地产减值准备”科目期末余额后的金额填列；企业采用公允价值模式计量投资性房地产的，应根据“投资性房地产”科目的期末余额填列。

(16)“固定资产”项目：应根据“固定资产”科目的期末余额，减去“累计折旧”和“固定资产减值准备”科目期末余额后的金额填列。

(17)“在建工程”项目：应根据“在建工程”科目的期末余额，减去“在建工程减值准备”科目期末余额后的金额填列。

(18)“工程物资”项目：应根据“工程物资”科目的期末余额填列。

(19)“固定资产清理”项目：应根据“固定资产清理”科目的期末借方余额填列，如为贷方余额，以“—”号填列。

(20)“无形资产”项目：应根据“无形资产”科目的期末余额，减去“累计摊销”和“无形资产减值准备”科目期末余额后的金额填列。

(21)“开发支出”项目：应根据“研发支出”科目中所属的“资本化支出”明细科目期末余额填列。

(22)“商誉”项目：应根据“商誉”科目的期末余额，减去相应减值准备后的金额填列。

(23)“长期待摊费用”项目：应根据“长期待摊费用”科目的期末余额，减去将于一年内（含一年）摊销的数额后的金额填列。将于一年内（含一年）摊销的部分，在“一年内到期的非流动资产”项目填列。

(24)“递延所得税资产”项目：应根据“递延所得税资产”科目的期末余额填列。

(25)“其他非流动资产”项目：应根据有关科目的期末余额分析填列。

2. 负债类项目

(1)“短期借款”、“交易性金融负债”、“应付票据”、“应付利息”、“应付股利”、“其他应付款”项目：应根据上述科目的期末余额填列。

(2)“应付账款”项目：应根据“应付账款”和“预付账款”科目所属各明细科目的期末贷方余额合计数填列；如“应付账款”科目所属各明细科目期末有借方余额的，应在资产负债表资产方的“预付款项”项目内填列。

(3)“预收款项”项目：应根据“预收账款”和“应收账款”科目所属各明细科目的期末贷方余额合计数填列。如“预收账款”科目所属各明细科目期末有借方余额，应在资产负债表资产方“应收账款”项目内填列。

(4)“应付职工薪酬”、“应交税费”项目：应根据“应付职工薪酬”科目、“应交税费”科目的期末贷方余额填列。如期末为借方余额，在本项目应以“—”号填列。

(5)“一年内到期的非流动负债”、“其他流动负债”项目：应根据有关科目的期末余额分析填列。

(6)“长期借款”、“应付债券”、“专项应付款”、“预计负债”、“递延所得税负债”项目：应根据上述科目的期末余额扣除一年内到期后的余额填列。

(7)“长期应付款”项目：应根据“长期应付款”科目的期末余额，减去相应的“未确认融资费用”科目期末余额后金额填列。

(8)“其他非流动负债”项目：应根据有关科目的期末余额，减去将于一年内

（含一年）到期偿还数后的余额填列。

注意：上述非流动负债各项目中将于一年内（含一年）到期的非流动负债，应在“一年内到期的非流动负债”项目内单独反映。

3. 所有者权益类项目

（1）“实收资本（或股本）”、“资本公积”、“盈余公积”项目：应根据上述科目的期末余额填列。

（2）“未分配利润”项目：应根据“本年利润”科目和“利润分配”科目的余额计算填列。但在年度终了，应根据“利润分配——未分配利润”明细科目期末的贷方余额填列，若为借方余额，应以“—”号填列。

三、资产负债表编制实例

【例 11－1】假设某企业本期末根据有关会计账簿的记录，编制科目余额试算平衡表如表 11－3 所示。

表 11－3 **科目余额试算平衡表**

2011 年 5 月 31 日

单位：元

科目名称	总账余额	所属明细账	科目名称	总账余额	所属明细账
现金	4400		短期借款	50000	
银行存款	259000		应付票据	250000	
其他货币资金	56600		应付账款	74000	
交易性金融资产	60000		其中：贷方余额合计		80000
应收票据	150000		借方余额合计		6000
应收账款	507000		预收账款	24000	
其中：借方余额合计		602000	其中：贷方余额合计		37000
贷方余额合计		95000	借方余额合计		13000
坏账准备（贷）	35000		应付职工薪酬	200000	
预付账款	36000		应交税费	147000	
其中：借方余额合计		40000	应付股利	20000	
贷方余额合计		4000	其他应付款	5000	
其他应收款	8000		长期借款	1600000	
材料采购	50000		其中：将于 1 年内到期	200000	
原材料	93200		应付债券	500000	

续表

科目名称	总账余额	所属明细账	科目名称	总账余额	所属明细账
周转材料	11800		长期应付款	206800	
材料成本差异（借）	5000		专项应付款	93200	
库存商品	72000		实收资本	2800000	
存货跌价准备（贷）	5500		资本公积	100000	
发出商品	57500		盈余公积	180000	
长期股权投资	480000		利润分配（借）	38000	
持有至到期投资	240000		本年利润（贷）	400000	
其中：将于1年内到期的	80000				
固定资产	5280000				
累计折旧（贷）	1860000				
固定资产减值准备（贷）	300000				
固定资产清理（借）	42000				
工程物资	60000				
在建工程	1200000				
无形资产	140000				
合　计	6612000		合　计	6612000	

根据表11－3中各科目本期末余额的资料，编制资产负债表各项目期末数填列结果如表11－4所示。

表11－4　　**资产负债表（简表）**

编制单位：×××　　2011年5月31日　　单位：元

资　产	年初数（略）	期末数	负债和所有者权益	年初数（略）	期末数
流动资产：			流动负债：		
货币资金		320000	短期借款		50000
交易性金融资产		60000	应付票据		250000
应收票据		150000	应付账款		84000
应收股利		0	预收账款		132000
应收利息		0	应付职工薪酬		200000

续表

资　　产	年初数（略）	期末数	负债和所有者权益	年初数（略）	期末数
应收账款		580000	应付股利		20000
其他应收款		8000	应交税费		147000
预付款项		46000	其他应付款		5000
存货		284000	一年内到期的非流动负债		200000
一年内到期的非流动资产		80000	其他流动负债		0
其他流动资产		0	流动负债合计		1088000
流动资产合计		1528000	非流动负债：		
非流动资产：			长期借款		1400000
可供出售金融资产			应付债券		500000
持有至到期投资		160000	长期应付款		206800
长期股权投资		480000	专项应付款		93200
固定资产		3120000	非流动负债合计		2200000
工程物资		60000	负债合计		3288000
在建工程		1200000	所有者权益：		
固定资产清理		42000	实收资本		2800000
无形资产		140000	资本公积		100000
开发支出		0	盈余公积		180000
长期待摊费用		0	未分配利润		362000
			所有者权益合计		3442000
资产总计		6730000	负债和所有者权益总计		6730000

第三节　利润表

一、利润表概述

利润表又称收益表或损益表，是反映企业在一定会计期间经营成果的会计报表。利润表的列报必须充分反映企业经营业绩的主要来源和构成，以有助于报表使用者判断净利润的质量及其风险，有助于报表使用者预测净利润的持续性，从而做出正确的决策。通过利润表，可以反映企业在一定会计期间收入的实现和费用的耗费情况，可以反映企业生产经营活动的成果，即净利润的实现情况，据以判断资本保值、增值等情况，了解投入者投入资本的完整性。将利润表中的信息与资产负债表中的信息相结合，还可以提供进行财务分析的基础资料，可以反映企业资金周转情况及企业的盈利能力和水平，便于报表使用者判断企业未来的发展趋势，做出经营决策。

我国财务报表准则规定，企业应当采用多步式列报利润表，将不同性质的收入和费用类别进行对比，从而可以得出一些中间性的利润数据，便于报表使用者理解企业经营成果的不同来源。

第一步：以营业收入为基础，减去营业成本、营业税金及附加、期间费用、资产减值损失，加上公允价值变动收益（减去公允价值变动损失）和投资收益（减去投资损失），计算出营业利润；

第二步：以营业利润为基础，加上营业外收入，减去营业外支出，计算利润总额；

第三步：以利润总额为基础，减去所得税费用，计算出净利润（或净亏损）。

我国一般企业利润表的格式如表 11－5 所示。

表 11－5 **利 润 表** 会企 02 表

编制单位： ＿＿年＿＿月 单位：元

项 目	本期金额	上期金额
一、营业收入		
减：营业成本		
营业税金及附加		
减：销售费用		
管理费用		
财务费用		
资产减值损失		
加：公允价值变动收益（损失以“—”号填列）		
投资收益（损失以“—”号填列）		
二、营业利润（亏损以“—”号填列）		
加：营业外收入		
减：营业外支出		

续表

项 目	本期金额	上期金额
其中：非流动资产处置损失		
三、利润总额（亏损总额以“—”号填列）		
减：所得税费用		
四、净利润（净亏损以“—”号填列）		
五、每股收益		
（一）基本每股收益		
（二）稀释每股收益		
六、其他综合收益		
七、综合收益总额		

二、利润表各项目的填列方法

由于利润表是反映企业在一定会计期间经营成果动态的会计报表，所以其列报项目的填列应当根据损益类科目的发生额分析填列。一般企业利润表各项目的列报如下：

（1）“营业收入”项目：应根据“主营业务收入”和“其他业务收入”科目的发生额分析填列。

（2）“营业成本”项目：应根据“主营业务成本”和“其他业务成本”科目的发生额分析填列。

（3）“营业税金及附加”项目：反映企业经营业务应负担的消费税、营业税、城市维护建设税、资源税、土地增值税和教育费附加等。应根据“营业税金及附加”科目的发生额分析填列。

（4）“销售费用”、“管理费用”、“财务费用”、“资产减值损失”项目：应根据对应该科目的发生额分析填列。

（5）“公允价值变动收益”、“投资收益”项目：应根据对应该科目的发生额分析填列。如为净损失（投资损失）以“—”号填列。

（6）“营业外收入”、“营业外支出”项目：应根据对应该科目的发生额分析填列。

（7）“所得税费用”项目：应根据“所得税费用”科目的发生额分析填列。

利润表内“上期金额”栏内的各项数字，应根据上年该期利润表“本期金额”栏内所列数字填列。如果上年该期利润表规定的各个项目的名称和内容同本期不相一致，应对上年该期利润表各项目的名称和数字按本期的规定进行调整，填入利润表“上期金额”栏内。“本期金额”栏内的各项数字一般应根据当期损益类科目的发生额分析填列。

三、利润表编制实例

【例 11－2】假设某企业 2011 年 5 月份的有关资料如表 11－6 所示。

表 11－6 **损益类科目本期发生额** 单位：元

损益类科目	本月实际发生额	1～4 月份累计实际发生额
主营业务收入	400000	1800000
主营业务成本	250000	1125000
营业税金及附加	60000	270000
其他业务收入	100000	250000
其他业务成本	70000	140000
销售费用	4000	12000
管理费用	15000	40000
财务费用	5000	18000
投资收益	12000（贷）	30000
营业外收入	8000	24000
营业外支出	6000	12000
所得税费用	36000	161000

根据上述资料，编制该企业 2011 年 5 月份利润表的填列结果如表 11－7 所示。

表 11－7 **利 润 表** 会企 02 表

编制单位：××× 2011 年 5 月 单位：元

项 目	本月数	本年累计数
一、营业收入	500000	2550000
减：营业成本	320000	1585000
营业税金及附加	60000	330000
销售费用	4000	16000
管理费用	15000	55000
财务费用	5000	23000

续表

项　　目	本月数	本年累计数
资产减值损失	0	
加：公允价值变动收益	0	
投资收益	12000	42000
二、营业利润	108000	583000
加：营业外收入	8000	32000
减：营业外支出	6000	18000
三、利润总额	110000	597000
减：所得税费用	36000	197000
四、净利润	74000	400000
五、每股收益		
（一）基本每股收益		
（二）稀释每股收益		
六、其他综合收益		
七、综合收益总额		

第四节　现金流量表

一、现金流量表概述

现金流量表是以现金及现金等价物为基础编制的财务状况变动表。它反映企业一定期间内现金流入和流出的信息，表明企业获得现金和现金等价物（除特别说明外，以下所称现金均包括现金等价物）的能力，可以对企业的支付能力和偿债能力作出较为可靠的判断，并在了解企业当前的财务状况基础上，预测企业未来的现金流量趋势及发展情况。

现金流量表是以现金及现金等价物为基础编制的。具体包括：

（1）库存现金，与会计核算中“库存现金”科目核算的内容一致。

（2）银行存款，与会计核算中“银行存款”科目所包括的内容基本一致，所不同的是，如果存在金融企业的款项中不能随时用于支付的存款，则不能作为现金流量表中的现金。

（3）其他货币资金。

（4）现金等价物。现金等价物是指企业持有期限短、流动性强、易于转换为已知金额、价值变动风险很小的投资。

二、现金流量的分类

编制现金流量表首先要对现金流量进行合理的分类。我国根据国际惯例并结合我国的具体情况，在《企业会计准则第 31 号——现金流量表》中规定：将现金流量分为三类：

（1）经营活动产生的现金流量，是指企业投资活动和筹资活动以外的所有交易和事项产生的现金流量。

（2）投资活动产生的现金流量，是指企业长期资产的购建和不包括在现金等价物范围内的投资及其处置活动产生的现金流量。

（3）筹资活动产生的现金流量，是指导致企业资本及债务规模和构成发生变化产生的现金流量。

对于企业日常活动之外的，不经常发生的特殊项目，如自然灾害损失、保险赔款等，应当在现金流量表中归并到相关类别中，并单独反映。其基本格式如表11－8所示。

表 11－8 **现金流量表** 会企 03 表

编制单位： 年度 单位：元

项　　目	本期金额	上期金额
一、经营活动产生的现金流量		
销售商品、提供劳务收到的现金		
收到的税费返还		
收到的其他与经营活动有关的现金		
经营活动现金流入小计		
购买商品、接受劳务支付的现金		
支付给职工以及为职工支付的现金		
支付的各项税费		
支付的其他与经营活动有关的现金		
经营活动现金流出小计		
经营活动产生的现金流量净额		
二、投资活动产生的现金流量		
收回投资收到的现金		

续表

项　　目	本期金额	上期金额
取得投资收益收到的现金		
处置固定资产、无形资产和其他长期资产收到的现金净额		
处置子公司及其他营业单位收到的现金净额		
收到的其他与投资活动有关的现金		
投资活动现金流入小计		
购建固定资产、无形资产和其他长期资产所支付的现金		
投资所支付的现金		
取得子公司及其他营业单位支付的现金净额		
支付的其他与投资活动有关的现金		
投资活动现金流出小计		
投资活动产生的现金流量净额		
三、筹资活动产生的现金流量		
吸收投资收到的现金		
取得借款收到的现金		
收到的其他与筹资活动有关的现金		
筹资活动现金流入小计		
偿还债务支付的现金		
分配股利、利润或偿付利息支付的现金		
支付的其他与筹资活动有关的现金		
筹资活动现金流出小计		
筹资活动产生的现金流量净额		
四、汇率变动对现金及现金等价物的影响		
五、现金及现金等价物净增加额		
加：期初现金及现金等价物余额		
六、期末现金及现金等价物余额		

补充资料	本期金额	上期金额
1. 将净利润调节为经营活动的现金流量		
净利润		

续表

补充资料	本期金额	上期金额
加：资产减值准备		
固定资产折旧		
无形资产摊销		
长期待摊费用		
处置固定资产、无形资产和其他长期资产的损失（收益以“—”号填列）		
固定资产报废损失（收益以“—”号填列）		
公允价值变动损失（收益以“—”号填列）		
财务费用（收益以“—”号填列）		
投资损失（收益以“—”号填列）		
递延所得税资产减少（增加以“—”号填列）		
递延所得税负债增加（减少以“—”号填列）		
存货的减少（增加以“—”号填列）		
经营性应收项目的减少（增加以“—”号填列）		
经营性应付项目的增加（减少以“—”号填列）		
其他		
经营活动产生的现金流量净额		
2. 不涉及现金收支的重大投资和筹资活动		
债务转为资本		
一年内到期的可转换公司债券		
融资租入固定资产		
3. 现金及现金等价物净变动情况		
现金的期末余额		
减：现金的期初余额		
加：现金等价物的期末余额		
减：现金等价物的期初余额		
现金及现金等价物净增加额		

三、现金流量表各项目的填列

（一）经营活动产生的现金流量

经营活动产生的现金流量是一项重要的指标。它可以说明企业在不动用企业外部筹得资金的情况下，通过经营活动产生的现金流量是否足以偿还债务、支付股利和对外投资。经营活动产生的现金流量通常可以采用直接法或间接法来编制。直接法是通过现金收入和现金支出的主要类别反映来自企业经营活动的现金流量。采用直接法编制经营活动产生的现金流量时，一般以利润表中的营业收入为起算点，调整与经营活动有关的项目的增减变动，然后计算得出经营活动产生的现金流量。而间接法则是以净利润为起算点，调整不涉及现金收入、费用、营业外收支等有关项目的增减变动，据此计算出经营活动产生的现金流量。我国《企业会计准则》规定，在现金流量表的正表中的经营活动产生的现金流量采用直接法编制，而在补充资料中将净利润调节为经营活动产生的现金流量则采用间接法编制。但无论采用何种方法，其计算的结果是相同的。对于现金流量表中的经营活动产生的现金流量的各项目，其填列的基本要求如下：

(1)“销售商品、提供劳务收到的现金”项目：反映企业销售商品、提供劳务实际收到的现金（含销售收入和应向购买者收取的销项税额），包括本期销售商品、提供劳务收到的现金，以及前期销售和前期提供劳务本期收到的现金和本期预收的账款，减去本期退回本期销售的商品和前期销售本期退回的商品支付的现金。企业销售材料和代购代销业务收取的现金，也在本项目反映。本项目可以根据“库存现金”、“银行存款”、“应收账款”、“应收票据”、“预收账款”、“主营业务收入”、“其他业务收入”等科目的记录分析填列。

(2)“收到的税费返还”项目：反映企业收到的返还的各种税费，如收到的增值税、消费税、营业税、所得税、教育费附加返还等。本项目可以根据“库存现金”、“银行存款”、“营业税金及附加”、“营业外收入”、“其他应收款”等科目的记录分析填列。

(3)“收到的其他与经营活动有关的现金”项目：反映企业除了上述项目外，收到的其他与经营活动有关的现金流入，如罚款收入、流动资产损失中由个人赔偿的现金收入等。其他现金流入，如价值较大的，应单列项目反映。本项目可以根据“库存现金”、“银行存款”、“营业外收入”等科目的记录分析填列。

(4)“购买商品、接受劳务支付的现金”项目：反映企业购买材料、商品、接受劳务实际支付的现金，包括本期购入材料、商品、接受劳务支付的现金（包括增值税进项税额），以及本期支付前期购入商品、接受劳务的未付款项和本期预付款项。本期发生的购货退回收到的现金应从本项目减去，本项目可以根据“库存现金”、“银行存款”、“应付账款”、“应付票据”、“主营业务成本”、“其他业务成本”等科目的记录分析填列。

（5）“支付给职工以及为职工支付的现金”项目：反映企业实际支付给职工，以及为职工支付的现金，包括本期实际支付给职工的工资、奖金、各种津贴和补贴、养老和失业等社会保险基金、补充养老保险、住房公积金、职工困难补助、其他福利费用等。但不包括企业支付给离退休人员的各项费用和在建工程人员的上述各项费用。支付给离退休人员的各项费用在“支付的其他与经营活动有关的现金”项目中反映，支付给在建工程人员的上述各项费用在“购建固定资产、无形资产和其他长期资产所支付的现金”项目中反映。本项目可以根据“应付职工薪酬”、“库存现金”、“银行存款”等科目的记录分析填列。

（6）“支付的各项税费”项目：反映企业按规定支付的各种税费，包括本期发生并支付的税费，以及本期支付以前各期发生的税费和预缴的税费。包括所得税、增值税、营业税、消费税、支付的教育费附加、矿产资源补偿费、印花税、房产税、土地增值税、车船使用税等。但不包括计入固定资产价值、实际支付的耕地占用税等，也不包括本期退回的增值税、所得税，本期退回的增值税、所得税在“收到的税费返还”项目反映。本项目可以根据“应交税费”、“库存现金”、“银行存款”等科目的记录分析填列。

（7）“支付的其他与经营活动有关的现金”项目：反映企业除上述各项目外，支付的其他与经营活动有关的现金流出，如罚款支出，支付的差旅费、业务招待费、广告费、展览费、保险费等现金支出。其他现金流出，如价值较大的，应单列项目反映。本项目可以根据“库存现金”、“银行存款”、“管理费用”、“营业外支出”等科目的记录分析填列。

（二）投资活动产生的现金流量

（1）“收回投资收到的现金”项目：反映企业出售、转让或到期收回除现金等价物以外的对其他企业的权益工具、债务工具和合营企业中的权益等投资收回的现金。收回债务工具实现的投资收益、处置子公司及其他营业单位收到的现金净额不包括在本项目内。本项目可以根据“可供出售金融资产”、“持有至到期投资”、“长期股权投资”、“银行存款”、“库存现金”等科目的记录分析填列。

（2）“取得投资收益收到的现金”项目：反映企业因股权性投资和债权性投资而收到的现金股利、利息，以及从子公司、联营企业和合营企业分回利润收到的现金，但不包括股票股利。本项目可以根据“库存现金”、“银行存款”、“投资收益”等科目的记录分析填列。

(3)“处置固定资产、无形资产和其他长期资产收到的现金净额”项目：反映企业处置固定资产、无形资产和其他长期资产所收到的现金，减去为处置这些资产而支付的有关费用后的净额。由于自然灾害所造成的固定资产等长期资产损失而收到的保险赔款收入，也在本项目反映。本项目可以根据“固定资产清理”、“库存现金”、“银行存款”等科目的记录分析填列。

(4)“处置子公司及其他营业单位收到的现金净额”项目：反映企业处置子公司及其他营业单位所取得的现金，减去相关处置费用以及子公司及其他营业单位持有的现金和现金等价物后的净额。本项目可以根据“长期股权投资”、“银行存款”、“库存现金”等科目的记录分析填列。

(5)“收到的其他与投资活动有关的现金”项目：反映企业除了上述各项以外，收到的其他与投资活动有关的现金流入。其他现金流入，如价值较大的，应单列项目反映。本项目可以根据“应收股利”、“应收利息”、“银行存款”、“库存现金”等科目的记录分析填列。

(6)“购建固定资产、无形资产和其他长期资产所支付的现金”项目：反映企业购买、建造固定资产，取得无形资产和其他长期资产所支付的现金，不包括为购建固定资产而发生的借款利息资本化的部分，以及融资租入固定资产支付的租赁费。借款利息和融资租入固定资产支付的租赁费，在筹资活动产生的现金流量中反映。本项目可以根据“固定资产”、“在建工程”、“无形资产”、“库存现金”、“银行存款”等科目的记录分析记录填列。

(7)“投资所支付的现金”项目：反映企业除现金等价物以外的对其他企业的权益工具、债务工具和合营企业中的权益投资所支付的现金，以及支付的佣金、手续费等交易费用，但取得子公司及其他营业单位支付的现金净额除外。本项目可以根据“可供出售金融资产”、“持有至到期投资”、“长期股权投资”、“库存现金”、“银行存款”等科目的记录分析填列。

(8)“取得子公司及其他营业单位支付的现金净额”项目：反映企业购买子公司及其他营业单位持有的现金和现金等价物后的净额。本项目可以根据“长期股权投资”、“库存现金”、“银行存款”等科目的记录分析填列。

(9)“支付的其他与投资活动有关的现金”项目：反映企业除了上述各项外，支付的其他与投资活动有关的现金流出，如企业购买股票时实际支付价款中包含的已宣告而尚未领取的现金股利，购买债券时支付的价款中包含的已到期尚未领取的债券利息等。若某项其他与投资活动有关的现金流出金额较大，应单列项目反映。

本项目可以根据“应收股利”、“应收利息”、“库存现金”、“银行存款”等科目的记录分析填列。

（三）筹资活动产生的现金流量

(1)“吸收投资收到的现金”项目：反映企业以发行股票、债券等方式筹集资金实际收到的款项，减去直接支付的佣金、手续费等相关发行费用后的净额。本项目可以根据“实收资本（或股本）”、“库存现金”、“银行存款”等科目的记录分析填列。

(2)“取得借款收到的现金”项目：反映企业举借各种短期、长期借款所收到的现金。本项目可以根据“短期借款”、“长期借款”、“库存现金”、“银行存款”等科目的记录分析填列。

(3)“收到的其他与筹资活动有关的现金”项目：反映企业除上述各项目外，收到的其他与筹资活动有关的现金流入，如接受现金捐赠等。若某项其他与筹资活动有关的现金流入金额较大，应单列项目反映。本项目可以根据“银行存款”、“库存现金”、“营业外收入”等科目的记录分析填列。

(4)“偿还债务支付的现金”项目：反映企业以现金偿还债务的本金，包括偿还金融企业的借款本金、偿还债券本金等。企业偿还的借款利息、债券利息，在“分配股利、利润或偿付利息支付的现金”项目反映，不包括在本项目内。本项目可以根据“短期借款”、“长期借款”、“应付债券”、“库存现金”、“银行存款”等科目的记录分析填列。

(5)“分配股利、利润或偿付利息支付的现金”项目：反映企业实际支付的现金股利，支付给其他投资单位的利润以及支付的借款利息、债券利息等。本项目可以根据“应付股利”、“应付利息”、“财务费用”、“库存现金”、“银行存款”等科目的记录分析填列。

(6)“支付的其他与筹资活动有关的现金”项目：反映企业除了上述项目外，支付的其他与筹资活动有关的现金流出，如捐赠现金支出、融资租入固定资产支付的租赁费等。若某项其他与筹资活动有关的现金流出金额较大，应单列项目反映。本项目可以根据“营业外支出”、“长期应付款”、“银行存款”、“库存现金”等科目的记录分析填列。

（四）现金流量表补充资料项目的内容及填列

(1)“将净利润调节为经营活动的现金流量”，实际上即采用间接法编制的经营活动产生的现金流量。该方法以权责发生制的本期净利润为起算点，通过对有关项目的调整以收付实现制计算得出其结果。调整的方法大致可分为以下几类：以净利润为起算点，加上本期不属于经营活动而发生的支出或费用，减去本期不属于经营活动而产生的收益，加上本期经营活动费用中未支付现金的费用，减去本期经营收入中未收到现金而实现的收入，加上未计入本期经营收入而实际收到的现金，减去未计入经营费用而本期实际支付的现金后调整计算得出经营活动产生的现金流量。各项目的填列方法如下：

①“资产减值准备”项目：反映企业本期实际计提的各项资产减值准备。本项目根据“资产减值损失”科目的记录分析填列。

②“固定资产折旧”项目：反映企业本期累计提取的折旧。本项目根据“累计折旧”科目的贷方发生额分析填列。

③“无形资产摊销”和“长期待摊费用”两个项目：分别反映企业本期累计摊入成本费用的无形资产的价值及长期待摊费用。这两个项目根据“累计摊销”、“长期待摊费用”科目的贷方发生额分析填列。

④“处置固定资产、无形资产和其他长期资产的损失”项目：反映企业本期由于处置固定资产、无形资产和其他长期资产而发生的净损失。本项目可以根据“营业外收入”、“营业外支出”等科目所属有关明细科目的记录分析填列。如为净收益，以“—”号填列。

⑤“固定资产报废损失”项目：反映企业本期固定资产盘亏（减：盘盈）后的净损失。本项目可以根据“营业外支出”、“营业外收入”科目所属明细科目的记录分析填列。

⑥“公允价值变动损失”项目：反映企业持有的交易性金融资产、交易性金融负债、采用公允价值模式计量的投资性房地产等公允价值变动形成的净损失。如为净收益，以“—”号填列。本项目可以根据“公允价值变动损益”科目所属有关明细科目的记录分析填列。

⑦“财务费用”项目：反映企业本期实际发生的应属于投资活动和筹资活动的财务费用。本项目可以根据“财务费用”科目的本期借方发生额分析填列。如为收益，以“—”号填列。

⑧“投资损失”项目：反映企业本期投资所发生的损失收益后的净损失。本项目可以根据利润表“投资收益”项目的数字填列。如为投资收益，以“—”号填列。

⑨“递延所得税资产减少”项目：反映企业资产负债表“递延所得税资产”项目的期初余额与期末余额的差额。本项目可以根据“递延所得税资产”科目的发生额分析填列。

⑩“递延所得税负债增加”项目：反映企业资产负债表“递延所得税负债”项

目的期初余额与期末余额的差额。本项目可以根据“递延所得税负债”科目的发生额分析填列。

⑪“存货的减少”项目：反映企业资产负债表“存货”项目的期初与期末余额的差额。期末数大于期初数的差额以“—”号填列。

⑫“经营性应收项目的减少”项目：反映企业本期经营性应收项目（包括应收账款、应收票据、预付账款、长期应收款和其他应收款等经营性应收项目中与经营活动有关的部分及应收的增值税销项税额等）的期初与期末余额的差额。期末数大于期初数的差额以“—”号填列。

⑬“经营性应付项目的增加”项目：反映企业本期经营性应付项目（包括应付账款、应付票据、应付职工薪酬、应交税费和其他应付款等经营性应付项目中与经营活动有关的部分以及应付增值税进项税额等）的期初余额与期末余额的差额。期末数小于期初数的差额以“—”号填列。

通过上述调整计算的补充资料中“经营活动产生的现金流量净额”（间接法）与现金流量表正表中“经营活动产生的现金流量净额”（直接法）应完全一致。

(2)“不涉及现金收支的重大投资和筹资活动”项目：反映企业一定期间内影响资产或负债但不形成该期现金收支的所有重大投资和筹资活动，对以后各期现金流量会产生影响，因此，应单独在补充资料中反映。主要包括：“债务转为资本”、“一年内到期的可转换公司债券”、“融资租入固定资产”项目。

(3)“现金及现金等价物净变动情况”：反映企业在一定会计期间现金及现金等价物的期末余额减去期初余额后的净增加额（或净减少额），是对现金流量表正表中“现金及现金等价物净增加额”项目的补充说明，两者应核对相符。

四、现金流量表的编制方法

在具体编制现金流量表时，可以采用工作底稿法或T形账户法编制。企业在实际工作中，可以采用多栏式现金流量日记账的方式，并设置为编制现金流量表的辅助相关账簿记录，采用直接分析法汇总编制现金流量表则更为实用。

第五节　所有者权益变动表

一、所有者权益变动表概述

所有者权益变动表，是指反映构成所有者权益各组成部分当期增减变动情况的报表。该表应当全面反映一定时期所有者权益的增减变动情况，不仅包括所有者权益总量的增减变动，还包括所有者权益增减变动的重要结构性信息，特别是要反映直接计入所有者权益的利得和损失，让报表使用者准确理解所有者权益增减变动的根源。

为了清楚地表明构成所有者权益的各组成部分当期的增减变动情况，所有者权益变动表应当以矩阵的形式列示：一方面列示导致所有者权益变动的交易或事项，从所有者权益变动的来源对一定时期所有者权益变动情况进行全面反映；另一方面按照所有者权益各组成部分（实收资本、资本公积、库存股、盈余公积、未分配利润）及其总额列示交易或者事项对所有者权益的影响。此外，所有者权益变动表还应就各项目再分为“本年金额”和“上年金额”两栏分别填列，形成比较数据的分析，以判断所有者权益各组成部分的发展趋势。所有者权益变动表的基本格式如表11－9所示。

表11－9　　所有者权益变动表　　会企04表

编制单位：　　年度　　单位：元

项　目	本年金额						上年金额
	实收资本（或股本）	资本公积	减：库存股	盈余公积	未分配利润	所有者权益合计	各栏目同左
一、上年年末余额							
加：会计政策变更							
前期差错更正							
二、本年年初余额							
三、本年增减变动金额（减少以“—”号表示）							
（一）净利润							
（二）直接计入所有者权益的利得和损失							
1. 可供出售金融资产公允价值变动净额							
2. 权益法下被投资单位其他所有者权益变动的影响							
3. 与计入所有者权益项目相关的所得税影响							
4. 其他							

续表

项　　目	本年金额						上年金额
	实收资本（或股本）	资本公积	减：库存股	盈余公积	未分配利润	所有者权益合计	各栏目同左
上述（一）和（二）小计							
（三）所有者投入和减少资本							
1. 所有者投入资本							
2. 股份支付计入所有者权益的金额							
3. 其他							
（四）利润分配							
1. 提取盈余公积							
2. 对所有者（或股东）的分配							
3. 其他							
（五）所有者权益内部结转							
1. 资本公积转增资本（或股本）							
2. 盈余公积转增资本（或股本）							
3. 盈余公积弥补亏损							
4. 其他							
四、本年年末余额							

二、所有者权益变动表各项目的填列方法

（一）"上年金额"栏的填列方法

所有者权益变动表"上年金额"栏内各项数字，应根据上年度所有者权益变动表"本年金额"栏内所列数字填列。如果上年度所有者权益变动表规定的各个项目的名称和内容同本年度不相一致，应对上年度所有者权益变动表各项目的名称和数字按本年度的规定进行调整，填入所有者权益变动表"上年金额"栏内。

（二）"本年金额"栏的填列方法

所有者权益变动表"本年金额"栏内各项数字一般应根据"实收资本（或股本）"、"资本公积"、"盈余公积"、"利润分配"、"库存股"、"以前年度损益调整"科目的发生额分析填列。

第六节　附　注

由于会计报表中所规定的内容具有一定的固定性和规定性，只能提供定量的会计信息，其所能反映的会计信息受到一定的限制。财务报表附注是会计报表的补充，主要对会计报表不能包括的内容，或者披露不详尽的内容作进一步的解释说明。附注是财务报表的重要组成部分，它有利于信息使用者全面、准确地理解会计报表的各项内容，以提高会计信息的可比性和有用性。附注应当披露的主要内容包括：

（1）企业的基本情况。如企业注册地、组织形式、总部地址；企业的业务性质和主要经营活动等。

（2）财务报表的编制基础。

（3）遵循企业会计准则的声明。

（4）重要会计政策和会计估计以及会计政策、会计估计变更、会计差错更正的说明。

（5）重要报表项目的说明。

（6）其他需要说明的重要事项。如或有和承诺事项；资产负债表日后非调整事项；关联方关系及其交易等需要说明的事项等。

第十二章　会计控制

第一节　内部会计控制

一、内部控制概述

（一）内部控制的概念

内部控制是指单位为了保护资产的安全、完整，提高会计信息质量，确保有关法律法规和规章制度及单位经营管理方针政策的贯彻执行，避免或降低各种风险，提高经营管理效率，实现单位经营管理目标而制定和实施的一系列控制方法、措施和程序。由此可见，内部控制是单位内部的一种管理制度，但又不是一般的管理制度，而是一种特殊形式的管理制度。一般管理制度是以管理某种经济事项为内容的一种规章制度，而内部控制制度则是以一个企业、一个单位的经济活动为总体，采取一系列专门的方法、措施和程序对所属控制系统建立内部控制体系的一种特殊管理制度。

（二）内部控制的目标

内部控制的目标，是指内部控制对象应达到或欲达到的效果。现代意义的内部控制是单位内部管理制度的重要内容，其基本目标是保证单位经营活动的效率性和效果性、资产的安全性、经营信息和财务报告的可靠性，等等。主要体现在以下六个方面：

1. 维护财产物资的完整性

如果没有有效的内部控制制度，企业的各项实物资产就可能被盗窃、受损或被滥用，有关的会计凭证、账簿记录和统计计量等非实物资产也可能遭到破坏或毁损。因此，完善的内部控制制度可以在一定程度上监督和制约企业财产物资的采购、检验、计量与记录、入库、保管、维修、领用、发运和退废等各个环节，有效地制止浪费，防止各种贪污舞弊行为，从而保证财产物资及相关记录的安全性与完整性。

2. 保证会计信息的准确性

加强管理是企业永恒的主题，管理的重心在决策，而决策则离不开正确、可靠的信息。对管理者而言，在开展业务活动或进行重大决策时，尤其需要大量真实可靠的信息。因此，健全有效的内部控制可以确保各种信息的记录、归类和汇总等过程能够真实地反映企业生产经营活动的实际情况，并能够及时发现和纠正各种错弊，从而保证各种信息的真实性与可靠性。

3. 保证财务活动的合法性

内部控制是管理者根据国家的政策和法律法规而制定的，是政策、法律法规等在企业内部管理中的具体体现，它规定了企业财务活动的具体处理方法、程序和措施等。健全有效的内部控制，可以对企业内部各职能部门、岗位、人员及各流转环节进行有效的监督和控制，对各项财务活动是否符合国家的方针、政策、法规和财经纪律进行严格的审查和控制，及时发现诸如贪污、盗窃、浪费、乱挤乱摊成本和偷税、漏税等不法行为，并及时采取有效措施予以纠正，使单位的财务活动有组织、有秩序地进行，保证其合法性。

4. 保证经营方针和目标的实现

内部控制由一系列控制方法、制度、措施和程序所组成，其目的首先是为了实现管理层的经营方针和目标。内部控制可以说渗透于一个单位经营管理活动的各个方面，单位存在经营管理活动和经营管理环节，就需要有相应的内部控制。完善的内部控制将保证各级管理层授予下属各级的职责得到正确的履行。否则，如果管理层失去对本单位诸多环节的控制，其经营方针、目标的实现就会大打折扣，甚至向着相反的方向转化，则不可能实现其经营管理目标。因此，完善的内部控制制度是经营方针和目标实现的保证。

5. 保证生产经营活动的经济性、效率性和效果性

在市场经济条件下，科学、合理地组织企业的各项生产经营活动，是企业生存与发展的重要前提。企业从事生产经营活动的最终目的就是为了获取尽可能高的经济效益。健全的内部控制制度能够处理好企业内部各部门及人员之间的经济责任和物质利益关系，可以促使各部门及人员之间协调一致地完成各项工作，从而提高生产经营活动的效率和效果。

6. 保证国家法律、法规的贯彻执行

国家为加强宏观经济控制统一制定了相应的方针、政策，颁布了相应的法律、法规和规章等，而这些方针、政策、法律和法规等只有在每个企业和单位都得到认真的贯彻执行，才能发挥相应的作用。同时，企业和单位也只有认真贯彻执行国家的方针政策和法律法规，才能保证其经营活动的合法性。换言之，贯彻国家的方针政策和法律法规是各单位的法定义务。健全、有效的内部控制制度所形成的相互协调与相互制约机制，能够及时地反映国家的法律法规在单位内部的贯彻执行情况，并能检查、揭示和纠正经营管理中的违法乱纪行为，从而有效地保证国家的方针政策和法律法规在单位内部得到贯彻执行。因此，建立和实施内部控制制度，必须把加强经济监督、确保国家法律法规的贯彻执行作为其重要目标。

（三）内部控制的分类

1. 根据控制目标的不同，可划分为内部会计控制和内部管理控制

(1) 内部会计控制。内部会计控制由组织计划以及与保护资产和保证财务资料可靠性有关的程序和记录构成。会计控制旨在保证：经济业务的执行符合管理部门的一般授权或特殊授权的要求；经济业务的记录必须有利于按照一般公认会计原则或其他有关标准编制财务报表，以及落实资产责任；只有在得到管理部门批准的情况下，才能接触资产；按照适当的间隔期限，将资产的账面记录与实物资产进行对比，一经发现差异，应采取相应的补救措施。

(2) 内部管理控制。内部管理控制包括但不限于组织计划以及与管理部门授权办理经济业务的决策过程有关的程序及其记录。这种授权活动是管理部门的职责，它直接与管理部门执行该组织的经营目标有关，是对经济业务进行会计控制的起点。

2. 根据控制内容的不同，可划分为一般控制和应用控制

(1) 一般控制。一般控制是指对企业经营活动赖以进行的内部环境所实施的总体控制，因而亦称为基础控制或环境控制。它包括组织控制、人员控制、业务记录以及内部审计等项内容。这类控制的特征是并不直接地作用于企业的生产经营活动，而是通过应用控制对全部业务活动产生影响。

(2) 应用控制。应用控制是指直接作用于企业生产经营业务活动的具体控制，因此亦称业务控制，如业务处理程序中的批准与授权、审核与复核以及为保证资产安全而采用的限制接近等项控制。这类控制的特征，在于它们构成了生产经营业务处理程序的一部分，并都具有防止和纠正一种或几种错弊的作用。

3. 根据控制地位的不同，可划分为主导性控制和补偿性控制

（1）主导性控制。主导性控制是指为实现某项控制目标而首先实施的控制。如凭证连续编号可以保证所有业务活动都得到记录和反映，因此，凭证连续编号对于保证业务记录的完整性就是主导性控制。在正常情况下，主导性控制能够防止错弊的发生，但如果主导性控制存在缺陷，不能正常运行时，就必须有其他的控制措施进行补充。

（2）补偿性控制。补偿性控制就是指能够全部或部分弥补主导性控制缺陷的控制。就上例而言，如果凭证没有连续编号，有些业务活动就可能得不到记录。这时，实施凭证、账证、账账之间的严格核对，就可以基本上保证业务记录的完整性，避免遗漏重大的业务事项。因此，“核对”相对于凭证“连续编号”来说，就是保证业务记录完整性的一项补偿性控制。

4. 根据控制功能的不同，可划分为预防式控制和侦察式控制

（1）预防式控制。预防式控制是指为防止错误和非法行为的发生，或尽量减少其发生机会所进行的一种控制。它主要解决“如何能够在一开始就防止错弊的发生”这个问题。例如，对业务人员事先做出明确的指示和实施严格的现场监督，就能避免误解指令和发生错弊。

（2）侦察式控制。侦察式控制是指为及时查明已发生的错误和非法行为或增强发现错弊机会的能力所进行的各项控制。它主要是解决“如果错弊仍然发生如何查明”的问题。例如，通过账账核对、实物盘点，以发现记账错误和货物短缺等。

5. 根据控制时序的不同，可划分为原因控制、过程控制和结果控制

（1）原因控制。原因控制也称事先控制，是指企业单位为防止人力、物力、财力等资源在质和量上发生偏差，而在行为发生之前所实施的内部控制。例如，领取现金支票前的核准、报销费用前的审批等。

（2）过程控制。过程控制也称事中控制，是指企业单位在生产经营活动过程中针对正在发生的行为所进行的控制。例如，对生产过程中使用材料的核算，对在制造产品的监督和对加工工艺的记录等。

（3）结果控制。结果控制也称事后控制，是指企业单位针对生产经营活动的最终结果而采取的各项控制措施，例如，对产出产品的质量进行检验，对产品数量加以验收和记录等。

（四）内部控制的局限性

内部控制作为企业自我调节和自行制约的内在机制，处于单位中枢神经系统的重要位置，可以说，没有健全、完善的内部控制，就很难组织起现代化的社会大生产活动，也就谈不上现代化的企业生产和经营管理。健全、有效的内部控制，不仅能保证企业会计信息的真实准确、财务收支的有效合法和财产物资的安全、完整，还能保证企业经营活动的效率性、效果性以及企业经营决策和国家法律法规的贯彻执行。但任何事物都不是尽善尽美的，内部控制也同样存在其固有的、不可避免的局限性。一般而言，内部控制的局限性主要表现为：

1. 受管理人员的主观影响大

如果企业内部行使控制职能的管理人员滥用职权、蓄意营私舞弊，即使具有设计良好的内部控制，也不会发挥其应有的效能。内部控制作为企业管理的一个组成部分，它理所当然地要按照其管理人员的意图运行，尤其是企业负责人的决策更是起决定作用。决策出了问题，贯彻决策人意图的内部控制也就失去了应有的控制效能。

2. 容易被人为操纵

如果企业内部不相容职务的人员相互串通作弊，与此相关的内部控制就会失去作用。内部控制的一条重要原则就是将不相容职务进行分离。在实际工作中，如果处于不相容职务上的有关人员相互串通、相互勾结，失去了不同职务相互制约的基本前提，内部控制也就很难发挥作用。

3. 对执行人员的素质要求高

如果企业内部行使控制职能的人员素质不适应岗位要求，也会影响内部控制功能的正常发挥。内部控制是由人建立的，也要由人来行使，如果企业内部行使控制职能的人员在心理上、技能上和行为方式上未能达到实施内部控制的基本要求，对内部控制的程序或措施经常误解、误判，那么再好的内部控制也很难充分发挥作用。

4. 增加企业的管理成本

企业实施内部控制的成本效益问题也会影响其效能。控制环节越多、控制措施越复杂，相应的控制成本也就越高，同时也会影响企业生产经营活动的效率。因此，在设计和实施内部控制时，企业必然要考虑控制成本与控制效果之比。当实施某项业务的控制成本大于控制效果而产生损失时，就没有必要设置控制环节或控制措施，这样某些小错弊的发生就可能得不到控制。

5. 缺乏灵活性

内部控制一般都是针对经常而重复发生的业务而设置的，而且一旦设置就具有相对稳定性，因此如果出现不经常发生或未预计到的经济业务，原有控制就可能不适用，临时控制（如实行专门的审批、报告和执行程序来处理临时性或突发性业务）则可能不及时，从而影响内部控制的作用。

二、内部会计控制

(一) 内部会计控制的内容

1. 货币资金控制

(1) 货币资金的内部控制目标。货币资金是单位流动性最强的资产，必须加强对货币资金的管理，建立良好的货币资金内部控制制度，以保证因销售等应收入的货币资金及时足额回收，并正确地得以记录和反映；所有货币资金的支出均能按照经批准的用途进行，并及时、正确地予以记录；库存现金和银行存款等记录报告准确，并得以恰当保管；正确预测单位正常经营所需的现金收支额，确保有充足又不过剩的现金余额。对货币资金的控制，最主要的目标是保证货币资金的安全、完整。

(2) 货币资金的内部控制要点。针对货币资金流动性强、使用范围广、容易发生问题等特点，对其加强管理和控制应主要侧重于以下方面：建立货币资金业务的岗位责任制，并确保不相容岗位相互分离、制约和监督；建立严格的货币资金授权批准制度，保证审批人在授权范围内进行审批；货币资金的收入、支出要有合理、合法的凭据；严格按照“申请、审批、复核、支付”的程序办理货币资金的支付业务，并及时准确入账；明确现金的开支范围并严格执行，控制现金坐支；严格按照《支付结算办法》等规定，加强银行账户管理，并按规定办理存款、取款结算；定期核对银行账户，编制银行存款余额调节表，定期盘点现金，做到账实相符；加强票据、印章和银行预留印鉴的管理；建立对货币资金业务的监督检查制度，加强对货币资金收支业务的内部审计。

2. 实物资产控制

(1) 实物资产的内部控制目标。

①存货的内部控制目标。对企业而言，存货是指企业在日常生产经营过程中持有以备出售，或者仍然处在生产过程，或者在生产或提供劳务过程中将消耗的材料或物料等，包括各类材料、商品、在产品、半成品、产成品等。存货在企业的资产中所占的比重大、种类繁多、存放分散，因此，加强对存货资产的控制，防止各种存货资产被盗、毁损和流失，对于加强整个实物资产的控制至关重要。存货资产的控制目标主要包括：保护存货资产的安全、完整；合理地确定存货的价值。

②固定资产的内部控制目标。固定资产是企业的劳动手段，在生产经营过程中具有重要作用。它具有单位价值高、使用期限长、折旧摊销对成本影响大等特点，针对这些特点，其内部控制的主要目标是：保证固定资产取得的合理性；保证固定

资产的安全、完整和良好的运营状态；保证固定资产计价及计提折旧的正确合理。固定资产的计价（包括取得时的计价和期末计价）、计提折旧等，不仅关系到资产价值的正确与否，而且直接影响到企业损益的计算等。因此，内部控制制度应保证企业正确地进行固定资产的计价，保证资产的真实、准确，同时，应保证合理地计提固定资产折旧，防止用折旧等来调整损益等。

（2）实物资产的内部控制要点。企业应建立实物资产管理的岗位责任制度，对实物资产的验收入库、领用、发出、盘点、保管及处置等关键环节进行控制，防止各种实物资产的被盗、毁损和流失，并针对不同的实物资产，有侧重地加以控制。

①存货的控制要点。实行凭证查验收货，加强对存货入库的管理；严格凭证核准发货、出库，控制存货的发出；实行专人负责存货保管，设明细账卡登记收发货，定期核对实存量，确保账实相符；正确进行存货的期末计价和存货发出成本的计算和分摊，保证资产的计价和损益计算的准确。

②固定资产的控制要点。加强对取得固定资产的验收、入账等环节的控制；对固定资产的使用、保管、维修等实行专门机构和专人负责，明确职责分工，防止各种自然和人为因素的毁损等；对固定资产的转出、报废、出售等实行严格的申请、批准制度，防止固定资产处置过程中的损失及舞弊行为；设置完整的固定资产会计记录系统，包括固定资产总账、明细账、固定资产卡片等，并进行详细的分类登记；建立并严格执行固定资产定期盘点制度，保证固定资产"账实、账卡、账表"相符，并注意盘盈、盘亏固定资产的处理情况；正确进行固定资产的计价和折旧的计算，保证资产的计价和损益计算的准确；对重要的固定资产建立保险制度。

3. 对外投资控制

（1）投资的内部控制目标。保证投资活动符合国家的方针政策和相关的法律法规；保证投资活动经过适当的审批决策程序；保护投资资产的安全、完整；正确、合理地进行投资的相关会计处理。

（2）投资的内部会计控制要点。明确投资决策与实施过程中各相关部门和岗位的职责权限，确保投资项目的提出、论证、决策、实施等不相容岗位相互分离、制约和监督；建立对外投资财务分析制度和预算管理制度，做好投资的可行性研究及事前控制；建立严格、规范的对外投资决策机制和程序，加强对投资"申请、论证、审批、实施"等环节的控制，对重大投资决策实行集体审议联签等责任制度；加强对投资取得和保管的控制，对债券投资、股票投资等由专门的机构进行保管，并建立严格的联合控制制度，并定期进行盘点，确保其安全与完整；加强对投资处置的控制；正确进行投资的计价，正确计算各类投资的损益并保证其相关会计处理的合法、正确。

4. 工程项目控制

（1）工程项目的内部控制目标。保证工程项目的质量；防止工程项目建设中的各种舞弊行为；严格控制工程支出。

（2）工程项目的内部控制要点。明确工程项目决策和建设工程中各相关部门和岗位的职责、权限，确保办理工程项目业务的不相容岗位相互分离、制约和监督；加强工程项目决策的控制，对项目建议书、可行性研究、项目决策等环节建立严密的控制制度，对重大工程项目应当实行集体决策；做好勘察设计与概预算的管理，加强对勘察、初步设计与概算、施工图设计与预算等环节的控制。择优选择具有相应资质的勘察设计单位。建立合理的概预算程序与制度，实现对工程项目造价的控制；加强对工程项目招标、投标、开标、评标、定标和合同管理等环节的控制，做到公开、公平、公正、透明，防止舞弊行为的发生；加强对施工过程（包括合同的执行、施工款项的拨付、工程质量、工程进度、施工费用管理等）的控制，确保工程质量，控制工程成本；做好竣工验收、决算审查和资产移交等工作，正确进行相应的会计处理。

5. 采购和付款控制

（1）采购和付款的内部控制目标。合理、经济地进行各种采购业务；保证采购的物资等及时、足额入库；及时支付各种货款。

（2）采购与付款的内部控制要点。建立采购与付款的岗位责任制，明确相关部门和岗位的职责、权限，确保办理采购与付款业务的不相容岗位相互分离、制约和监督；建立严格的采购与付款业务的授权批准制度，规定经办人的职责范围和工作要求，保证审批人在授权范围内审批；对于重要的采购与付款业务应当组织专家进行可行性论证，并实行单位领导集体决策和审批；建立采购与付款业务的预算管理制度，实行限量采购管理，节约资金使用；严格按照“请购、审批、采购、验收、付款”的程序办理采购与付款业务，并及时准确入账；建立健全验收制度，根据制度规定验收所购物资或劳务并出具验收单据或验收报告，实行验收与入库责任追究制；加强对货款支付的控制，严格核对采购发票、验收单、入库单、合同等有关凭证，检查其真实性、合法性、合规性，对符合付款条件的采购业务及时办理付款业务。

6. 筹资控制

（1）筹资业务的内部控制目标。符合国家的有关法律法规；降低筹资成本；保证所筹资金的合理使用。

（2）筹资业务的内部控制要点。明确筹资决策与实施过程中各相关部门和岗位的职责权限，确保筹资业务的提出、论证、决策、实施等不相容岗位相互分离、制约和监督；建立筹资业务的财务分析制度，做好筹资的可行性研究；建立严格、规范的筹资决策机制和程序，加强对筹资业务的“申请、论证、审批、实施”等环节的控制；保证筹资业务符合国家的有关法律法规的规定；正确计算和合理摊销债券的溢价和折价，正确计提和适当支付利息和股利。

7. 销售与收款控制

（1）销售与收款的内部控制目标。预防销售与收款过程中的各种差错；保证销货款的及时、足额收回；正确地进行销售的会计核算。

（2）销售与收款的内部控制要点。建立销售与收款业务的岗位责任制，明确相关部门和岗位的职责和权限，确保办理销售与付款业务的不相容岗位相互分离、制约和监督；建立有关的授权批准制度，明确审批人员对销售业务的授权批准方式、权限、程序、责任和相关控制措施，规定经办人员的职责范围和各种要求。对金额较大或情况特殊的销售业务和特殊信用条件，应当进行集体决策；对销售业务建立严格的预算管理制度，制定销售目标，确立销售管理责任制；建立销售业务的定价控制制度，制定价目表、折扣政策、付款政策并严格执行；加强对收款业务的管理和控制，销售与收款职能应当分开，销售人员应当避免接触现款；建立应收账款账龄分析制度和逾期应收账款催收；正确进行销售和收款的会计处理。

8. 成本费用控制

（1）成本费用的内部控制目标。严格控制成本费用的开支。成本费用的增加直接导致企业利润的减少，因此，成本费用控制的首要目标是尽可能地节约开支，正确进行成本费用的会计核算。成本费用要进行不同的分配，比如在产成品与在产品之间进行分配，在当期与以后会计期间进行分配。如果成本费用的计算不准确，分配不合理，不仅会导致产品成本的计算不准确，而且会直接影响企业的损益，因此，保证成本费用的准确计算与分配是内部控制的重要目标。

（2）成本费用的内部控制要点。企业应当建立成本费用控制系统，做好成本管理的各项基础工作；制定成本费用标准，分解成本费用指标；控制成本费用差异；考核成本费用指标的完成情况；落实奖罚措施；降低成本费用，提高经济效益；正确进行成本费用的计算和分配。

（二）内部会计控制的方法

1. 不相容职务相互分离控制

这种控制方法要求单位按照不相容职务相互分离的原则，合理设计会计及相关工作岗位，明确职责权限，形成相互制衡机制。

不相容职务主要包括：授权批准与业务经办、业务经办与会计记录、会计记录与财产保管、业务经办与稽核检查、授权批准与监督检查等。

2. 授权批准控制

这种控制方法要求单位明确规定设计会计及相关工作的授权批准的范围、权限、程序、责任等内容，单位内部的各级管理层必须在授权范围内行使职权和承担责任，经办人员也必须在授权范围内办理业务。

内部控制要求明确一般授权和特别授权的责任和权限，以及每笔经济业务的授权批准程序，并按照有关规定的权限和程序执行。

3. 会计系统控制

这种控制方法要求单位依据《会计法》和国家统一的会计制度，制定适合本单位的会计制度，明确会计凭证、会计账簿和财务会计报告的处理程序，建立和完善会计档案保管和会计工作交接办法，实行会计人员岗位责任制，充分发挥会计的监督职能。

4. 预算控制

这种方法要求单位加强预算编制、执行、分析、考核等环节的管理，明确预算项目，建立预算标准，规范预算的编制、审定、下达和执行程序，及时分析和控制预算差异，采取改进措施，确保预算的执行。预算内资金实行责任人限额审批，限额以上资金实行集体审批。严格控制无预算的资金支出。

在实际工作中，预算编制不论采用自上而下或自下而上的方法，其决策权都应落实在内部管理的最高层，由这一权威层次进行决策、指挥和协调。预算的执行层由各预算单位组织实施，并辅之以对等的权、责、利关系，由内部审计部门负责监督预算的执行。

5. 财产保全控制

财产保全控制主要包括接近控制、定期盘点控制等。接近控制主要是指严格限制无关人员对资产的接触，只有经过授权批准的人员才能接触资产。接近控制包括限制对资产本身的接触和通过文件批准方式对资产使用或分配的间接接触。一般情况下，对货币资金、有价证券、存货等变现能力强的资产必须限制无关人员的直接接触。定期盘点控制是指定期对实物资产进行盘点，并将盘点结果与会计记录进行比较，盘点结果与会计记录如不一致，可能说明资产管理上出现错误、浪费、损失或其他不正常现象，应当及时采取相应的措施加强管理。

6. 风险控制

风险按其形成原因一般可分为经营风险和财务风险两大类。经营风险是指因生产经营方面的原因给企业盈利带来的不确定性。企业生产经营的许多方面都会受到来源于企业外部和内部的诸多因素的影响，具有很大的不确定性。比如原材料的供应、产品销售市场情况的变化，以及不可预见的自然因素的变化等都会给企业的生产经营造成影响。财务风险又称筹资风险，是指由于举债而给企业财务状况带来的不确定性。借入资金就要还本付息，一旦企业无力偿付到期债务，便会陷入财务困境甚至破产。因此，企业应通过建立有效的风险管理系统，加强对经营风险和财务风险的控制。

7. 内部报告控制

这种方法要求单位建立和完善内部报告制度，全面反映经济活动情况，及时提供业务活动中的重要信息，增强内部管理的时效性和针对性。

内部报告的格式和种类由各单位根据各自的实际情况自行设计，可以由财会人员负责，也可以由财会、业务和管理人员共同完成。内部报告可以是日报、周报、月报、季报、年报等。内部报告的格式和内容必须简明易懂，避免烦琐难学。

8. 电子信息控制

电子信息控制的内容包括两个方面：一是实现内部控制手段的电子信息化，尽可能地减少和消除人为操纵的因素，变人工管理、人工控制为计算机、网络管理和控制。内部控制手段的变化，给内部控制带来了新的内容和新的活力，也可以说是内部控制发展史上的又一里程碑。二是对电子信息系统的控制。具体讲，既要加强对系统开发、维护人员的控制，还要加强对数据、文字输入、输出、保存等有关人员的控制，保障电子信息系统及网络的安全。

（三）内部会计控制规范

为了加强企业内部会计控制，防范卷款外逃等金融犯罪的发生，1997 年 5 月，中国人民银行颁布《加强金融机构内部控制的指导原则》，这是我国第一个关于内部控制的行政规定。2001 年 6 月 23 日，财政部以财会［2001］第 41 号文件发布了《内部会计控制规范——基本规范（试行）》和《内部会计控制规范——货币资金（试行）》，该规定具有以下特点：

(1) 以单位（企业）自身为出发点。从企业自身的角度，即从加强企业管理，完善单位内部会计控制角度出发，要求各单位应当建立适合本单位业务特点和管理要求的内部会计控制制度。

(2) 目标定位明确具体。内部控制的目标归为五个方面：其中除了包含原有的确保经营目标的实现，防止、发现、纠正错误与舞弊，保证财产安全，保证会计资料的真实完整，确保各项法规及内部控制制度的执行外，还强调了建立风险控制系统，强化风险管理，确保单位各项业务活动的健康运行。

(3) 内容限于特定的经济业务。内部控制规范内容包括：货币资金、实物资产、对外投资、工程项目、采购与付款、筹资、销售与收款、成本费用、担保等经济业务的会计控制。

(4) 突出强调了建立风险控制系统，强化风险管理。如《内部会计控制规范——基本规范（试行）》第24条规定：“风险控制要求单位树立风险意识，针对各个风险控制点，建立有效的风险管理系统，通过风险预警、风险识别、风险评估、风险分析、风险报告等措施，对财务风险和经营风险进行全面防范和控制。”并且在每一具体业务的控制条款中都增加了有关防范风险的要求。强调风险控制，强化风险管理，与我国当前企业在运转过程中忽视风险控制，造成巨大隐患甚至损失有关，适合当前的现实需要，也能够在很大程度上促进国有企业的改革和公司治理结构的完善。

第二节 预算控制

一、预算概述

（一）预算的概念

预算是指用货币形式表示的企业在未来一定期间生产经营活动的综合性计划。它是体现企业经营目标、调整企业经营活动、加强企业经营管理的工具。

预算是以数字形式来表示，即用财务数字表明的企业未来经营活动的成本、费用、总收入和净收益等。通常具有以下特性：

1. 计划性

预算是一种特殊的计划，它解决的主要问题为：是多少。如这一年里，销售收入达到多少，成本、费用是多少，可获利多少，结构如何。除总体预算外，还需各部分的相对数额，如产品销售收入预算、营业外收支净额、制造成本、递延资产等的预计数。预算必须说明从何日起，至何日止；为什么制定这样的预算，即对目标数字进行必要的说明。

2. 预测性

不论是在历史数据基础上进行调整后得到的数据，还是根据主观经验推测得到的数据，预算总是在对未来的各种环境和条件作出一定预测之后才制定的。

3. 控制性

制定预算就是确定控制的标准，是控制的第一步；预算执行情况的中期检查就是控制中的衡量绩效，是第二步；将预算与绩效进行对比并采取措施就是控制的纠偏过程，是第三步。可见，预算控制是组织控制工作的重要内容。

（二）预算的作用

1. 有利于明确经营目标计划

预算通过分配资源（时间、人工和原材料）使管理目标具体化。每个人都知道他们期望的是什么和他们被期望做什么，预算的编制过程正是促进部门（如市场营销和生产）之间协调的过程。

2. 有利于各部门间的工作协调

全面预算是各个职能部门编制的预算综合统一，通过预算可以实现事先平衡，协调各部门（如市场营销、生产、采购等）围绕总体目标统筹安排，平衡协调。编制预算过程本身也可以促进部门之间的协调，在增强企业的凝聚力方面起着十分重要的作用，但如果管理者仅是走过场，那预算纯粹是浪费时间和金钱。

3. 有利于控制经营活动

预算的目标是控制企业实际经营活动，一份标准的预算报告一般都包含预算数据、实际结果以及它们之间的差异，必须对这些差异加以分析，以确定它们产生的原因。差异分析有助于管理者确定是否应该根据变化的情况进行修正预算，或采取纠正措施使经营活动回归正常，从而能保证预定目标的实现。

4. 有利于经营活动的评价

预算有助于衡量目标的完成情况，通过与实际结果相比较可以提供反馈信息。当销售量不在原预计水平时，可以用弹性预算比较实际结果和在这个销售水平应达到的目标。

5. 有利于激励、教育与沟通

预算有助于激励人们去实现目标，这也取决于员工如何参与预算过程以及他们是否认为这些目标能达到。有机会参与制定预算的员工往往会努力达到预算目标，强制性的预算通常不具有激励性；员工参与预算过程时，能了解企业生产过程和成本性态等方面的内在关系；预算有助于公司内部计划与目标的沟通。

（三）预算编制的原则

1. 政策性原则

政策性原则要求遵纪守法、正出正入。编制预算必须树立法制观念和政策观念，严格执行国家有关法律、政策、制度和财经法纪，坚持企业生产经营活动的正确方向。各项指标的确定和措施的考虑，都必须以政策为依据，以法律为准绳，划清合法与非法的界限。凡是合法的，就要积极去办；凡是非法的，就要坚决抵制。做到一切支出有正当去向，一切收入有正当来源，绝不能弄虚作假，搞歪门邪道。

2. 统一性原则

统一性原则要求高瞻远瞩、顾全大局。编制预算必须树立全局观念、长远观念，这就要正确处理好局部和整体、目前和长远的关系。如果从局部看不利，而从整体看有利，那也要积极去办；反之，就要坚决抵制。总之，要做到局部利益服从整体利益，目前利益服从长远利益，坚决反对只顾本身利益、损害整体利益的倾向。

3. 目的性原则

目的性原则要求改进服务、提高效益。编制预算必须树立服务观念、效益观念，要不断提高服务质量，不断提高经济效益。服务质量不仅包括服务态度，还包括产品质量。经济效益更是一切经济工作的核心。这就要求正确处理经营和服务的关系、服务和效益的关系。绝不能单纯为了多赚钱而不问服务质量，也不能单纯为了多卖钱而不问效益。

4. 伸缩性原则

伸缩性原则要求积极可靠、留有余地。编制预算必须树立唯物观念、辩证观念，要坚持实事求是，具体情况具体分析。这就要把热情与科学态度结合起来，把需要和可能结合起来，使计划指标既积极先进，又稳妥可靠，留有充分余地。既不能思想保守、故步自封，把计划指标订得过低，也不能心血来潮、头脑发涨，把计划订得过高。同时，为了防止意外情况发生，还要留一定的后备财力。

5. 协调性原则

协调性原则要求统筹兼顾、综合平衡。编制预算必须树立兼顾观念、平衡观念，要兼顾企业各个部门、各个层次，要兼顾国家、企业、职工三者利益，使各项指标计划取得平衡。这就要求处理好重点和一般的关系，国家、企业和个人的关系。做到统筹兼顾、全面安排、保证重点、综合平衡，使上、下、左、右同心协力，围绕企业的共同目标努力，而不能各行其是、互相脱节。

6. 民主性原则

民主性原则要求群策群力、集思广益。编制预算必须要有群众观念、民主观念，这就要求正确处理好干部与群众的关系、民主和集中的关系。要充分激发群众的积极性和创造性，发挥他们的聪明才智。企业经营目标的确定，要从群众中来，又到群众中去，这样编制的计划才有群众基础，从而计划的实现才有可靠的保证，绝不能只是少数人闭门造车、冥思苦想。

（四）预算编制的方法

1. 自上而下法

高层管理者将预算强加给公司，高层管理者可能觉得这样更快也更好控制；然而，如果低层员工不接受预算目标的话，这种控制可能只是名不副实的。如果低层员工认为这些预算不能完成，他们付出的努力也仅仅是为了不至于引起监督者的注意罢了，并不会努力去实现这个目标。

这种模式是假定企业的主要目标是使利润最大化，企业的各级管理层和员工都具有惰性，其工作需要严密监视与控制。因此，企业将下属各子公司或分部（包括各级职能部门）视为预算管理的被动主体，预算目标完全来自上层管理者，下层只是被动的执行单位，没有独立的决策权。这种模式与集权制的管理思想与风格相辅相成，适用于集权制企业。

2. 自下而上法

所有阶层的管理者都参与到预算编制过程中，如果对成本负责的管理者参与计划那些成本，而且目标的实现与自己的绩效挂钩，那么他们就会努力工作以证明他们计划的合理性。与“自上而下”模式相反，它强调企业的目标不是利润最大化，而是利润最优化，并且，企业总体目标与下级子公司或职能部门目标不总是一致的，因此，管理的协调职能更重要，它使所有部门和人员都共同参与，并对预算本身有着良好的认同。所以，这种模式强调总部只设定目标，只监督目标的执行结果，而具体的预算来自下属的预测。

3. 上下结合法

实践中预算编制多采取“自上而下”和“自下而上”相结合的方法。预算管理机构根据本年的经营状况、预算计划和预测，对公司经营目标进行分解，编制公司总预算，并按总预算的要求，制定预算主要项目和归口部门的指标，向各部门下达预算关键项目指标；预算归口部门按管理机构下达的指标进行分解，编制项目预算，同时将项目指标分解到有关业务单位；各业务单位按指标和本单位下年度计划要求，编制本单位下年度的损益预算、现金流量预算，或费用预算、收入预算；各业务部门在编制预算后，报预算归口部门进行汇总和审核；预算归口部门依据各业务部门上报的预算草案，编制分预算报管理机构审核；管理机构根据预算归口部门上报的分预算，进行审核，通过综合平衡、统筹考虑，最后编制公司预算方案，报公司董事会或股东大会审批；在预算编制的过程中，以上步骤可以重复多次，最终的预算必须确保公司年度主要财务经营目标的完成。

二、全面预算体系及其编制过程

（一）全面预算体系

1. 预算的内容

全面预算是以货币形式表述的公司详细的财务“蓝图”，计划公司在未来的一年要实现的目标。企业预算的内容包括销售预算、生产预算、直接材料采购预算、直接人工成本预算、间接费用预算、销售成本预算、销售费用预算、管理费用预算、财务费用预算、预计收益表、资本支出预算、现金预算、预计资产负债表、预计现金流量表等。

由于预算是决策的具体化，故预算要以决策确定的经营目标为指导，根据以销定产的原则，以销售预算为基础。销售预算的编制又要以销售预测为前提，根据销售预算，可编制生产预算；根据生产预算，又可编制直接材料、直接人工和制造费用预算；制造费用预算，亦可按变动制造费用和固定制造费用分别编制。在此基础上，可进一步编制销售成本预算、销售费用预算、管理费用预算，从而编制出利润计划表。与此同时，可根据上述预算和资本支出预算、筹资预算，编制现金预算，从而编制出资产负债表和现金流量表。在实际工作中还可根据需要作必要的分合。

2. 预算编制顺序

预算的编制顺序是十分重要的，不了解预计销售信息，就无法编制存货预算，同样在生产预算没有确定前，原材料预算也无法编制。此外，合理的估计也是十分关键的，预计的销售、生产和其他估计将影响其他预算，因此，错误的估计可能导致全面预算不切实际。

不同企业的预算内容、预算程序都有所不同。做什么预算、什么预算可以分离、先做什么预算、什么预算应当详细，这些都是预算体系应研究的内容。例如，管理费用和销售费用预算是分开，还是合并；先做销售预算，还是先做生产预算；销售预算可以详到按品种，而制造费用就只能略到按项目等。

（二）预算的编制过程

1. 销售预算

销售预算是安排预算期销售规模的计划。广义的销售预算，包括销售额预算、销售成本预算、销售费用预算，其中销售额预算是中心；狭义的销售预算是指销售量和销售额预算。

销售预算是实现目标利润的基本保证。确定目标之后，就要首先编制销售预算。另外，根据按需定产的原则，销售预算也是其他所有预算的基础。

销售预算必须满足利润目标的要求，必须与销售预测的结果相衔接。如果销售预算不能实现利润目标，则销售预算就没有意义。如果销售预算高于销售预测数，那就说明销售预算是没有保证的。销售预算数的测算可利用“本—量—利”分析公式进行。另外，也应明确，如果生产能力有限、技术水平有限、产品质量规格达不到市场要求，或者原材料供应不足，劳力数量不够，素质不高，也会反过来制约销售。还有，销售的增加或减少，也受销售费用、新的资本支出的影响。因此，在作销售预算时，就必须全面考虑有关因素的影响程度，做出一个既考虑长期需要，又考虑目前利益的科学、合理的销售预算。

由于付现折扣的存在，销售收入不一定等于销售净收入，因此在实际工作中，还应从销售收入中减去折扣数，才为实际的销售净收入。

销售预测受许多因素的影响，因此销售预算被认为是最难编制的预算。预算的编制可以采用定性处理和定量处理，定性处理包括执行者、销售人员和专家的观点以及顾客调查。

2. 生产预算

一旦销售预算确定，零售企业将会为存货采购编制采购预算。它首先根据单位编制，然后汇总单位成本得出预算总成本。在制造性企业，必须编制出生产预算，这样才能保证足够的可销售产品以及保持预计的期末存货水平。如果管理者想连续使用生产设备，可能还要增加存货以应付一年内销售的季节性变化。

生产预算必须根据销售预算来编制。由于期初、期末产成品存货的变化，生产数量与销售数量并不相同。预计生产量的计算公式如下：

预计生产量＝（预计销售量＋预计期末存货量）－预计期初存货量

如果生产品种很多，则应分别计算各种产品的生产量。生产预算应按时间、按部门、按产品进行分解，以保证预算的实现。

3. 直接材料预算

直接材料预算，受生产预算的制约。预计直接材料需用量等于预计生产量与单位产品消耗量的乘积，但由于期初、期末材料存货的变化，直接材料的购进量与直接材料的需用量并不相同。预计材料购进量的计算公式如下：

预计材料购进量＝（预计生产量×材料单耗＋预计期末材料存货量）－预计期初材料存货量

预计材料购进量乘以其单位成本，即为预计材料购进额，材料单位成本应包括买价和直接计入的订货费、运费、装卸费、包装费、整理费、储存费等。至于材料采购批量，应根据经济进货量的方法确定，进而求出材料的单位成本。

4. 直接人工预算

直接人工预算，是关于直接人工成本的预算，它也是根据生产预算编制的。一般先根据预算生产量和单位产品所需工时求出预计需用工时，再根据每小时工资率计算出预计直接人工成本。

预计需用工时＝预计生产量×单位产品需用工时

预计需用工时与单位工时直接人工成本的乘积即为预计直接人工成本总额。单位工时直接人工成本应包括基本工资、各种津贴和奖金等。

如果单位人工成本因工种不同而不同，则应按不同的工种分别计算单位直接人工成本，然后加总，其公式如下：

预计直接人工成本＝预计生产量×Σ（单位产品需用工时×单位工时直接人工成本）

5. 制造费用预算

制造费用预算，又称工厂间接费预算。它是指直接材料、直接人工以外的一切生产成本。制造费用预算的编制可以按全部成本法编制，也可以按变动成本法编制，还可以按作业成本法编制。

如果按全部成本法编制，就不区分成本习性，而按预计生产量先确定每项所需的制造费用金额，然后汇总为制造费用总额。在分期预算中，一般应根据直接人工小时和制造费用求得制造费用分配率，再根据各期预计发生的人工小时数和分配率计算各期的制造费用。

如果按变动成本法，则要区分成本习性。按传统的成本习性，制造费用可分为变动制造费用和固定制造费用两部分。如果采用变动成本法，则应利用成本分解的方法（包括科目分类法等）将二者划分清楚，然后将变动制造费用计入产品成本，将固定制造费用作为期间成本，直接计入损益表。

当求得变动制造费用总额后，即可求出变动制造费用分配率。其计算公式如下：

$$\text{预计变动制造费用分配率}=\frac{\text{预计变动制造费用总额}}{\text{预计总工时（或总产量）}}$$

如果分母用产量，公式结果即为单位产品变动制造费用。

如果是多品种，上式分母就不能用产量，而只能用总工时（包括人工工时和机器工时）。

根据变动制造费用分配率和单位产品所需工时，即可求出单位产品变动制造费用。同时也可根据变动制造费用分配率和生产量计算各期（季或月）的变动制造费用。其计算公式如下：

某期变动制造费用＝该期生产量×变动制造费用分配率

固定制造费用也应按项目、时间进行分解，以保证预算的实现。

固定制造费用一般可以按期平均，但如果预算年度内某期有固定资产的变动，会导致折旧额的不平均，对此应予以考虑。

变动制造费用与固定制造费用相加，就是制造费用的合计数。

6. 销售成本预算

销售成本预算是与销售额预算、生产预算和产品库存预算联系起来编制的预算，它属于广义销售预算的一种。与分别由销售部门、生产部门、采购部门编制的其他销售预算不同，它主要是由直接负责预算的部门编制的。

在编制销售成本预算之前，应先计算产成品单位成本。这也可称为单位生产成本预算。单位生产成本的内容因成本计算方法而不同。如果实行完全成本法，则成本包括直接材料、直接人工、制造费用（变动和固定两部分）；如果实行变动成本法，则成本包括直接材料、直接人工、变动制造费用，不包括固定制造费用；如果实行作业成本法，则成本包括短期变动成本、长期变动成本、固定成本；如果实行改进的作业成本法，则成本包括短期变动制造费用、短期固定制造费用、约束性固定费用。

单位变动成本要根据数量、单价情况确定。如果涉及多种材料、多种人工，则应分别根据各种材料数量、人工小时与相应的材料单价、人工小时工资率相乘，然后求和。单位固定成本一般根据计划期固定成本总额和预计产量求得。

销售成本预算根据预计销售量和单位生产成本资料编制。销售成本预算应根据各期销售额按期进行分解，以保证预算的实现。

在单位成本预算基础上，可以计算出期末产成品存货成本。

7. 销售和管理费用预算

此预算包含了除前述成本之外企业经营的所有成本。销售费用预算，也称营业费用预算，是指为销售费用而编制的预算。销售费用预算一般由销售部门编制。销售费用影响销售预算中广告和促销项目，这份预算由部门（会计、人事、总经理办公室、营销、研发部门等）编制，最后汇总到销售费用预算。销售费用也有变动与固定之分。销售费用预算编制方法与制造费用预算相同。同时也要根据时间进行分解，以保证预算的实现。

如果企业实行贡献毛益法，销售费用也要按照成本习性分类，并计算变动销售费用分配率。不过其分母不应为总工时或产量，而应是销售量或销售额。如果不区分成本习性，其做法与完全成本法下的制造费用预算相同。

管理费用预算，也称一般管理费用预算，它是针对企业各管理部门发生的费用而编制的预算。其编制方法与销售费用预算的编制方法相同。

8. 资本支出预算

资本支出预算属于长期预算，此预算计划所需资产的采购。资本预算独立于全面预算的其他部分，不过投资方案分析的结果（即最终确定的方案）也通过资本支出预算合并到全面预算中去，以保证使资金在需要时及时到位，该预算也要与现金预算相协调。

9. 现金预算

现金预算是财务预算的中心，这里的现金不仅包括库存现金，而且包括银行存款和其他货币资金。它是广义的现金收支预算。通过编制现金预算，可以对各个期间现金收支的多余和不足予以解决，研究现金不足如何筹集，现金多余如何归还欠款或投放，研究预算期末现金余额和流动资产、流动负债、销售额之间关系是否妥当等。

现金预算的编制，基本上是把以权责发生制为基础所编制的包括在利润计划之内的计划，改为以现金收付制为基础的用现金收支预算额表现的计划。具体地说，不用现金支出的折旧费、摊销费、坏账损失，以及不立即支出现金的费用，就不包括在现金预算之内。

编制现金预算，需要先确定现金最低余额，另外还需要掌握金融市场上各种借款的利率、证券投资的报酬率、结息时间、股利政策、数额及其发放时间等资料。

现金预算也应按期编制。至于期限，可以分季、月、旬，甚至可以按日编制。编制现金预算的特点是除了生产经营过程中的现金收入、现金支出数额来源于前述有关各表外，其余可以根据企业的理财政策灵活安排。另外，根据现金余额期初、期末的关系编制现金预算只能逐期编制，上期完成后，才能编制下一期。

三、预算控制的几种形式

（一）固定预算

预算按其是否可按业务量调整，分为静态预算和弹性预算两类。静态预算（Static Budget），又称固定预算（Fixed Budget），是指根据预算期内正常的可能实现的某一业务活动水平而编制的预算。前面所讨论的销售预算、生产预算、销售及管理费用预算等生产经营的全面预算，均是以某一经营业务水平为基础编制的，故皆为固定预算。固定预算的基本特征是：不考虑预算期内业务活动水平可能发生的变动，而只按照预算期内计划预定的某一共同的活动水平为基础确定相应的数据；将实际结果与按预算期内计划预定的某一共同的活动水平所确定的预算数进行比较分析，并据以进行业绩评价、考核。

然而，如果企业的实际执行结果与预期业务活动水平相距甚远，则固定预算就难以为控制服务。事实上，固定预算对控制的有用性仅限于当实际业务水平与预期业务活动水平完全一致时；否则，就难以为控制服务。

（二）弹性预算

弹性预算（Flexible Budget）是指根据可预见的不同业务活动水平，分别规定相应目标和任务的预算。其基本特征是：它按预算内某一相关范围内的可预见的多种业务活动水平确定不同的预算额，也可按实际业务活动水平调整其预算额；待实际业务量发生后，将实际指标与实际业务量相应的预算额进行对比，使预算执行情况的评价与考核建立在更加客观、可比的基础上，更好地发挥预算控制的作用。弹性预算的编制程序如下：

确定某一相关范围，预期在未来期间内业务活动水平将在这一相关范围内变动；选择经营活动水平的计量标准（如产量单位、直接人工小时、机器小时等）；根据成本与产量之间的依存关系将企业的成本分为固定成本、变动成本、半变动成本三大类；按半变动成本函数（y＝a＋bx）将半变动成本分解为固定成本和变动成本；确定预算期内业务活动水平；如果企业事后在生产量水平已知情况下编制弹性预算，可按实际业务水平编制弹性预算；如果企业事先编制弹性预算，则可利用多栏式的表格分别编制对应于不同经营活动水平的预算成本。

弹性预算，又可进一步分为全面弹性预算和成本弹性预算两类。

1. 全面弹性预算

全面弹性预算（Master Flexible Budget），以预算期内预期的各种可能实现的销售净收入作为计量基础，按成本性态扣减相应的成本，据以分别确定不同销售净收入水平下可实现的利润或发生的亏损。

全面弹性预算的基本作用在于：期初，它可以作为各种预计业务水平下的预期销售收入、成本以及净利润的基础。利用弹性分析，经理人员可以较方便地了解各种特定业务水平下的预期收入和预期成本水平。期末，经理人员可以将实际执行结果和相关范围内相应的预期数字进行比较，并据以进行业绩评估与控制。

2. 成本弹性预算

生产成本的弹性预算中，直接材料、直接人工的弹性预算比较简便，只需以预算期内多种可能完成的生产量为基础，分别乘以单位产品预定的直接材料成本、直接人工成本，即可得到基于不同生产水平的预算数，据此即可对预算执行情况进行评价与考核。

生产成本中的制造费用则较为复杂，制造费用控制一般会遇到需要解决的四个问题：制造费用通常由许多不同费用项目构成；这些不同的费用项目往往金额较小，不宜用控制直接材料、直接人工类似的方法加以控制；这些小金额的不同费用项目往往归属于不同的经理人员负责；不同的费用项目往往具有不同的成本性态。因此，成本的弹性预算，要以制造费用弹性预算的编制为重点。

鉴于制造费用的复杂性，编制制造费用的弹性预算，其关键自然在于计量基础的选择。如果企业生产并销售单一产品，则制造费用的弹性预算可与全面弹性预算一样，选择以产量为预算编制的基础。但是，如果企业生产并销售一种以上的产品，则选择诸如机器小时、人工小时等一些投入指标作为预算编制的基础，更有利于计划并控制制造费用。在选择预算编制基础时，至少应该考虑以下三种因素：业务（活动）基础与制造成本之间现存的因果关系；业务（活动）基础本身避免以金额表示；所选择的业务基础应简明且易于理解。

因此，制造费用弹性预算的编制，通常的做法是，事先只编制单位产品变动成本标准和固定成本预算总额进行控制，在实际业务发生后，再按照实际业务量换算，形成弹性预算，其计算公式如下：

弹性预算＝单位产品变动成本标准×实际业务量＋固定成本预算总额

由于制造费用包括变动、固定、半变动三部分，为加强控制，更宜按照不同的业务量水平编制制造费用的弹性预算。

销售与管理费用的弹性预算的编制方法与制造费用弹性预算的编制方法基本相似，所不同的仅为编制基础的选择不同，它不是以生产工作量（如直接人工小时、机器工作小时等）作为计算基础，而是以销售量（以金额表现的销售净收入）作为计算基础。

3. 全面弹性预算与成本弹性预算之间的关系

全面弹性预算与成本弹性预算之间呈总预算与明细预算的关系，其中前者为总预算，后者为明细预算。

（三）滚动预算

滚动预算（Rolling Budget）又称“永续预算”（Perpetual Budget）或“连续预算”（Continuous Budget），是一种经常稳定保持一定期限（如 1 年）的预算。其基本特点是：凡预算执行过 1 个月后，即根据前 1 个月的经营成果结合执行中发生的变化等新信息，对剩余 11 个月加以修订，并自动后续 1 个月，重新编制新 1 年的预算，从而使总预算经常保持 12 个月的预算期。

传统预算为便于将实际执行结果同预算数进行对比分析，通常按会计年度进行编制，并往往于会计年度的最后一个季度就开始着手编制下年度的预算。这种做法的缺点是：由于预算期较长，因而编制预算时，难以预测未来预算期的某些活动，特别是对预算期的后半阶段，往往只能提出一个比较笼统的预算，从而给预算的执行带来种种困难；事先预见到的预算期内的某些活动，在预算执行过程中往往会有所变动，而原有预算却未能及时调整，从而使原有预算显得不相适应；预算执行过程中，由于受预算期的限制使管理人员的决策视野局限于剩余的预算期间的活动，缺乏较长远的打算，不利于企业长期稳定而有序的发展。

滚动预算的优点正在于克服传统预算的上述缺点，以使企业管理当局对未来一年的经营活动进行持续不断的计划，并在预算中经常保持一个稳定的视野，而不至于等到原有预算执行快结束时，匆忙编制新预算。这样做有利于保证企业经营管理工作能稳定而有序地进行。其不足之处在于：预算的自动延伸工作比较耗时，并需付出一定的代价；要说服经理人员确信这样做对企业整体的生产经营是有益的。

（四）零基预算

零基预算（Zero-base Budget）是20世纪70年代由美国得州仪器公司所创建的，目前已被西方国家广泛地用于费用预算的编制方法。

编制费用预算的传统方法，是以现有的费用水平为基础，根据预算期内有关业务量预期的变化，对现有费用作适当调整，以确定预算期的预算数。这种方法的基本假定是：①企业现有的每项活动都是企业不断发展所必需的。②在未来预算期内企业至少必须以现有费用水平继续存在。③现有费用已得到有效的利用。因此，这种方法在指导思想上，是以承认现实的基本合理性作为出发点，从而使原来不合理的费用开支也可能继续存在下去，甚至有增无减，造成资金的巨大浪费。

零基预算与传统的预算编制的不同之处在于：它不以现有费用水平为基础，而是如同新创办一个机构时一样，一切以零为起点，对每个项目费用开支的大小及必要性进行认真反复分析、权衡，并进行评定分析，据以判定其开支的合理性和优先顺序，并根据生产经营的客观需要与一定期间内资金供应的实际可能，在预算中对各个项目进行择优安排，从而提高资金的使用效益，节约费用开支。其基本做法是：首先，划分基层预算单位；其次，对基层预算单位的业务活动计划的目的性以及需要开支的费用逐项进行考核；再次，由基层预算单位对本身的业务活动作具体分析，并提出“一揽子”业务方案；又次，对每项业务活动计划进行“费用—效益分析”，权衡得失，排出优先顺序，并把它们分成等级；最后，根据生产经营的客观需要与一定期间内资金供应的实际可能，判定纳入预算中费用项目可以达到几级，并对已确定可纳入预算中的费用项目进行加工、汇总，形成综合性的费用预算。

零基预算由于冲破了传统预算方法框架的限制，以零为起点，观察分析一切费用开支项目，确定预算金额，因而具有以下优点：合理、有效地进行资源分析；有助于企业内部的沟通、协调，激励各基层单位参与预算编制的积极性和主动性；目标明确，可区别方案的轻重缓急；有助于提高管理人员的投入产出意识；特别有助于较难辨认的服务性部门克服资金浪费的缺点。

然而，零基预算也有其不足之处，主要表现为：业绩差的经理人员可能会对零基预算产生一种抗拒的心理；工作量较大，费用较为昂贵；评级和资源分析可能具有不同程度的主观性，易于引起部门间的矛盾；易于引起人们注重短期利益而忽视企业的长期利益。

四、预算控制的一般程序

掌握企业过去财政年度的预算执行情况；了解未来年度的发展战略规划，据此作为企业制定预算的重要依据。根据企业发展战略规划和企业内外环境条件，制定企业收入总预算、支出总预算、现金流量总预算、资金总预算、主要产品产量总预算、销量总预算，并粗线条编制企业预算资产负债表。将企业总预算中确定的任务层层分解，由各部门参照制定本部门的预算，上报企业最高层管理部门。企业最高层根据各部门的预算，进行综合平衡，甚至调整总预算。最后，将最终预算方案下发各部门，组织贯彻落实预算确定的各项目标，在实施过程中予以监控，及时发现问题并采取相应的措施。企业预算的编制可上、下反复讨论、修改，直至满意为止。

参考文献

1. 中华人民共和国财政部：《企业会计准则 2006》，经济科学出版社，2006 年。

2. 中华人民共和国财政部：《企业会计准则——应用指南 2006》，中国财政经济出版社，2006 年。

3. 财政部会计司编写组：《企业会计准则讲解 2010》，人民出版社，2010 年。

4. 中国注册会计师协会：《2010 年度注册会计师全国统一考试辅导教材——会计》，中国财政经济出版社，2010 年。

5. 财政部会计资格评价中心：《2011 年初级会计资格——初级会计实务》，经济科学出版社，2010 年。

6. 财政部会计资格评价中心：《2011 年中级会计资格——中级会计实务》，经济科学出版社，2010 年。

7. 阎达五、于玉林：《会计学》（第三版），中国人民大学出版社，2007 年。

8. 陈信元：《会计学》（第三版），上海财经大学出版社，2008 年。

9. 刘永泽：《会计学》（第二版），东北财经大学出版社，2009 年。